飛躍への挑戦

葛西敬之
Kasai Yoshiyuki

WAC

はじめに

国鉄の分割民営化（昭和六二年四月一日）から三〇年を経た今、東海道新幹線は開業以来最良の状態にある。すなわち車両、軌道、電力、信号・通信、運行管理・営業などすべての分野に最新の技術が活用され、それらの統合によって高速鉄道システムの強みが最大限に活かされている。

東海道新幹線沿線の面積は国土の約一〇％に過ぎないが、日本の人口の約六〇％がここに居住し、GDPの約六〇％がこの地域で生み出される。東京・横浜・静岡・浜松・名古屋・京都・大阪など日本の主要都市が連なる東海道回廊《かいろう》はまさに日本の背骨であり、東海道新幹線はその大動脈である。東海道新幹線は比類ない利便性と輸送力をもって回廊を統合し、一大メガロポリスに変容させ、人々のライフスタイルを形作るとともに、日本経済の発展に貢献してきた。

東海道新幹線が創り出した「高速旅客鉄道システム」を定着させ、山陽、東北、上越新幹線として敷衍《ふえん》したのが国鉄時代二三年間の成果であるとすれば、東海旅客鉄道株式会社（JR東海）発足後の三〇年は、東海道新幹線システムの特性を磨き上げ完成域にまで高めた歴史であった。

高速鉄道は長距離・大量輸送機関である。日々東海道新幹線を利用する多くの旅客にはそれぞれ異なった好みや要望があると思う。しかしそれぞれにきめ細かく応えるのが高速鉄道の役割ではない。各人の共有するニーズ、すなわち最大公約数の声に応えることこそが大切なのである。

旅行時間が短くてすむ、思い立った時に待たずに列車に乗れる、座席がいつでも取れる、到達時間が正確に予測できる、運休やダイヤの乱れが少ない、運賃や停車パターンが単純でわかりやすい、車内が快適である、在来線への乗り換えが便利である。そしてそれらすべての大前提として安全である、これこそが高速鉄道の提供すべきサービスなのである。

高速・高頻度・大量・正確・安定・自明・快適な安全輸送を実現するのは、単純で統一された規格がもたらす汎用性《はんよう》、互換性であり、その最も純化された形が東海道新幹線といえる。

国鉄分割民営化発足と同時に、私はJR東海に着任したが、当時の東海道新幹線の実情は今日とは全く異なっていた。赤字の国鉄を支え続けた二三年間にサービスは陳腐化し、構造物は疲労が進み、輸送力はすでに限界に近づいていた。

一方では、羽田・関西・岡山・広島などの空港整備が進み、東海道新幹線の大動脈機能を蚕食《さんしょく》する勢いであった。創業の使命を果たすためには、これらの閉塞《へいそく》状態を打破するための飛躍が必要だった。その端緒《たんしょ》を開いたのは、JR東海発足直後に着手した300系システムの開発と導入である。300系は従来の時速二二〇キロを二七〇キロまで高速化することを目的として開発された。

高速でなおかつ沿線の振動によるニューサンス（悪影響）を少なくするための鍵が軽量化であり、それが省エネルギー化や構造物の長寿命化へとつながった。また高速化と安全を両立させるために地震の早期検知システムが導入され、構造物強化・脱線防止ガード・車両側の逸脱防止対策からなる上下一体の脱線逸脱防止システムが開発された。

軽量化は加減速性能のアップにつながり、新ＡＴＣ（自動列車制御装置）開発による制動距離の短縮とあいまって高速化と列車本数の増発を可能にした。東海道新幹線ではあらゆる列車編成が一六両一階建てで統一され、３００系以後のすべての車種、７００系、Ｎ７００系、Ｎ７００Ａいずれも各車両のドアの位置や座席数は同一となっている。

列車の走行性能は３００系の時速二七〇キロ、７００系の二八五キロ、Ｎ７００系の三〇〇キロと進化したが、東海道新幹線内での運行速度は平成一五年の品川駅開業とともにすべて時速二七〇キロに統一され、さらに平成三二年には時速二八五キロに統一される予定である。すべての車両編成が「のぞみ」、「ひかり」、「こだま」のいずれにも運用できる、それが東海道新幹線の特徴であり、大量高速輸送機関としての比類ない実績の秘密なのである。

昭和六二年、ＪＲ東海発足時の一日平均列車本数は二三一本、最繁忙時間帯における時間当りの運行本数は「ひかり」が六本、「こだま」は四本だった。一方、平成二七年度の一日の列車本数は三五八本で、平成二八年夏の最多日には臨時列車も含めて計四三二本もの列車が運行された。

今では最繁忙時間帯には一時間に片道一五列車、すなわち「のぞみ」一〇本、「ひかり」二本、「こだま」三本が運行されている。一列車はすべて一三二三座席を提供、一日平均四五万人、年間一・六億人が利用する。

そして平成二七年度の一個列車平均遅延時分《じふん》は〇・二分だった。結果として航空輸送に対して東京〜名古屋間では一〇〇％、東京〜大阪間で八五％、岡山、広島との間でも六五％を超えるシェアを保持し、年々増加傾向にある。

東海道新幹線システムの完成度が高まった今、日本の高速鉄道システムを国際標準化することが今後の課題となった。平成二六年四月に、米国、英国、カナダ、オーストラリア、シンガポール、マレーシア、インド、台湾にJR東海、東日本、西日本、九州をメンバーとして「国際高速鉄道協会（IHRA）」が設立されたのはその問題認識からである。

また東京～大阪間一時間という新たな飛躍をもたらし、すでにフル稼働状態にある東海道新幹線の大動脈機能をさらに強化するバイパスとして、時速五〇〇キロの超電導リニアシステムによる中央新幹線が着工の運びとなった。磨き上げられた東海道新幹線システムとその国際展開、超電導リニアによる新たな飛躍への挑戦は、国鉄分割民営化により生まれた「東海道新幹線会社」三〇年の歴史の中で芽吹き、結実したものである。

本稿は私自身が関わった東海道新幹線の進歩と飛躍を中心に国鉄分割民営化からJR東海発展の歩みを振り返ってみる試みである。

平成二九年三月

飛躍への挑戦

東海道新幹線から超電導リニアへ

◉目次

はじめに　1

第一部　国鉄時代　15

昭和三八年、国鉄に入社した時、社内は「東海道新幹線の建設は狂気の沙汰だ」との声が多数派だった。その抵抗の壁を十河信二総裁の強い意思と、島秀雄技師長の構想力が打破し、新幹線の成功は鉄道斜陽論を吹き飛ばした。政治家や地方からは新幹線待望論が高まり、新幹線は次々に延伸されていくことになった。

一　東海道新幹線の開業　16
二　東海道新幹線システムの習熟と延伸　29
三　欧州における高速鉄道の発展　35

第二部　国鉄改革と東海道新幹線　39

昭和三九年度に赤字に転落した国鉄。運賃法定主義に縛られ、違法ストも続発。どんなに赤字でも国鉄は潰れないといった幻想が経営側にも労組側にもはびこっていた。だが、国鉄は不沈艦ではない。分割民営化に向けての闘いが始まった。

第三部　「三正面」を突破するＪＲ東海の基本戦略　141

国鉄が分割民営化した昭和六二年四月、ＪＲ東海に総合企画本部長として着任すると、現状把握と対策を考え続ける日々が始まった。そして、①東海道新幹線の競争力強化、②「新幹線保有機構」の解体、③中央新幹線と東海道新幹線の一元経営、という「三正面」の基本戦略に行き着いた。

第四部　三正面作戦の到達点　199

上場基準の達成を契機に「新幹線保有機構」の解体が実現した。また、中央新幹線と東海道新幹線の一元経営も確認された。品川駅設置による新幹線輸送力強化の取り組みは紆余曲折をたどったが、平成四年には、東京〜大阪間を時速二七〇キロ、二時間半で結ぶ「のぞみ」の初列車が運行された。

第五部　東海道新幹線システムの完成　269

時速二七〇キロ時代が幕を開け、車両の軽量化は省エネルギー化、構造物の長寿命化をもたらした。そして平成一五年一〇月、品川駅開業・「のぞみ」中心ダイヤの実現により、東海道新幹線システムは飛躍を遂げた。

第六部　財務の改善と完全民営化　313

膨大な長期債務と利子負担のリスクは、バブル経済の崩壊にともなう低金利時代の到来により緩和された。そして、東海道新幹線の輸送量増と、ＪＲ東海は平成一八年に完全民営化を達成した。

第七部　未来への布石　335

昭和六二年、会社発足とともに取り組んだ超電導磁気浮上リニアの技術開発は、二〇年あまりの歳月を経て実用可能段階に到達。そしてついに自己負担による中央新幹線建設を決断し、平成二六年に着工の運びとなった。

第八部　東海道新幹線システムの海外展開　351

JR東海は、東海道新幹線システムと超電導磁気浮上リニアシステムの米国展開を推進している。また、日本の新幹線システムを国際標準化すべく、東海道新幹線五〇周年を機に国際高速鉄道協会（ＩＨＲＡ）を発足させた。

装幀／神長文夫＋柏田幸子

第一部

国鉄時代

一　東海道新幹線の開業

国鉄本社内の大勢は「新幹線反対」

昭和三八年四月一日、丸の内に落成したばかりの国鉄新本社ビルで私たち三八年入社組の入社式は行われた。「本社採用学士」六〇名あまりが大会議室に整列、「新幹線の生みの親」と後に言われる十河《そごう》信二総裁から一人ずつ辞令を交付された。

実は私は入社式の直前、秘書課の吉井浩総括課長補佐からこんなアドバイスを受けていた。

「十河さんはご覧のように古武士《こぶし》を思わせるような風貌で、性格も昔気質《むかしかたぎ》そのものだ。だから、辞令を受ける時は十河さんをにらむようにして受け取った方が良い。気圧されて目を伏せたりすると、薄志弱行《はくしじゃっこう》の輩《やから》と思われてしまうからね」

で、私は言われたとおり、終始総裁をにらみつけているつもりで辞令を受け取った。

辞令交付後、総裁の訓示があった。

「今日、私は線路を枕に討死《うちじ》にする同志を迎えるつもりで一人ずつ辞令を交付した。しかし、みな都会のひ弱な秀才みたいな者ばかりで、いささか失望を禁じ得ない。どんな困難に遭遇《そうぐう》しても必ず何らかの打開策はある、という気概をぜひ持ち続けてもらいたい」

「線路を枕に討死」という総裁の訓辞には強い印象を受けたが、少なからぬ時代の差を覚えるものであった。

入社式が終わると、その足で国分寺の中央鉄道学園に行き入園式が行われた。それから三カ月間は泊まり込みの初任研修で、外泊は原則として許されなかった。本社の幹部が来校して講義をするのだが、その中で印象深かったのが建設局長の講義だった。

「東海道新幹線は狂気の沙汰だ。狭軌《きょうき》（レールの間隔：一〇六七ミリメートル）の在来線ネットワークの中の東京～大阪間だけに広軌《こうき》（同：一四三五ミリメートル）の新幹線を作ってもネットワークの一部にならない。ネットワークにならないような鉄道は役に立たない。東京～大阪間だけ時間短縮しても、それ以遠の人々にとってはめんどうな乗り換えをせねばならず、ありがたみはない」

という内容で、唯一記憶に残っている。

建設局長の指摘はある意味では正しかったと思う。東海道新幹線だけしか建設されなかったとしたら今日の高速鉄道の発展はなかっただろう。山陽新幹線、東北・上越新幹線が次々と建設され、都市間旅客鉄道輸送の面で新幹線のネットワークが次々と形成されていった。

これと首都圏を中心とする在来線や地下鉄網の整備・強化が並行して推進され、両者の接続がスムーズに行われるようになった。日本特有の安全・安定・正確・高速・高頻度の鉄道輸送ネットワークが形成されたのである。

また新幹線ネットワークが整備されることにより、高速鉄道関連の製造業が一定の規模で成立し、高品質の資機材の安定供給と不断の進歩が可能になった。山陽、東北・上越新幹線はそれ自体では赤字であったが、東海道新幹線が切り拓《ひら》いた高速鉄道時代を下支えする役割を十分に果たしたのである。

私が中央鉄道学園に入園してほどない五月、任期切れを迎えた十河総裁、島秀雄技師長は東海道新幹線の開業を一年後に控え、再任されることなく国鉄を去った。入社間もない私にもやがてわかってきたのは、国鉄が一枚岩になって東海道新幹線を推進しているのではなく、事務系キャリアのほとんど全員、技術系も島技師長直系の車両技師を除けば反対派が圧倒的多数、という意外な事実であった。

十河氏は「頑固じじい」などと呼ばれ、新幹線建設に当たっている人々は勝手に暴走しているという非難の意を込めて、「関東軍」などと陰口をたたかれていた。

国鉄内における反対論は、①広軌の新幹線は狭軌の在来線とネットワークをなさず、直通運転ができない。したがって東京～大阪以遠の客は乗り換えなければならずネットワークとして不便である、②広軌の新幹線は全線開通しないと何の役にも立たない。狭軌であればたとえ別線の増設であっても、既存の東海道線と接続する二駅間が完成すれば部分使用が可能である。新幹線のような一発勝負の冒険主義は避けるべきだ、③時速二〇〇キロという前人未踏《ぜんじんみとう》の高速運転には未知の要素があり過ぎて必ず事故を起こす。時速二〇〇キロでの事故は大事故になる。昭和三七年に起きた三河島事故（常磐線三河島駅構内で発生した列車脱線多重衝突事故。死者一六〇名）の惨状を考えれば慎重であるべきだ、の三点であり、それぞれに一理あったが、要約すれば飛躍に挑戦するのではなく、現状をバランスよく改善しつつ、その延長線上に未来を求めようとするリスク回避的な経営姿勢であった。

外部には河野一郎建設大臣のような鉄道斜陽論に基づく確信的な反対もあった。「これからは飛行機と自動車の時代だ。斜陽の鉄道が今頃広軌だの、時速二〇〇キロだのというのは時代錯誤だ。東海道新幹線は世界史の三馬鹿プロジェクトになる。万里の長城、戦艦大和、新幹線だ」。彼はそう言って、十河総裁が訪ねて行っても会おうともしなかった、と聞く。

また政界やマスコミには、当初一九〇〇億円と言っていた工事費が、工事の最終段階になって三八〇〇億円にまでふくらんだことについても、なぜもっと早く公表しなかったのかという批判があった。十河総裁が国鉄を去った理由も、どうやらそのへんにあったようだ。

また「三河島事故の原因は通勤路線の過密ダイヤにある、十河総裁の営利優先主義こそ責められるべきだ」とする政治家やメディアの反十河ムードも一方にあった。

十河総裁と島技師長が退任した後は石田礼助総裁、磯崎叡《さとし》副総裁の時代となった。

新体制は十河・島体制とは異なる旗印を掲げてスタートした。石田総裁は就任の際、「私は三井物産でずいぶん商売をさせてもらった。国鉄総裁を引き受けたのは公共のためにお役に立って、天国への切符を手にするためだ」と述べた。十河時代の「黒字経営死守」に対して「天国への切符」、それが石田総裁時代のキャッチフレーズだった。

ところが就任わずか数カ月を経ずして、東海道本線の鶴見駅付近で貨物列車が脱線、そこへ上下両線の旅客電車が突っ込むという三重衝突で、死者一六〇名を数えた三河島事故並みの大事故が起きた。貨物列車がなぜ脱線したのかは原因不明で、「競合脱線」ということになったが、列車間隔が空《あ》いてさえいれば、その間に旅客電車を止めることができたはずで、過密ダイヤが対向列車を制止する余裕を与えなかった、とする批判はなおいっそう激しくなった。

しかし、この議論はおかしい。高頻度運行は交通サービスの基本であり、それでもなお安全であることこそ目指すべき目標であって、過密ダイヤが悪いという思想を突きつめていけば列車を運行しないのが最も安全だ、という自家撞着《じかどうちゃく》にたどり着く。

今日、首都圏の通勤路線は当時よりさらに過密ダイヤ化しているが、安全運行は電気・機械システムで担保されており、それを非難する声はない。こんな世論の空気の中で石田総裁は新幹線について、「危険な道楽息子をあずけられて、はなはだ迷惑だ」と語るありさまであった。

十河、島両氏は開業式典にも呼ばれることはなかった。彼らを讃えるには、ある種の後ろめたさを覚えるような雰囲気が入社早々の私にも感じとれた。この時代の空気をリードしたのは磯崎副総裁で、有能な官僚型の磯崎氏と野人型の十河氏は水と油のような関係にあったのである。そして、石田時代は実は磯崎時代であった。

十河総裁の強い意思と島技師長の構想力

さて私自身が関わった分割民営化後三〇年間の東海道新幹線の歴史を振り返るに先立って、東海道新幹線がどのような経緯で建設されたか、その構想の飛躍性と独創性はどこにあるのかについて簡単に述べておきたい。

十河氏が総裁に就任したのは昭和三〇年五月である。

昭和二九年九月に青函連絡船（青森～函館）の「洞爺丸《とうやまる》」が台風により遭難、一一五五名の死者・行方不明者を出す大惨事となった。それから八カ月後の昭和三〇年五月一一日、国鉄の宇高連絡船（宇野～高松）の「紫雲丸《しうんまる》」が霧の中で同じ連絡船の「第三宇高丸」と衝突沈没し、一六八名の死者を出した。この事故で長崎惣之助総裁が引責辞任したが、後を引き受けようとする者はいなかった。

当時国鉄総裁は運輸大臣と同等以上の重職であり、しかもこの難局、生なかな者ではつとまらない。時は鳩山一郎内閣、与党日本民主党の三木武吉総務会長が砂田重政国会対策委員長と相談し、満洲時代に気心を通じていた十河氏に思いいたり、彼しかいないということに意見が一致、十河氏を紀尾井町の料亭「福田屋」に呼び出し、口説いたのである。

十河氏は東京帝国大学卒業後に鉄道院（後の鉄道省）に入り後藤新平氏に私淑《ししゅく》、経理局長まで務めたが、汚職の冤罪《えんざい》で野《や》に下《くだ》り、後藤氏が初代総裁を務めた南満洲鉄道（満鉄）の理事に就任することになった。

しかしこの時点では、十河氏はすでに故郷伊予西条に引っ込み、西条市長などをつとめていた。二人に口説かれた十河氏は高齢のうえに高血圧の持病があると言って固辞したが、三木氏と砂田氏は、「君は満洲にいる頃から国に命をささげると言っていたではないか。今、君の出身母体の国鉄がこんなひどいことになっている。それを助けることができるのは君だけだ。それを知りながら逃げるのは不忠だ。言行不一致だ。よく考えろ」と痛いところを突いたのである。

一晩考え込んだ十河氏は、翌日三木氏を訪ね、「万一引き受けたら自分の言うことはすべて聞いてくれるか」と聞いた。「もちろんだ」という答えを得て、鳩山総理に面会し、総理からも確認をとったうえで承諾したのである。十河氏が要求したのは「赤字新線の建設はしない」、そして「広軌の東海道新幹線を作る」の二点であったと聞く。

総裁就任を応諾した十河氏は、まず新幹線建設のためにふさわしい技師長を求めた。車両技師畑のトップである工作局長をすでに退任し、住友金属に移っていた島氏を三顧《さんこ》の礼で技師長に迎えたのである。

十河総裁は鉄道省時代に島氏の父親と知り合っていて、彼が同じ「広軌鉄道」、「時速二〇〇キロの夢」を持っていることを知っていた。だからその子息である島氏に新幹線を託したのである。島氏を迎えるに当たり、十河総裁はそれまでは常務理事の一人に過ぎなかった技師長職を副総裁相当の扱いに格上げした。

はじめ十河総裁は満鉄のあじあ号、戦中の弾丸列車計画のような機関車牽引方式をイメージしていたらしい。それを島技師長が説得して高速旅客電車の専用軌道方式に改めた。昭和三二年五月三〇日、鉄道技術研究所五〇周年記念講演会で「超特急列車、東京〜大阪間三時間への可能性」という形で新幹線構想が初めて世に出され、国民的な夢となった。政治向きは十河総裁が受け持ち、技術は島技師長にまかせ切る。十河総裁の情熱と強い意思、島技師長の構想力が化合して生まれたのが東海道新幹線なのである。

新幹線は東海道本線の線路増設である

戦後復興が急速に進み、日本経済の高度成長が本格化すると、東海道ベルト地帯に対する人口と産業の集積が急加速し、東海道本線の輸送力が逼迫《ひっぱく》してきた。国鉄は東海道本線の輸送力不足が経済成長のボトルネック（障害）になることを懸念し、その近代化と輸送力増強につとめた。昭和三一年には全線電化が完成し、三三年には特急「こだま」がそれまで七時間三〇分かかっていた東京～大阪間を六時間五〇分で結ぶ、などの成果をあげた。だが輸送力は三六～三七年には行き詰まることが予測されていた。

そこで昭和三一年、国鉄内に「東海道線増強調査会」を設け、狭軌併設、狭軌別線、広軌別線（新幹線）の三カテゴリーの線造計画を検討した。国鉄内部のほとんどが広軌の新幹線に反対であったが、十河・島両氏は強固な広軌別線支持派で、互いに相譲らず決定は政府にゆだねられることになった。

昭和三二年、閣議決定で運輸省に「日本国有鉄道幹線調査会」が設けられ、広軌別線、交流電化が望ましいという報告書が運輸大臣に提出された。それが三三年に閣議決定され、三四年に予算化され着工となったのである。

国鉄内部の圧倒的多数は、東海道新幹線を新線建設として「鉄道建設審議会」にかけ葬り去る考えだった。これに対して新幹線は東海道本線の線路増設であり、新線建設ではないから国鉄総裁の責任で決めれば良い、という理屈で十河総裁が押し切った。時の中村三之丞運輸大臣は、国鉄内部の大勢が反対に傾く中で「やりましょう」と言い閣議決定をとってくれた。このことを十河総裁は深く感謝していたという。

衝突回避原則~東海道新幹線の画期性

十河総裁の夢である広軌の新幹線、前人未踏の時速二〇〇キロ運転を実用化するため島技師長が構想したのは、高速旅客列車専用の広軌軌道の上を軽量の電車だけが走行する、という現在の東海道新幹線方式であった。

在来の東海道本線上は特急列車、急行列車、普通列車など速度も停車駅パターンも、列車の長さもそれぞれに異なる旅客列車が走行し、貨物列車も同じ線路を走っている。輸送の質・量という点からいうと、これら多種多様の速度・停車駅パターンの列車が走るということは、追い越しや待避などがあるため、線路の使用効率を低下させてしまう。

そこで新幹線は高速の特急列車と急行列車の専用とし、在来東海道本線は速度の遅い列車だけを走らせることにする。そうすれば新幹線にも、東海道本線にも速度の類似する列車が走行するので、効率的列車設定と高頻度運転が可能となる。結果として線路設備は二倍となるが、輸送力は二倍以上になる。完全な並行ダイヤが最も効率的な線路の使用法だからである。

時速二〇〇キロ走行の安全を守るためには、新幹線は高架構造にして踏切をなくさなければならない。そして軽量の電車専用とすれば構造物に対する負担が軽減され経済的設計が可能となる。さらに別線で建設し、主要駅のみで在来線と接続することにすれば、建設中であっても在来線輸送に支障をきたすことはない。これが島構想の骨子であった。

何か少しでも異常があれば列車が停まるようにシステムを設計するfail-safe（フェイル・セーフ）

思想は鉄道の伝統でもある。そしてfail-safeが不可能な部分、すなわち台車、車輪、車軸や軌道については徹底した予防保全を取り入れ安全を確保する。新幹線のコアシステムは、こうした思想でできあがっている。

それに加え、たとえ人的ミスがあっても衝突事故が絶対に起こらない仕組みとしてＡＴＣが採用された。このＡＴＣと列車集中制御装置（ＣＴＣ）の二つのシステム、加えて高速旅客列車専用軌道こそが東海道新幹線の最もユニークな点であり、ＪＲ東海ではこれを衝突回避原則（Crash Avoidance Principle）と称して、今なおその精度を磨き続けている。

下敷きとなった戦前の「弾丸列車構想」

東海道新幹線は昭和三四年度に予算化され、三九年に完成した。その後に建設された新幹線に比べ驚くほど短期間の完工である。それは戦前の「弾丸列車計画」が下敷きにあったからであった。弾丸列車計画の規格と既着工部分が東海道新幹線に活用され工期が短縮されたのである。

弾丸列車構想は昭和一四年に調査が開始され、一五年に帝国議会で東京〜下関間に広軌別線の弾丸列車を建設することが決定された。そして一六年に着工し、一八年に資機材や労働力不足で計画が中止となるまで工事は続いた。軌間一四三五ミリ、曲線半径二五〇〇メートル以上、軌道中心間隔四・二メートル、軌条六〇キログラム／メートル、車幅限界三・四メートルという建設基準は、そのまま東海道新幹線に用いられた。

東海道新幹線着工時には一六〇キロメートル分の用地が確保され、新丹那トンネル、日本坂トンネル、東山トンネルの三トンネルが着工され、工事が進んでいた。五年間で五〇〇キロメートルを建設したスピード工事の秘密はここにあった。加えて、弾丸列車の建築限界は欧州の広軌列車よりも広く、車幅は今日の新幹線と同じものになっていた。これはまさしく先人の先見の明である。

開業初年度から黒字を計上

国民的な夢を背景に、それでいて政界筋と部内から少なからざる反対を受けつつも、開業してみれば東海道新幹線は大成功であった。初年度は一部区間で徐行を行ったため東京〜大阪間を四時間かけて走行したが、一年後には計画どおり時速二一〇キロで三時間一〇分運転となった。

前人未踏の時速二一〇キロによる東京〜大阪間三時間一〇分（それまでは六時間五〇分）という飛躍は、計画段階でのすべての予測値を飛び越えて非連続的、飛躍的な輸送量の増加をもたらした。ところが新幹線の開業した昭和三九年度から国鉄は赤字に転落、以降昭和六二年四月の分割民営化まで国鉄経営は悪化の一途をたどった。この一事を見て、東海道新幹線の建設費が借金でまかなわれたことが国鉄赤字の引き金になったという者がいる。

確かに東海道新幹線は自己資金と財政投融資で建設された。政府出資も利子補給も全くなかったが、初年度から東海道本線と併せて黒字を計上し、一〇年以内に投資額をすべて回収するという、この種の巨大プロジェクトとしては奇跡と言って良いほどの成功をおさめたのである。

日本経済の高度成長期に、その背骨とも言える東海道で、旅行時間を七時間から三時間に短縮するということは、個人のライフスタイルから企業行動、さらには国の経済構造をも変えてしまう、ということを意味する。採算プロジェクトだったことに加えて東海道新幹線は膨大な外部経済効果、すなわち開発利益をもたらした。まさに変革（transformation）をもたらしたのである。

国鉄赤字化の原因は物価・人件費の高騰に運賃水準が追随できなかったことの結果である。そしてそれは運賃の決定が国会の議決を必要としたことの結果でもある。経営の重要事項を政治が意思決定する、という公共企業体の仕組みにこそ問題があった。

借入れといえば世界銀行（世銀）からの八〇〇〇万ドル（当時の金額で約二八八億円）の借款《しゃっかん》にふれておかなければならない。

当初想定した工事費は三八〇〇億円あまりであったが、十河総裁が国鉄の後輩で当時大蔵大臣の任にあった佐藤栄作氏に相談したところ、二〇〇〇億円を超える計画ではとても国会予算の承認が得られないだろう、という意見だった。そこで十河総裁は徹底的に工事費を削減し一九〇〇億円にして計画を出させた。佐藤蔵相はこの事情を知ったうえで世銀借款を勧めたのだといわれている。

「このような大プロジェクトは完成までに時間がかかる。その間には工事費が予定を上回るなど、紆余曲折《うよきょくせつ》があるだろう。政治は揺れ動く、工事中断を叫ぶ者も出てくるだろう。そんな時に世銀から借りておけば国家としての約束だから変更はできない。政治家と、政府の退路を遮断《しゃだん》するためには少額でもいいから世銀借款を受けておいた方が良い。大蔵省も協力するから」と十河総裁にアドバイスしたと聞いている。

世銀は「貨物輸送ならまだしも最先端技術を使った高速旅客輸送建設に世銀が融資するのはおかしい」という意見だったので、計画段階では貨物輸送の実施を前提にすることで審査をパスしたという。融資が確定した後に、工事費の節約等を理由に貨物輸送を構想から排除していくという戦略であった。私の妻の義兄に当たる蔵田昭氏が十河総裁の秘書をつとめており、世銀借款の調印式にも随行した。十河総裁のさまざまなエピソードは十河総裁に私淑するこの義兄から聞かされたものである。

新幹線の管理体制

新幹線の成功は鉄道斜陽論を吹き飛ばす効果があった。それとともに政治家や各地方に新幹線待望論が高まり、次々と延伸されていくことになる。

反対論、形勢観望論が強かった国鉄内部での反応はやや複雑なものだった。東海道新幹線については多くを語らず、次なる新幹線建設については異を唱えないという姿勢が大勢となった。

在来線の場合は、全国二万キロの路線を二七の鉄道管理局で掌握する地域管理体制を敷いていた。複数の管理局をまたがる長距離の列車設定は本社が所管であったが、それぞれの守備する路線網の運営はすべて鉄道管理局の管轄であった。一方、東海道新幹線の場合は、時速二〇〇キロの高速列車を安全、正確、安定的に管理すること、すなわち列車の運行管理に重点を置き、新幹線総局により東京~大阪間の列車を一貫して掌握・管理する仕組みがとられた。

ＡＴＣとＣＴＣのセンターを東京に置き、全列車・全設備を管理する仕組みは合理性の高いものではあったが、伝統的な管理局体制の中では異質の組織で、国鉄時代を通じてその違和感が解消されることはなかった。主要駅は在来線と併設され、新幹線はまるで借家人のようなものだった。人事は基本的に管理局が行うので、その面で新幹線は継子《ままこ》扱いの感を免れなかったのである。

二　東海道新幹線システムの習熟と延伸

新幹線開業後、国鉄時代の二三年間には、システム面の表立った進化はなかった。初代の0系車両は東海道新幹線開業から昭和六〇年までの二一年間、唯一の制式車両であり続けた。山陽新幹線でも同じ0系が投入され、東北・上越新幹線では0系に雪対策の仕様を付加した200系が投入されたが、技術的にも形状的にも0系と同じだった。

昭和六〇年、0系をモデルチェンジし一六両編成中八、九号車を二階建てとした100系が東海道新幹線に導入された。見かけは斬新《ざんしん》だが、技術的には0系と同じで、変わったのは、0系では全車両にモーターが搭載されていたのを四両分減らし、一二両とした点だけである。モーターの馬力が上がったためだ。

モーターの搭載がない四両のうち二両は運転台のついた先頭車と最後尾車、残る二両は八、九号車で、二階建てとしてあったが、目先を変えただけで性能のアップはなかった。むしろ一部二階建ての100系と、オール一階建ての0系編成が混在すると、列車編成の運用が非効率となる。将来すべての編成を100系に統一するというポリシーがあったわけでもない。何か新味を出し

初代０系（昭和39年〜平成11年）。高速鉄道の新しい時代を開いた。

100系（昭和60年〜平成15年）。０系の性能をベースに２階建てグリーン車の導入など旅客サービスの向上を目指した。

て見せたい、という焦燥感《しょうそうかん》から生まれた「貧すれば鈍する」の典型であった。

国鉄時代に技術の進歩がなかったことにはいくつかの理由があった。

一つは、時速二〇〇キロ超という前人未踏の分野に習熟する期間が必要だったことである。どんなに実験走行を重ねても、予期せぬトラブルが起きるのは避けられない。fail-safe原則により安全は確保されるが、列車運行に影響は出る。これらの初期トラブルを解決し、習熟を重ねることが当初は必要であった。また、赤字の国鉄では技術の進歩を取り入れてトータルシステムの改善をするための設備投資資金を確保することは難しかった。

新幹線開業後に浮上した諸問題

東海道新幹線の旅客数は急増し、それにつれて運行列車本数も次々と増発された。最初は一時間当たりの運行列車は「ひかり」一本、「こだま」一本の「一―一」ダイヤだった。それが増発されるにつれ、「二―二」、「三―三」、「四―四」、「五―五」ダイヤに増加した。

当時は一時間に片道一〇列車までが線路容量の限界だと考えられていた。その中で「ひかり」への需要が強いことを勘案し、昭和六〇年のダイヤ改正時からは「ひかり」六本、「こだま」四本の「六―四」ダイヤとなった。ただしそのうち一本の「ひかり」は「こだま」の一部停車駅にも停まる中間的な「ひかり」とし、時間帯によって停車する駅を変えて何種類かの停車パターンを作ることにしたのである。

このように列車本数が予想を超えて増加する過程で、設備の疲労と耐久力不足が顕在化していった。線路の折損、トロリー線の断線、パンタグラフの損傷など、列車の安定運行を阻害する事態が多発したのだ。ちょうど開業から一〇年を経た頃であった。

この事態に対処するため、国鉄では昭和四九年一二月から昭和五〇年二月までの間に四回、半日列車運行を止めて設備の総点検を行うことにした。そして問題点を洗い出したうえで、重軌条化、道床交換、重架線化などの「若返り工事」を行った。若返り工事は昭和五一年二月から五七年一月まで、六年にわたって計四四回、いずれも列車を半日運行停止して行われたのである。

時を同じくして問題化したのが列車の騒音・振動に対する住民の苦情である。騒音・振動に対する環境庁の基準値が設けられ、それをクリアするためにさまざまな対策がとられた。パンタグラフ数の削減、防音壁による騒音源の遮蔽、構造物の強化による振動の抑制などが主であったが、JRになってからは時速二七〇キロ化に対応して、これまでの対策をいっそう徹底するとともに、車体の流線型化、平滑化《へいかつ》、軽量化を進めてきた。世界の高速鉄道の中で日本の新幹線は最も騒音が小さく振動が少ない。

運行開始後、認知され経験的に解決した問題の一つに降雪対策がある。

時速二〇〇キロを超える高速走行において、降雪がどのような問題を惹き起こすかは予見されておらず、運行開始後、関ヶ原付近の降雪対策が重要な課題であることがわかった。関ヶ原付近は多雪地帯である。高速で走行すると雪が舞い上がり床下に付着する。その雪が浜松、静岡などを通過する際に溶けて落下し、それによるバラスト（線路の敷石）の跳ね返りが床下の機器類を破壊したりするのである。

いったん故障を起こすと列車運行は大混乱に陥る。そんなことが繰り返され、さまざまな対策が試みられた結果、スプリンクラーで散水溶雪してしまうのが最も効果的である、という結論になった。ところが東海道新幹線の路盤は盛土区間が多く、関ヶ原も盛土である。大量の散水は豪雨に等しく、路盤をゆるめてしまう。結局、一時間当たり四ミリ程度の雨量に相当する散水により雪を重くし、列車の走行速度を落とし、両方の相乗効果で雪が舞い上がり、床下に付着するのを抑えるに如くはない、という結論になった。

それでも付着する雪は名古屋駅や岐阜羽島駅において人力で除去しなければならなかった。民営化後は、高圧水蒸気噴射機が導入されたおかげで、付着した雪の除去が効率化された。また降雪と付着の状態を常設カメラで捉え、その画像を中央指令で監視し、徐行速度を指令できるようにもなった。こうした方法によって雪の付着を防止し、遅延を短縮し、遅れ時間を予測できるようにしたのである。

新幹線待望論と延伸

このように必要に迫られた課題以外では、国鉄時代はさらなる技術的飛躍を志向するより新幹線の延伸により高い関心が集まった。東海道新幹線の成功を目の当たりにして、全国的に新幹線建設の要望が高まったからである。

まず建設されたのが山陽新幹線である。昭和四二年に着工し、四七年三月に岡山開業、五〇年三月に博多まで全線が開業した。この間、昭和四五年に「全国新幹線鉄道整備法（全幹法）」が制定され、東北新幹線の東京〜盛岡間は国鉄が、上越新幹線は日本鉄道建設公団（鉄建公団）が運輸大臣の建設命令を受けて着工した。東北新幹線は昭和五七年六月に、上越新幹線は同年一一月に大宮以北が開業した。

山陽新幹線は東海道新幹線と同様に山陽本線の線路増設として建設され、新幹線総局が東海道新幹線と一元管理する方式だった。東海道・山陽の在来線と新幹線を一元経営としてみれば初年度から黒字であった。

東北・上越新幹線が大宮開業するに当たってその管理体制をどうするかが問題となった。東海道・山陽にならって、東北・上越新幹線総局とする案もあった。しかし一本の運河のように直通する東海道・山陽と異なり、東北・上越は二つの流れが大宮で合流して本流となり、東京に注ぐ川の流れに似ている。

列車の編成長（編成車両の長さ）も停車駅パターンもはるかに複雑にならざるを得ない。いわば在来線型の列車パターンである。総局方式にしなければならない必要性は少なかった。

時あたかも国鉄経営のアキレス腱は労務管理だ、とする問題認識が国鉄内外に充満していた。とりわけ東海道・山陽新幹線の労務管理は弱体であるとされていた。

そこで東北・上越新幹線は既存の鉄道管理局の守備範囲に合わせて分割し、新幹線と在来線を一体として運営管理することになった。当時は「輪切り方式」と称され、「総局方式」か「輪切り方式」かで議論が交わされていた。

東北新幹線が大宮以北で開業したのが昭和五七年六月、上越新幹線が同年一一月である。両方とも赤字路線である。東北・上越新幹線の資本費は国の負担としてほしいというのが最後の国鉄再建計画である「経営改善計画」を策定するに当たっての国鉄の要望であった。

ちょうどそんな折、臨時行政調査会の基本答申が出され、五年後の昭和六二年四月に国鉄を分割民営化することが決定した。国鉄経営は東北・上越新幹線の大宮開業と時を同じくして完全に崩壊したのである。

二　欧州における高速鉄道の発展

欧州諸国でも鉄道は航空機・自動車に押されて斜陽化の途上にあった。が、日本の新幹線の成功に光明を見出し、鉄道旅客輸送高速化への努力を強めていった。先鞭《せんべん》をつけたのはフランスで、東海道新幹線の完成から一七年後、パリ〜リヨン間の新線が営業開始した。それを契機に高速新線建設はフランス、ドイツ、イタリア、スペインなど、各国で進められることになり、現在では延長距離が約七〇〇〇キロに達している。

欧州の高速鉄道の特徴は在来線と高速新線の相互直通運転を前提としていることだ。欧州列強が世界に覇を唱え、富強を誇ったのは一九世紀においてだった。それはまた鉄道の世紀でもあり、経済発展と国防目的で一九世紀の欧州では網の目のように鉄道網が建設された。その鉄道網は日本と異なり、すべて広軌である。

一九世紀末から二〇世紀への移行過程は、一九一四年の第一次世界大戦から一九四五年の第二次世界大戦の終了までである。その間に欧州列強はお互いを破壊し合い、植民地をも失うことになった。が、網の目のように張りめぐらされた鉄道網は、欧州全盛時代のいわば遺産として残った。しかし二〇世紀は自動車と航空機の世紀であった。鉄道輸送、特に旅客輸送は斜陽衰退の道を確実にたどりつつあった。そこに東海道新幹線の時速二〇〇キロ運転と、その奇跡的な成功が一筋の光明を与えたことはまず間違いない。

日本とは地理的条件も人口密度も異なる欧州では、列車の運行頻度は東海道回廊のような高頻度とはならない。高速新線の時間短縮効果をあまねく敷衍《ふえん》させるためには、建設された高速新線の列車を、同じ広軌の在来線に直通乗り入れさせるのが最も合理的である。

かくして欧州では在来線との直通運転が高速鉄道の技術標準となった。その場合、在来鉄道の建築限界にしばられるため、車幅は一九世紀並みに狭くなる。また在来線には重く遅い貨物列車や機関車牽引のローカル列車も走っている。自動列車制御により、絶対に衝突させないシステムを作ることは、在来線では不可能である。

平面交差の踏切が随所にあり、トラックや自家用車との衝突にも備えなければならない。したがって衝突は起こり得る。それに備えて旅客の生命を守ることが高速列車のコンセプトにならざるを得ない。頑丈な機関車を先頭車と最後尾に配し、その中間に頑丈な客車をサンドイッチした形で走行するプッシュ・プル方式が欧州の標準になったのはこのためである。

列車は重く、加減速性能は軽量電車方式の新幹線に比べて悪く、エネルギー消費は東海道新幹線より多くなるが、欧州では最も合理的な方式がこれなのである。鉄道は地勢や人口分布に関連して最適化の方式が異なる。日本では東海道新幹線方式が、欧州ではプッシュ・プル方式が最適とされる。

一九世紀の遺産としての既存鉄道網がないアジア地域などの新興国の場合、これからすべてを作り上げるのだから、一九世紀の技術に二〇世紀の技術が妥協する必要がない。したがって、日本方式の採用が望ましいと思うのである。

第二部

国鉄改革と東海道新幹線

一　国鉄分割民営化へいたる流れ

公共企業体～政治的意思決定の弊害～

国鉄は昭和三九年に赤字に転落した。その後国会審議未了で廃案となった第二次を含め都合六次にわたる再建計画が次々と失敗し、赤字と累積債務は拡大の一途をたどった。その原因は「全国一体」の「公共企業体」という経営形態そのものにあった。

「公共企業体」である国鉄の年度事業計画は国の予算の一部であり、「運賃」、「賃金」、「設備投資」など重要事項はすべて国会での議決によって決められていた。「政治」は民意に追従するがゆえに「転ばぬ先の杖」は不可能に近い。

なかんずく「運賃」法定主義は自律的経営にとって致命的であった。

敗戦から立ち直り、高度経済成長を遂げる日本経済の中で、消費者物価はどんどん上がり、賃金水準もそれに追随したが、国鉄の運賃は政府の物価政策の重要な手段として抑制され続け、そのうえで政府から提出された値上げ案ですら国会審議において野党との対決法案化することが常態化していた。

かくして、適時・適切な運賃値上げが健全経営の効果的な手段であり得た昭和四〇年代までを通じて運賃はいつもコストアップに対して不十分で時期遅れになり、その分を政府からの融資でつないだ結果、借金が累増《るいぞう》していくことになった。

政治的意思決定による運賃改訂の不十分さと時期遅れは、必然的に労使関係の悪化に連動することにもなった。経営側は労働生産性の向上による人件費削減の必要性を社員に訴えたが、人件費を削減して黒字を計上すればその分だけ運賃の値上げ幅が削られ、値上げ時期が遅らされる。赤字にならないかぎり運賃は上げてもらえない。他方、国鉄職員はその公共的なサービスの性格から公共企業体等労働関係法（公労法）によりストライキを禁じられていたが、その代償として公共企業体等労働委員会（公労委）の仲裁裁定により民間企業並みの賃金を保証されていた。赤字にならないかぎり運賃値上げは認められない。どんなに赤字でも国鉄は潰れない、仲裁裁定実施に必要な資金は国が手当てをしてくれるので賃金は守られる。だから働き損はやめようという労組の主張の方が説得力を持ったのである。

労組には社会党支持の国鉄労働組合（国労）、国鉄動力車労働組合（動労）と、民間型労組を目指し民社党を支持する鉄道労働組合（鉄労）があったが、国労が組合員の七割以上を組織しており、彼らは運賃も賃金も決められない国鉄経営者に見切りをつけ、政治的色彩を強めていった。国鉄が不沈艦であり、賃金も民間並みに確保されるということになれば、非効率こそは組合員の数を増やし、組合費を増加させる「打ち出の小槌」である。加えて、組合員数が多ければ、社会党に対する労組の影響力が増加し、ひいては与党をも動かすことができる。「数は力なり」ということで労組は徹底的な合理化反対に走り要員削減どころか非効率が拡大する一方となった。

政府が運賃抑制政策を転換したのは昭和五〇年、大蔵省出身の高木文雄総裁の時代からである。

急速に累積する債務に危機感を強めた大蔵省は、まずは昭和五一年に運賃を五割値上げし、五二年からは運賃法定制を緩和して、物価上昇による収支悪化をカバーする限度内であれば運輸大臣認可で機動的に運賃を値上げできることにした。それと時期を接して過去債務二兆五千億円が棚上げされ、地方交通線の運営費助成も開始された。しかしそれとて、すでに時期遅れであり、借金ダルマの転落を食い止めることはできなかった。

「国鉄党」路線と要員削減

高木総裁は運賃大幅値上げ政策を推進するにあたり、国労との宥和協力のもとに動労や鉄労をも同舟させ、労使一体となって与野党に財政助成を要求する「国鉄党」路線を進める方針を取った。当時の職員局の考え方に同調したのであった。さすがの国労首脳も赤字と累積債務の急増に恐れを抱き運賃大幅値上げに向けて社会党説得に協力したので、「国鉄党」路線は有効であるかのごとく見えたのである。

高木総裁はしきりに国鉄の労使関係は次第に良くなっている、もう少し時間を貸してくれれば世間並みにできると言っていたが、大蔵次官出身の高木総裁は労務最前線の現実を知らなかった。本社職員局の説明を鵜呑《うの》みにしていたのである。

現実には職場の管理体制は衰弱し、労務指揮はマヒ状態になっていた。それでも年中行事化した違法ストライキやサボタージュ以外の平常時には、列車は世界一正確で安定的に動いていた。それは職員一〇人に一人の割合で配置された現場管理者（非組合員）と少数労組（鉄労）に所属する良識的職員の努力と負担のおかげであった。だが、それもいよいよ限界に近づいていた。

独立採算性の崩壊は公共企業体という欠陥制度の必然的な帰結ではあったが、それをさらに悪化させていたのが職場の秩序崩壊であった。国鉄本社が国労本部主流派と口裏を合わせて表面を取り繕っている一方で、各現場では多数の闇協定、悪慣行が積み重ねられ、作業効率を著しく低下させていた。

国労本部の主流派は社会党左派で、口では物わかりの良いことを言っていたが、多数に安住して現場から遊離しており、少数派の社会主義協会派系と共産・革同系が現場組織を掌握していた。国鉄職員局は極左・共産党グループを抑えるために、この本部主流派を支えようとして空《むな》しい譲歩を繰り返していたのである。

昭和五四年・五五年、国鉄経営が完全に行き詰まる丁度その頃、私は仙台鉄道管理局の総務部長の職にあったが仙台の状況は全国の鉄道管理局の中でも特殊であった。全国的にいえばほとんどが社共支持の国労主体の局で、民社党支持の鉄労が多数を占めるのはわずか三局、すなわち大阪鉄道管理局、新潟鉄道管理局、金沢鉄道管理局が鉄労局であった。

このような勢力分布の中で仙台は唯一、国労と鉄労が拮抗し、勢力を争っていた。本社職員局の「国鉄党」路線によれば、大の虫を活かすために、小の虫は殺すしかないことになる。仙台は「国労主導局」に塗り替えなければならない。本社職員局はそのことを明言はしなかったが、以心伝心を期待していることはよくわかったし、すでに前任者の時代から仙台局はその路線を取ってきていた。しかし、仙台局の実体を見ると、手段を選ばずに職場での労使関係を混乱させているのは国労であり、それを現場管理者や鉄労の職員が必死に支えているというのが実情であった。本社職員局の期待どおりこれらの良識ある職員を見殺しにすることなどできるはずもない。「仙台はラバウル方式でいこう」という太田知行仙台鉄道管理局長の是々非々の職場管理方針に私は共感した。

そこで鉄道管理局が自らの権限でできること、すなわち労務指揮権の適正行使により現場での悪慣行・闇協定を解消させるとともに、管理局や現場での労使交渉正常化に専心することに徹したのである。昭和五五年一二月、仙台総務部長二年目の年に「日本国有鉄道経営再建特別措置法」が成立し、昭和五六年を初年度とし昭和六〇年までの五年間を期間とする、第六次の再建計画、いわゆる「経営改善計画」が発足することになった。

「経営改善計画」の初年度である昭和五六年度の事業収入は約三兆円、それに約七〇〇〇億円を超える助成金の受け入れを加えても、経常赤字はおよそ一兆円に上った。赤字の最大の要因は四二万人の職員の人件費で事業収入の八五%にも達していた。私鉄の場合は四〇%程度であることを考えると国鉄の労働生産性は二分の一にも達していない状況であった。さらに東北新幹線建設のピークを迎えていることもあり、計画期間中の設備投資に約一兆円が必要とされたため、合わせて毎年約二兆円の新規債務が、すでに累積されている債務一六兆円の上に積み重なっていく。加えて昭和五七年六月には東北新幹線、一一月には上越新幹線がそれぞれ大宮以北で開業し、資本費が一挙に約三〇〇〇億円も増加してしまう。泥沼状態は底なしだった。

しかし、「経営改善計画」には四二万人の職員を三五万人に削減するという要員削減が織り込ま

国鉄のスト突入で都心に向かうバスを歩道橋の上にまで並んで待つ通勤客（東京・港区の国鉄品川駅前。昭和50年11月26日）（写真提供：時事）

れており、その手段として採用数を退職者の二分の一以下に抑えることになっていた。この七万人の要員削減は、労働生産性を私鉄並みに引き上げる、という観点からすれば不十分・不徹底な目標でしかなかったが、これまで問題を先送りし続けたあげく、ついに要員合理化という「聖域」にメスを入れたという点では画期的なものであった。

この七万人の削減計画はこれまでの国労との宥和路線、「国鉄党」路線の破綻を意味する。高木総裁も本社職員局もこれに強く反対したが、運賃、税金、借金、資産売却など他のすべての手段を逐次投入したうえで経営が崩壊した以上、七万人の要員削減を押しとどめる名分はどこにもなかった。

追いつめられた職員局が窮余《きゅうよ》の策として考えたのが違法なスト権スト（昭和五〇年一一月二六日から八日間にわたり法律で禁じられていた

国鉄職員のストライキを行う権利を求めて行った政治ストライキ）がもたらした損害に対する賠償請求訴訟、いわゆる「二〇二億円訴訟」の取り下げと「七万人要員削減」との取引であった。

昭和五六年一月の全国鉄道管理局総務部長会議の席でこの方針を聞いた時、私は現場に責任を転嫁《てんか》し続けてきた本社職員局が、ついに自らの魂を売ろうとしているのだと感じた。それだけではなく、本社職員局では、現在一〇人に一人の比率で配置されている現場管理者をすべて組合員にしてしまうことも考えていた。組合員の減少分を現場管理者の組合員化で補填《ほてん》しようという考えであった。

全国一律運賃・賃金の弊害

「全国一体」とは「全国一律の運賃」と「全国一律の賃金」を意味する。地方が過疎化する中での全国一律運賃は、東海道新幹線や首都圏の鉄道網のように輸送密度が高く、一旅客当たりのコストの低い路線では割高なものとなってしまう。その結果もたらされる余剰利潤で、人口が減少したローカル線の赤字を補填する。これが全国一律運賃、すなわち総括原価制度の仕組みである。「後のない計画」と称された第六次計画、名づけて「経営改善計画」が発足した昭和五六年時点で、東海道新幹線の運賃・料金はコストの二倍、首都圏などの国鉄線区間の運賃は並行私鉄の二倍の水準に達していた。

首都圏の国鉄路線のように鉄道が沿線住民にとって独占的交通手段である場合はまだしも、航空旅客との競争市場である東京～大阪間では新幹線の旅客は蚕食され、本来であれば競争力を持ち得ない東京〜大阪間の航空輸送が、見せかけの競争力を持つことになった。

それだけではない。維持更新投資が思うにまかせないため、東海道新幹線の車両や設備の老朽・荒廃化が進み、安全安定輸送が脅かされる事態も危惧される状態であった。こうした事態から日本の大動脈である東海道新幹線を守ることが国鉄改革の主目的の一つであり、シンボリックに言えば国鉄の分割民営化は「東海道新幹線救出作戦」の一面を持っていたともいえる。

運賃のみならず賃金についても同じことが言えた。全国一律賃金のもとでは大都市圏の賃金は地場の水準を下回り、逆に北海道などでは地場賃金水準を大幅に上回っていた。稼いだところが潤《うるお》わないこの仕組みは、必然的に労使関係を悪化させるもととなった。

「全国一体経営」の「公共企業体」が不十分、不徹底な先送り経営を余儀なくされ続けたあげく、たどり着いた終着点が、昭和五六年五月に運輸大臣の認可を得た第六次計画であった。さすがに「国鉄再建計画」とは言えなかったので「経営改善計画」、あるいは「後のない計画」と称していたが、その計画は発足した時点ですでに破綻していた。

二　「土光臨調」発足

「後のない計画」と分割民営化

時あたかも、行政改革に対する国民的な期待が高まり、「増税なき財政再建」をスローガンに昭和五六年三月に臨時行政調査会（臨調）が発足した。鈴木善幸総理大臣のもと、中曽根康弘氏が行政管理庁長官をつとめた。

私は昭和五六年四月一一日付けで、経営計画室経営計画主幹の発令を受けたが、それには臨調担当の「総裁室調査役」という兼務が付くことになった。

「仙台はラバウル方式でいく」という太田局長の方針に沿って実行した是々非々の職場管理は仙台局の管理者や良識的職員の強い支持を受けたが、本社職員局や国労本部にとっては「国鉄党」路線の基本にそむくものであった。東北新幹線の開業を控えて、その主力を担う仙台局がこれでは困るということになり、本社職員局と国労本部が相談の上、私は本社に戻ることになった。労務・予算いずれにも関係のない非力なポストに栄転ということであると前任地静岡の国労委員長が教えてくれた。

私は臨調発足の機を捉えて抜本的解決すなわち国鉄の分割民営化を追求してみようという思いを胸に本社に赴任した。その意味で臨調担当の調査役はまさに運命的人事であった。

「臨時行政調査会設置法」は「日本国有鉄道経営再建促進特別措置法」と同じ昭和五五年秋の臨時国会で相前後して成立し、臨調は五六年三月に総理大臣の諮問機関として発足した。会長は元経済団体連合会（経団連）会長の土光《どこう》敏夫氏だ。「ミスター合理化」「荒法師《あらほうし》」の異名を持つ辣腕《らつわん》経営者で、その質素な生活ぶりから「メザシの土光さん」として親しまれた人物である。

土光会長を支える委員たちは経済界、官僚経験者、学者、報道機関出身者、労組の指導者など各界の有力者を集めた多彩な人選であった。私が本社に赴任した時期はまだ臨調の進展を予測す

臨調初会合で、挨拶する土光敏夫会長（東京・首相官邸）（写真提供：時事）

るには尚早《しょうそう》であったが、新聞・テレビなどメディアから複数の実力者がメンバーに名を連ねており、強い世論形成力が期待された。

しかし国鉄本社の空気は屈折したものであった。経営改善計画に織り込まれた施策には、一方では二・八兆円の過去債務を追加棚上げして合計五兆円を別勘定化することが、もう一方では昭和六〇年度までの五年間で七万人の要員削減を行うことが定められていたが、それらはいずれも不十分、不徹底なものでしかなかった。

「経営改善計画」はその名が示すとおり「再建計画」ではなく、経営計画室も経理局も政府当局も、とりあえずはこれで一～二年は凌《しの》げるだろう、といった程度の認識であった。しかし職員局にとっては、五年間で七万人の要員を削減する計画そのものが、労使一体の「国鉄党」と化して政府に助成を要求する、というこれまでの基本戦略を根本的に覆すもので、とても容認できるものではなかった。

一方「経営改善計画」の取りまとめ責任者は経営計画室筆頭主幹の井手《いで》正敬《まさたか》氏だった。誇り高い国鉄の労務管理畑でキャリアを積んできた彼にとって、生産性運動（昭和四五年に国鉄当局が主導した生産性向上のための取り組み。不当労働行為とみなされ、昭和四六年に磯崎総裁が国会で陳謝し失敗に終わった）の挫折以後の国労宥和的労務管理は不本意であった。それゆえ彼にとって新規採用を退職者の二分の一に抑制し、要員七万人を削減することは、経費削減効果を超える画期的な意味を持っていた。

国鉄職員局が国労融和路線に転換して以来、井手氏はタカ派の労務屋として労使双方からマークされる中で、「臥薪嘗胆《がしんしょうたん》」してきたのだと思う。

したがって七万人要員削減は「遺恨一〇年一剣を磨いてきた」井手氏にとって、まさに好機到来であった。この一点を突破口に弱体化した労務管理の建て直しを実現しようと燃えていたのである。

この思いは私も共感するところであった。と同時に本社での総括課長補佐時代を再建計画と予算作りで過ごした私にとって、臨調に盛り上がる世論を背にして、全国一体の公共企業体という欠陥制度を是正すること、それこそが労務管理のうえでも、鉄道輸送の再生の面でも逃すべからざる好機で、この機を逸すれば抜本解決のチャンスは二度と訪れないと考えたのである。

しかしことはそう簡単ではない。「臨時行政調査会設置法」と同一国会で成立した「日本国有鉄道経営再建促進特別措置法」がある。その法律に基づいて策定され、臨調発足後に運輸大臣承認を受ける「経営改善計画」がある以上、国鉄再建問題についてはより高次元の政策決定がなされているのであり、「臨調は容喙《ようかい》を許されない」というのが国鉄首脳、運輸省国有鉄道部（国鉄部）、自民党交通部会に共通の認識であった。

現実を直視すれば、経営改善計画は発足した時にすでに破綻し、職場の規律は崩壊していた。「後のない計画」の破綻は東北・上越新幹線の大宮開業を踏まえた昭和五七年度予算の概算要求時には誰の目にも明らかにならざるを得なかった。

「後のない計画」が破綻した後でどんな事態に陥るかも目に見えていた。経営の自律性喪失である。その結果は待遇の悪化、資産の切り売り、設備の荒廃、士気の低下、事故の多発、そしてさらなる信頼喪失と経営悪化の悪循環である。

政府与党は「後のない計画」が失敗したら次は「分割民営化」しかないと公言していた。もちろん政府与党には分割民営化という火中の栗を拾う気はない。しかしそういえば国鉄は「何でも言われたとおりにしますから時間を貸してください。分割民営化だけはご勘弁を」と懇願するだろう、と読みきっていた。これに対し国鉄は、政府与党が分割民営化をチラつかせ、自分たちに都合の良い問題先送り案を押しつけてくるに決まっていると考えていた。そのため職員局は労使一体となって「国鉄党」と化し政府に抵抗しよう、と考えているようであったが、それは国労・動労の過大評価に過ぎなかった。

自律経営を守る唯一の可能性は、国鉄が政府与党の予想に反して、自分の方から分割民営化を提起することだった。これで攻守を逆転させる。その機会は行政改革に国民的関心の高まっている今しかない。

運輸省、大蔵省、自民党すべての意向に逆らうことになるが、スタートしたばかりの「経営改善計画」がすでに破綻している実態を臨調に説明し、行政改革の主要課題として国鉄経営の抜本的解決を取り上げてもらおう、と私は考えたのである。しかし国鉄内も運輸省も臨調反対一色で、どこからアプローチしたら良いのか、五里霧中《ごりむちゅう》だった。

抜本的解決の大前提は過去を清算することである。それはスタートしたばかりの経営改善計画の否定から始めるべきものだった。清算の第一は累積債務の切り離しである。

累積債務が一六兆円（うち五兆円は特別勘定）にも達している状況下では、その利払いが新たな債務を生み、その利子が赤字を拡大させ、借金ダルマが転がり続ける。累積債務は運賃値上げの先送り、労組の甘やかし、過大な設備投資などといった政治介入のツケであった。この累積債務を負担可能なレベルまで切り離さないかぎり、どんなに努力しても国鉄の再建などあり得なかった。過去債務を切り離すためには、将来に向けて新たな借金を生まない担保として、どうしても国鉄を民営化する必要があった。

清算すべき過去の第二は、職場規律の回復と要員規模の適正化であった。これもまた労務・要員施策に対して自・社馴れ合いの国会運営が介入した結果、すなわち人的過去債務ということもできた。

昭和五六年当時の国鉄の要員は四〇万人を超えており、人件費は営業収入の八五％にも達していた。一方、私鉄は四〇％程度なので、要員数を少なくとも半減させる必要があった。

しかし民営化するためには国鉄の全国一律運賃・賃金を改め、地域特性を活かした運賃・賃金にしなければならない。それには地域分割するしかない。臨調担当になった時、私の思いはこのように漠たるものではあったが、必然的に分割民営化の構想に向かっていった。これまで経営計画室主任部員として再建計画策定に参画し、経理局主計課課長補佐として予算要求に携わり、鉄道管理局総務部長で労務管理を経験してきたうえで到達した究極の選択であった。

こうして、私の臨調担当としての最初の課題は、経営改善計画がスタート時にすでに破綻していることをいかにして臨調に認識させるかであり、さらに国鉄経営の抜本改革こそ臨調の最大の成果となる、という認識をいかにして持ってもらうかであった。

瀬島龍三氏との知遇

幸運だったのは土光臨調の作戦参謀とされていた瀬島《せじま》龍三伊藤忠商事元会長に接点が持てたことであった。瀬島氏は陸軍士官学校、陸軍大学校を通じて私の義弟の父親の一年上級で、瀬島氏が彼の区隊長（指導担当）だったことから、二人は個人的にきわめて近しい関係にあった。この縁を頼って、国鉄経営の抜本解決策について説明する糸口を得たのである。昭和五六年五月のことであった。

瀬島氏はまだ関心の焦点を絞っているわけではなく、国鉄問題は数多く抱える課題のうちの一つという認識だった。訪問に先立って義弟からは、時間を厳守すること、まず結論を言うこと、資料を持参するならばＡ４二枚以下にまとめること、などの助言を受けていたが、初回は挨拶と口頭説明だけで資料は持参しなかった。

自分が臨調担当の窓口となったことを述べ、今こそ行政改革の波に乗って抜本的な改革を行う必要があること、国鉄の職場秩序と規律は崩壊しており、そこを正すことがすべての糸口になるだろうことなどを説明した。

瀬島氏は「昔の国鉄はしっかりしていた、昭和一九年に地震で浜名湖の橋が壊れた時、陸軍の工兵と協力して三日間で開通させたのだ」という昔話を披露しただけで、あとは肩のこらない談笑であった。しかしここで面識を得た瀬島氏にはその後、臨調の基本答申、国鉄再建監理委員会の答申、分割民営化を経てＪＲ東海の株式上場にいたるまで、折にふれて説明に伺い、助言と支援を受けた。

もう一方では、国鉄も含め三公社の担当主査をつとめる田中一昭氏との信頼を築いたことが鍵であった。そののち彼を通じて臨調委員の一人で、国鉄問題担当部会の部会長をつとめる加藤寛慶應義塾大学教授と知遇を得た。また昭和五六年秋からの本格的な聴取に先立って専門委員を委嘱された時事通信社解説委員の屋山太郎氏、旭リサーチセンター専務の山同陽一氏たちとも知り合った。田中氏とは常に連絡を取り合い、昭和五七年七月の基本答申で分割民営化の方向を決める核心的なネットワークとなった。

七万人要員削減と二〇二億円訴訟の取引

経営改善計画は五月二一日に国鉄から運輸大臣に提出され承認された。これを受けた国鉄本社の反応は複雑だった。一つは、経営改善計画の要員合理化は困難だとする職員局、もう一つは七万人要員削減を突破口に意識改革を進めようとする経営計画室・経理局の交錯した動きである。しかし経営改善計画が運輸大臣の承認を得た以上は臨調の介入を阻止しよう、とする点では運輸省も経営計画室・経理局も職員局も思いを共有していた。職員局は新規採用抑制による七万人削減が現実のものとなり、それに見合う要員合理化策を並行して進めざるを得なくなったため、何ごとも労組の合意を得てから実施するという従来のやり方ではいよいよ間に合わなくなってきた。

そこで先にもふれた取引、すなわち経営側が二〇二億円の損害賠償訴訟を取り下げ、その代わりに国労が七万人の要員合理化策に協力する、という取引がいっそう現実味を帯びることになった。国労主流派はこの考えに賛同したが社会主義協会派と共産・革同は反対で、国労内のコンセンサスは取り得べくもなかった。

また七万人の要員削減は五年後の昭和六〇年度実績を見なければ定まらないものであり、二〇二億円訴訟の取り下げはそれを見てからでないと成立しない。そのためには裁判を長引かせる必要があった。ところが七万人の削減という施策自体、昭和五六年時点では斬新《ざんしん》に見えるだろうが、毎年二兆円もの債務が累増する現実を目の当たりにしては、五年どころか一〜二年のうちに陳腐化し、合理化数七万人の上乗せが求められるであろうことは必至であり、取引の成立余地はなかった。そしてそのことは職員局自身にも十分わかっていた。

そこで戦力温存策として国鉄労務のシンボルである川野政史職員局長を経営計画室長に異動さ

せ、その後任に仙台鉄道管理局長の太田氏を充てることにした。そして、「労務管理の基本は対国労宥和路線であり、それは国鉄にとって唯一の現実的選択である。臨調フィーバーは早晩冷め、国労宥和の『国鉄党』路線に回帰するだろう。それまでの間、川野氏には経営改善計画の定める七万人合理化という『火中の栗』から離れていてもらうのだ」という真意が流された。

太田局長は、経営計画室・経理局担当の縄田國武常務理事と連携し、対国労宥和的な職員局主流の路線と対抗することになったのである。

本州三分割のイメージ

私は総裁室調査役としての私の上司にあたる総裁室文書課長の内諾を得て、五月から週一回ほどのペースで分割民営化の可能性を探る勉強会を始めることにした。早晩顕在化するであろう国鉄分割民営化論に備えるという名分であった。総裁室文書課、経理局主計課・会計課、旅客局営業課、貨物局総務課それぞれの筆頭課長補佐に声をかけ、分割民営化の少人数での勉強会は始まったのである。いずれも共に仕事をしたことのある顔ぶれであった。

私と同日付で新幹線総局人事課長から山田佳臣氏が総括主任部員に赴任してきた。担当は長期経営計画で、一〇年前の私と同じ仕事である。前任者との引継ぎが終わると彼も加わった。共に仕事をするのはこの時が初めてであったが、以来今日まで三六年間の長いつき合いとなった。

職員局からは、能力開発課長の松田昌士氏に参加してもらった。彼は経営計画室主任部員、主計一課総括課長補佐の二度にわたる私の前任者で鉄労の志摩好達書記長との強い信頼関係があり、国労との宥和を基本路線とする職員局内では孤立した存在だった。

この時のグループがその後「改革派」と呼ばれる若手分割民営化推進グループの中心メンバーとなった。井手氏は経営改善計画策定の責任者だったため、この時点では、計画を失敗と断じ分割民営化の道を探る勉強会に誘うのはやめにした。誇り高い国鉄の労務管理で育って予算・経営計画へと枝を広げた井手氏にとって、全国一体の国鉄こそが守るべき基本であり、分割・民営化は論外のことだったように思う。一方、経営計画・予算部門育ちで労務・要員管理に足を踏み入れた私は、分割・民営化こそ究極の策だと思っていた。この微妙な差は、最後まで引きずったように思う。

勉強会での検討の要点をまとめた「国鉄問題の解決策について」というメモをたずさえ、キャピトルホテル東急五〇七号室に瀬島氏を訪ねたのは、臨調の本格的審議に先立つ八月であった。その要点は、以下のとおりであった。

昭和五七年度国鉄予算の概算要求で、経営改善計画の破綻は誰の目にも明確になる。今こそ弥《び》縫《ほう》策による問題先送りを根底から見直す必要がある。

その際に解決すべき最も基本的な問題は、①経営責任を明確化し、自律的な経営体制とすること、②職場の管理権を確立し服務規律を厳正化すること、③合理化を推進し生産性を向上させること、の三点であり、そのための抜本策として経営形態の変更、すなわち民営化を考えなければならないが、その場合は現在の全国一本の組織を地域分割すべきである。

地域分割の狙いは①非連続的改革に際して親方日の丸的な労使関係を清算し、国民の不信感を払拭すること、②累積債務を清算すること、③地域別運賃、地域別賃金を導入すること、④掌握可能な規模にすること、⑤内部補助を容認可能な規模に限定すること、⑥経営成績と労働条件を連動させる仕組みとすること、などである。これらの要件を満足するためには上下分割や客貨分離は不可であり、地域分割以外にはあり得ない、という内容であった。

地域分割のやり方は、会社内に発着する旅客の流動が大半を占めるように境界を設定すべきだという考え方で、北海道、九州、四国は当然であるが、本州も最低三分割する必要があると考えた。本州が一社の場合、あるいは二社であっても、全国一体の国鉄が持つ不都合がそのまま引き継がれてしまううえに、分割と言ってもしょせんは赤字の〝三島〟を切り捨てただけで本州は何も変わらないではないか、という世論の批判に耐えられないと考えたからである。

本州を三分割する際に、列車運行的観点から最もわかりやすいのは新幹線に着目した分け方である。東北新幹線と上越新幹線は車両の運用が仙台の総合車両所で共通化されているので一社とし、それに収益源として首都圏の鉄道網を持たせる。東海道新幹線の車両運用は浜松工場と東京・大阪の車両基地によっており圧倒的収益力を持つので、あわせて東海地方の都市交通路線を持たせ、収益力に見合った国鉄の債務を負担させる。山陽新幹線の車両は博多の総合車両所に集約されているので東海道新幹線と区分し、近畿圏の都市交通路線と合わせて一社とする、という分割案が最も自然だと考えた。

この場合、東北・上越新幹線と首都圏の国電をあわせ持つ会社は、半国鉄と言って良いほど大きくなる。そうなると地域のコスト特性を運賃・賃金に反映させ、内部補助の規模を軽減緩和させるという分割の本義が徹底できないきらいがあった。しかし首都圏の鉄道網は独占的で強固な収益力を持っており、半国鉄ほどの規模があっても首都圏の収益力で内部補助を行い会社としての安定的な健全経営に問題はなかった。

ここが肝要で、会社分割の技術的な側面にこだわり過ぎると、議論が本質論を離れ大局を失う恐れがある。これらを勘案し本州三分割とするのが現実的だ、と結論づけた。ただし本音案をいきなりぶつけるのは得策でなく、臨調側での議論の結果、そこに落ち着くようにすべきと考え、瀬島氏には口頭でいくつかの考え方があり得ることを説明した。

そのうえで、さまざまな分割案について国鉄が従来よりやってきた線区別決算分析の数値を用いて、瀬島氏が収支イメージを持ち得るよう資料を整えた。そして、秋の本格化した臨調のヒアリング再開後に再び瀬島氏を訪ねた。〝三島〟は債務ゼロ、本州各社は負担能力に応じて債務を受け継ぎ、それを超える累積債務は国の負担とする。要員の合理化も私鉄並みに徹底し、そのうえで地域別運賃、地域別賃金を導入すれば、三島会社も含めた各社ともに自律経営可能である、という試算を説明し、その扱いを瀬島氏にあずけたのである。

瀬島氏への接触は私かぎりのものとし、国鉄部内ではもちろん、臨調事務局にも話さなかった。瀬島プランとして中曽根長官の耳に入れることが説得力を強めると思ったからである。その後の展開を見ると瀬島氏は政権のトップに働きかけ国鉄改革の大きな流れを方向づけてくれたと思う。

昭和五七年七月の基本答申に向け、臨調が本格的な審議に入ったのは昭和五六年一〇月からである。三公社・特殊法人担当の臨調第四部会は加藤寛部会長、田中一昭主査の体制で、専門委員および参与に山同氏、屋山氏他が加わって審議が行われ、私鉄経営者、国労・動労・鉄労のトップなどからも意見聴取が行われた。

「経営改善計画」の破綻が確実になり、職場秩序の崩壊、規律弛緩の事実が次々と明るみに出てくると、世論は急速に硬化していった。同時に臨調の意見はますますきびしさを増し、次第に経営形態の変更しかない、という領域に足を踏み入れていった。

そしてひととおりの聴取を進めるうちに、一年というかぎられた期間で、臨調が目に見える成果をあげられるのは三公社の民営化以外にはない、と焦点を絞ったのではないかと思われる。ちなみに他の二公社は電電公社も専売公社も黒字で、労使が一体となり民営化を推進していた。

三塚小委員会の発足

臨調に集まっている国民的な期待を追い風にして、分割民営化を模索してきた私たちの勉強会と、臨調阻止、経営改善計画堅持、七万人要員削減断行で動いてきた井手氏が歩調を合わせたのは昭和五六年秋、臨調の審議が本格化した頃であった。仙台局総務部長の大塚陸毅氏が上京した折に井手氏、松田氏、私を合わせた四人で局面転換策を話し合い、まずは意見の一致する労務管理の面で力を結集することにした。その時に一致したのは概ね以下のような方針についてであった。

国民の国鉄不信の最大の原因は違法スト、サボタージュなど規律の紊乱《びんらん》と信賞必罰の不在である。ところが今の職員局は国労との宥和路線一本槍である。だから「七万人の要員削減」と引き換えに「二〇二億円訴訟」を取り下げようとしている。そのためには、合理化の実績が明らかになるまでは裁判の結審を引き延ばさなければならない。そこで職員局は国労・動労側が提起していた「運行可能論」に乗ることにしたのである。

すなわちストで止まった列車のうち、当局が動かそうとすれば運行可能であった列車の収入分は二〇二億円から差し引くべきであり、それが数十億円に当たる、という労組側の主張に反論することにしたのだ。

訴訟を促進する立場であれば、当局は反論せずと宣言し、裁判官に判断を委ねれば裁判は終わる。最悪でも労組側の主張する運行可能額数十億円を放棄するだけである。元来この裁判は違法ストに対する経営の姿勢論を明らかにするシンボリックな意義を追うものであり、金額の多寡が問題ではなかった。

「裁判の早期決着こそが正しい道のはずである。ところが職員局がやろうとしているのは労組の主張にいちいち反対弁論を繰り返し、『百年裁判』化することではないか」

裁判促進のため、最高裁事務局から出向してきていた法律専門家の感想を聞かされて我々も共感した。こんなことをすれば国民的信頼はさらに傷つく。運行可能論に対する反論をやめさせなければならない。その結果裁判が早期に終われば、二〇二億円の損害賠償と七万人の要員合理化を取引することが不可能となる。国労癒着の労務管理は転換せざるを得ない。それが突破口になって全体が動くだろう。

二〇二億円裁判はもともとスト権ストに対する国民の怒りを背景にした自民党の圧力に押され、

国鉄がいやいや始めた経緯があり、その空洞化を止めるには自民党を動かすのが最も有効である。幸い仙台出身で気心の知れた三塚博氏が自民党交通部会長の地位にある。彼に実情を訴えて自民党を動かし職員局が運行可能論の土俵に乗るのをやめさせよう、ということで四人の意見が一致し、三塚交通部会長との朝食会になった。私は三塚氏とは仙台局総務部長時代からの信頼関係があったし、大塚氏は私の後任の仙台局総務部長として三塚氏の信頼を得ていた。

これまで自民党交通部会を動かしてきたのは加藤六月氏であったが、ロッキード事件との関係が取り沙汰され、この時期、同じ福田派後輩の三塚氏が交通部会長に就くことになった。三塚氏は明朗、至誠の人であり、彼がこの時期このポストにいてくれたことは幸いであった。

三塚氏と井手氏、松田氏、私の朝食会は昭和五六年一二月早々、赤坂プリンスホテルの「トリアノン」で行われた。この時三塚氏に手渡した手書きのメモ「二〇二億円の訴訟について」は日付も入れず、出所もわからないようにしてあったが、三塚氏から直ちに加藤六月氏に渡り、縄田常務理事の手に入った。

ある日、職員局担当の吉井浩常務理事から部屋に呼ばれた。「先日、加藤六月氏が国鉄内には二・二六の青年将校グループみたいなのがいるようだなと言った。彼は誰とも言わなかったが、君の顔が浮かんだ。君のやっていることは組織人の矩《のり》を超えている、と部内で言う者もいるので注意するように」と言われた。

心配してくれているのは痛いほどよくわかったが、気心が知れている間柄に甘えて、「私の組織人としての原点は日本国民ということです。国労・動労は国法に禁じられている違法ストライキを繰り返しています。その国労・動労と馴れ合っていこうとする職員局の労務姿勢は国法をないがしろにする行為です。それを批判するのが組織人の矩《のり》を超えているとは思えません」と言い返した。

吉井常務理事は国鉄入社以来私の模範としてきた先輩であり、かつて経理局長として私の上司でもあった。私は彼が大義と合理性を重んずる人であることを知っていた。二〇二億円裁判と七万人要員削減の取引は決して彼の本意ではないこともわかっていた。吉井氏は本来労務などという筋の通らない仕事に関わるべきではなかったのだ。その時の吉井氏の表情が忘れられない。

三塚氏と加藤六月氏はのちに国鉄分割民営化についての見解を異にし、まったく別の道を歩むことになるのだが、この時点では三塚氏は加藤六月氏を信頼しきって何ごとも相談していたのだ。

この情勢の中で、職員局内の主導権を確立するために太田職員局長が打った「向い火」が、「自民党交通部会国鉄再建小委員会」、通称「三塚小委員会」の発足である。昭和五七年二月上旬のことであった。

太田職員局長は次々と明るみに出る職場規律の乱れの原因を検証し、その是正を求めるための委員会を自民党内に設けるよう三塚氏に直接要請し、三塚小委員会の設置が決まったのであった。縄田常務理事を介して加藤六月氏とも腹を合わせたうえであったと思う。しかし、太田氏も縄田氏も規律を回復し国鉄を存続させることを目指していたのであり、国鉄の分割民営化のような根本的変更は、国鉄経営陣の頭にはなかった。

私は太田職員局長からの指示を受け、井手経営計画主幹、松田職員局能力開発課長とともに若手の有志を束ねて三塚小委員会の秘密事務局をつとめることになった。仙台局総務部長以来三塚氏と面識があり、職員局の外にいるので、秘密作戦のまとめ役として好適だと見なされたのであろう。

三塚小委員会で取り上げるべき職場規律上の問題点は秘密事務局がリストアップし三塚氏に説明する。三塚氏はそれにしたがって本社職員局に説明を求める。職員局の公式説明は職員局の担当者が従来路線に沿って行うので秘密事務局は三塚氏に真実を伝え、それを論破してもらうように計らうという指示であった。一切職員局長には連絡を取らず独立のチームとして行動するようにということであったが、非公式の事務局とはいえ、私としては一言一句職員局長に事前説明を行い、了解をとって行動する。そして細大漏らさず事後報告をする、それを条件に秘密事務局を受けることにした。秘密事務局のスタッフは、昭和五六年五月以来、分割民営化の検討を進めてきた顔ぶれを中心に揃えた。

折しもたび重なる国鉄現場の不祥事や事故に激高する世論を背景に、三塚小委員会の審議は予想を上回る盛り上がりを見せ、昭和五七年四月一六日に出された「管理経営権及び職場規律確立に関する提言」は圧倒的な支持を得て党議決定された。この結果、国鉄職員局の主要メンバーは太田職員局長以外、一新されることになった。それと同時に井手氏が総裁室秘書課長に転じる人事が行われた。

縄田氏や太田氏、そしてその背後にいる加藤六月氏にとっては、三塚小委員会の中間報告を背景に国鉄本社内の空気を一新し、七万人の要員削減の目処を立てさえすればそれで十分ということになる。以後の関心は国労との関係修復へと移っていった。

すなわち三塚小委員会の役割はここで終わったのであり、臨調の分割民営論に歩調を合わせるなど論外だった。ところが三塚小委員会の方は、中間報告に党を挙げての支持が集まったこともあって勢いを増し、ついに経営形態論にまで踏み込んでいったのである。井手氏もこの流れの中で分割民営化に歩調を合わせることになったのであった。

臨調と三塚小委員会が共同歩調へ

四月二三日、小坂徳三郎運輸大臣が独自の国鉄改革案（小坂私案）を発表した。国鉄を運行のための特殊法人と資産保有・債務返済のための特殊法人に二分割する、という水平分割案であり、策定したのは林淳司文書課長を中心とする運輸省のチームであった。後に国鉄再建監理委員会の住田正二（元運輸事務次官）委員が提起する「新幹線鉄道保有機構（新幹線保有機構）」は、この案の濃縮版である。

自動車輸送や航空輸送と異なり、線路・駅・信号・車両・運行管理が一体となって垂直統合されたシステムを形成する鉄道の技術的特性は、上下分離には馴染まない。また、全国の鉄道網をそのままにして上・下に分離するやり方では地域別運賃、地域別賃金の導入は不可能であった。

三塚小委員会は余計な口出しだと激怒し、臨調の運輸官僚に対する不信感は増した。

三塚小委員会の秘密事務局であり、臨調担当調査役でもある私が密かに考えていたのは、まずは職場規律是正問題で自民党と臨調の気持ちをすり合わせ、その延長線上で国鉄分割民営化を臨調と自民党双方の共通方針とすることであった。他の多くの行政分野では臨調が自民党族議員を非難し、自民党側も臨調を敵視する傾向があったが、国鉄問題についてはそうならないように留意した。

三塚小委員会の中間報告を臨調が評価し、三塚氏も臨調の取り組みを称揚した。その結果、経営形態論についても両者のベクトルが同じ方向に向くことになったのである。田中氏が加藤寛部会長に働きかけ、私も三塚氏に進言して両者の折り合いを図ったのだが、それが奏功した背後にはより高いレベルでの政治判断が働いていたのだと思う。小坂私案は、結局自民党と臨調の地域分割・民営化への協調体制を強めただけであった。

また臨調事務局は独自の分割民営化案作成に逸《はや》っていたが、国鉄首脳陣は門外漢の臨調がわずか一年の勉強で拙速に描いた分割民営化案など容易に叩きつぶしてみせると揚言《ようげん》しており、私の目から見ても独自案は脆弱なものにしかならないと思えた。

抜本策を講ずるこの千載一遇《せんざいいちぐう》の機会をつぶすわけにはいかない。そう考えて、田中氏に国鉄内部の見方を説明し、「臨調は自分で分割民営化案を書いてはいけない。分割民営化の方向とその時期を示せば良い。そして具体的で現実性のある分割案を審議策定するために専門の審議機関を設けることを提言すべきである」と説いた。

田中氏は同意し、独自の分割案起草に傾斜する事務局メンバーを抑え、昭和五七年七月末の臨調基本答申となった。そこには五年以内に国鉄を分割民営化すること、分割民営化の具体案を立案するために総理大臣の諮問機関として「国鉄再建監理委員会」を設けること、それに加えて分割民営化までの緊急措置として、新規採用の全面停止と安全対策以外の新規工事の全面停止などを行うことが書き込まれた。

「国鉄再建監理委員会の設置に一年、分割民営化の具体案作りに二年、それを実行するのにさらに二年、合計五年の間は審議だけで何も実行をともなわない、というのでは、世論も国鉄内部も改革への熱意が持続し得ない。だから『新規採用停止』と『新規設備投資なし』という苦難を前置きすることで、分割民営化が常に世間の関心を集め続けるようにする。こうすれば国鉄人にとっても分割・民営化が〝明るい出口〟になる」と、田中氏にアドバイスしたのだった。

田中氏は加藤寛部会長と腹を合わせ、これらの緊急措置を前置きした基本答申となった。先行して自民党の党議決定となった三塚小委員会報告にも同じ緊急対策が盛り込んであり、臨調がそれを支持した格好であった。後述するが、採用停止は分割民営化の要員合理化実施段階になって、答申案作成時に意識していた以上の決定的な効果をもたらした。

三塚小委員会が臨調基本答申に先立つ七月上旬に答申を出し、自民党内のコンセンサスをとったことは、与党と臨調の歩調を合わせるうえで大きな力となった。新規採用停止、新規工事の着工停止などの緊急対策は双方ともに一致している。

分割民営化について、三塚小委員会がまず昭和六〇年までは経営改善計画を深度化・実行し、それでも国鉄再建の目処が立たない場合は、五年後の昭和六二年度から分割民営化する、という分割民営化「出口論」をとったのに対し、七月末に出された臨調基本答申は五年後の分割民営化を前提に国鉄再建監理委員会が審議立案を進める、いわゆる分割民営化「入口論」をとっていた。「出口論」は反臨調、反分割の空気が強かった自民党の党内輿論《よろん》を分割民営化に導くうえでの緩和曲線として三塚氏自身が提起したものである。しかしその中でも、昭和六〇年までは経営改善計画を深度化して実行するかたわら、昭和六二年度からの分割民営化にも備えて具体案検討のための「審議機関」を設置することを提案し、臨調基本答申の「国鉄再建監理委員会」設置と歩調を合わせている。

臨調基本答申、閣議決定となる

臨調は昭和五七年七月三〇日に基本答申を出した。そこには五年以内に国鉄を七ブロック程度に分割し民営化すること、そのために内閣総理大臣の下に「国鉄再建監理委員会（仮称）」を設置することが明記されている。

臨調の原案では「国鉄再建監理委員会」は諮問機関ではなく国家行政組織法三条の執行機関とされていた。三条機関は執行権を持った行政委員会である。人事院、会計検査院、国家公安委員会などがそれにあたる。そうなると国鉄部は不要ということになる。この原案に運輸省はパニック状態となり、なんとか同法八条の諮問委員会に変更するようにと懇請《こんせい》して回った。

三条機関案は、小坂私案に象徴されるように運輸省が臨調の審議に終始一貫して抵抗的であったことに対する不信感の表明であった。最終的には運輸省の角田達郎《つのだたつお》官房長が橋本龍太郎行政・財政調査会長に懇請し、今後は心を入れ替え国鉄再建監理委員会に協力することを誓って、総理大臣の諮問機関である八条委員会に落ち着いた、という経緯がある。

心を入れ替えた証《あかし》として、省内のエースで当時、国鉄部長職に就いたばかりの林氏を国鉄再建監理委員会設置準備室の首席室員として出向させることになったのである。室長は総理の諮問機関であることの証として内閣府内政審議室長が兼任していたが、林氏が実質的には室長であった。

三　国鉄再建監理委員会の審議と答申

国鉄内改革グループ　国鉄再建監理委員会に協力

昭和五七年一一月に中曽根内閣が発足し、昭和五八年六月に国鉄再建監理委員会が設置され、亀井正夫氏（住友電気工業会長）が委員長に、加藤寛氏（慶應義塾大学教授）が委員長代理に、住田正二氏（運輸経済研究センター理事長）、隅谷三喜男氏（東京女子大学学長）、吉瀬維哉《よしせしげや》氏（日本開発銀行総裁）がそれぞれ委員に選任された。昭和五七年八月に国鉄再建監理委員会設置準備室の首席室員に転出した林氏は昭和五八年六月に国鉄再建監理委員会が発足すると事務局次長となり、臨調答申の指針に沿って国鉄分割民営化の具体案作りに全力を注いだ。準備室は事務局となり、各省から林事務局次長のもとに集められた事務局員は約三〇人だった。私たちは分割民営化以外に国鉄経営の惨状を打開し、鉄道輸送機能を温存・健全化する道はないと確信してはいたものの、この時点では政府内でも国鉄部内でもそれが現実のものとなることを信じた者は少なかった。

林氏は有能な政策提起・遂行型官僚であり、一本気な人柄であった。臨調と三塚小委員会の審議が歩調を揃える中で小坂運輸大臣の私案を作成し抵抗を試みたのは、当時官房文書課長だった林氏である。しかし、角田官房長が「運輸省は『心を入れ替え』て、国鉄再建監理委員会の分割民営化案策定に協力する」と誓った時点で、林氏は意識転換をしたのだと思う。国鉄再建監理委員会発足までの一年間、林氏は運輸省という立場を離れて国鉄の現状を直視し、解決策を考えたに違いない。そして鉄道が技術的に垂直統合されたシステムであり、上・下の水平分離にはなじまないこと、抜本的改革のためには地域別のコスト特性を運賃や賃金に反映させることが不可欠だが、そのためには地域分割以外ない、ということを自ら納得したのだと思う。

五年後の分割民営化という明確な目標を与えられた彼の立場では、二年以内に実現可能な分割民営化案を作り、それを総理に答申すること、そしてそれが閣議決定され、予定どおりに実現される以外に活路はなかった。

彼が本気になったことの意義は大きかった。いったん確信したうえで実行可能な案の策定を考えた時、実務を熟知した国鉄側の協力が不可欠であり、分割民営化反対派が首脳部を占める国鉄の中で協力を期待できるのは三塚小委員会の〝秘密事務局〟メンバー以外にはいなかった。

私は国鉄再建監理委員会が発足する直前の昭和五八年五月、経営計画主幹兼総裁室調査役（臨調担当）から職員局職員課長に転任し、入れ替わりに松田氏が経営計画主幹に異動していた。前職以来ペアを組んで臨調対策や三塚小委員会などに取り組んでいた山田佳臣氏が三カ月あとに職員課総括課長補佐として加わり国鉄の要員削減に取り組むこととなった。

国鉄再生のカギを握るのは非効率な要員配置を徹底して効率化し、人件費を削減することである。しかし、それは労組との正面対決なしには成し遂げられない。労組の合意なしには合理化の実施は行わないという長年にわたる慣行を乗り越え、経営者が必要と判断するタイミングで決定・実行しなければならないからだ。

それは社会党を敵に回し、ひいては自民党からも迷惑がられることでもある。したがって国民的に盛り上がる行政改革熱に乗り、国鉄の分割民営化という非連続な改革を背にして初めて可能となる。にもかかわらず分割民営化は国鉄部内では経営首脳以下、ほとんど全員が実現不可能と見なし、心情的にも反対しているため、私たちもまた国鉄再建監理委員会の答申に期待し事務局と協力する以外に活路はなかった。

このように互いが互いを必要としたため、国鉄再建監理委員会が発足してしばらくすると事務局と私たちの協力が始まった。当初は手探りであったが、次第に信頼感が醸成され緊密化していった。

国鉄再建監理委員会の事務局には国鉄からは一人も入れなかった。国鉄首脳陣は分割民営化反対、国鉄再建監理委員会非協力で固まっており、もし事務局に出向した者があれば私たちの動きが分割民営化反対の首脳陣に筒抜けになったに違いない。事務局と密接に協力するうえで出向者がいないことはかえって好都合だった。職員課は要員合理化の司令塔である。主管各局の事務能力を動員し、国鉄再建監理委員会事務局の作業を水面下で支援することができた。だから国鉄再建監理委員会の作業は当時国鉄部内でよく言われたような素人の観念論ではなかったのである。

諮問委員会など恐るるに足らない

国鉄再建監理委員会が強制力を持たない「八条機関」となった時、運輸省国鉄部はほっと一息つくと同時に「手のひら」を返し、冷ややかな傍観者の立場に逆戻りした。「諮問委員会になった国鉄再建監理委員会などもう恐るるに足らない、答申を出した後は舞台から消えていく。林君は気の毒だが片道切符だ。彼にもう将来はない」というのが運輸省国鉄部内の空気だったという。

この空気は国鉄首脳にも伝わり、もともと分割民営化絶対反対である彼らは、国鉄再建監理委員会に対する非協力的姿勢を公然と強めることになった。

「棚橋泰国鉄部長は再建監理委員会を見放している。大蔵省も過去債務の清算などに乗る気はない。君たちも再建監理委員会に協力なんかするな。損するだけだ」と主計課時代の上司で棚橋氏とは旧知の塩谷豊経理局長が私に忠告してくれたのもこの頃であった。

三塚小委員会や臨調の答申を背にして国鉄本社内の労務管理体制を刷新した国鉄首脳陣にとってみれば、「現場協議制度の廃止」や数々の「悪慣行の解消」、「支給済ヤミ手当の返還」などの成果は、従来の職員局では考えられなかった画期的な成果であり、これ以上深追いするよりは「国労との関係正常化」を図って要員合理化を進める方が良いと考えたのである。しょせん国鉄再建監理委員会は諮問機関であり、自民党の党議決定はそれよりはるかに重い。自民党の分割民営化出口論により、昭和六二年まで五年の猶予が与えられた。この間に経営努力の実績を示せば、分割民営化を目指す臨調・国鉄再建監理委員会の動きは変わるだろう、という現状認識が地方機関に対して示された。しかし分割民営化がストップされても「全国一体」の「公共企業体」に由来する国鉄の赤字体質は解消しない。それは新たな問題先送りであった。

この時期の職員局のスローガンは、団体交渉においては「近代的労使関係」を、現場の労務指揮については「愛情ある労使関係」を、であった。それは噛《か》みくだいていえば「労組との合意を経なければ要員合理化は実施しない」、「現場でのリボンワッペン着用は処分しない」という意味で、経営主導の下で国労との友好路線を構築したい、というメッセージであった。

住田委員「新幹線保有機構」を提起

昭和五八年一二月に高木国鉄総裁が任期を終え、後任には元鉄建公団総裁で、後に西武鉄道の社長もつとめた仁杉巖《いわお》氏が就任し、翌年三月には縄田氏が副総裁に昇任した。中曽根総理から国鉄の分割民営化の使命を与えられて就任した仁杉氏は昭和五九年六月に日本記者クラブで講演し、国鉄の分割民営化を推進することを表明した。国鉄内部は大騒動になり、縄田副総裁以下の首脳が国労・動労の反対を背にして早速総裁に申し入れ、数日後の社内報で撤回を表明するという珍事となった。

仁杉発言の直後の昭和五九年七月、自民党の三塚交通部会長が、出版した著書『国鉄を再建する方法はこれしかない』（政治広報センター刊）において分割民営化賛成を明らかにした。それは国鉄部内の危機感、反国鉄再建監理委員会ムードをいっそう煽《あお》ることになったが、分割民営化に向けての世論の流れを強めたと思う。この著書の出版にあたっては、三塚氏の口述に基いて三塚小委員会の秘密事務局メンバーが分担して粗稿を作り、それを三塚氏が修正するという過程を繰り返した。

一番肝心な結論部分は三塚氏本人から手渡された走り書きメモの内容をそのまま文章化したものであった。それは「国鉄を地域分割・民営化する」、「総理大臣が本部長となる余剰人員雇用対策本部をつくる」の二点であり、国鉄再建監理委員会の答申と軌を一にしている。三塚氏のメモは林次長の手によるものだったと思う。

臨調基本答申以来、一貫して冷やかな傍観者の立場を取ってきた運輸省国鉄部が方針を転換し、分割民営化推進に舵《かじ》を切ったのは昭和五九年一〇月のことだった、と当時の運輸省国鉄部の担当者が言う。この時点になると、国鉄経営の惨状は、もはや誰の目にも弥縫策《びほうさく》による復元能力の限界を超えていたし、国鉄再建監理委員会の亀井委員長、加藤寛委員長代理や林次長の努力により、政府与党内でも、霞が関でも抜本的改革すなわち分割民営化に賭けるしかない、という空気が浸透し始めていた。

国鉄再建監理委員会の意見も、国労寄りの隅谷委員を含めて、分割民営化でまとまりつつあった。「中曽根内閣の業績で歴史に残るものがあるとすればそれは国鉄を分割民営化した内閣という一行だけだろう」と総理自身が漏らした、と総理に近い政治部記者から漏れ聞いたのもちょうどその頃だった。

この情勢を見きわめて国鉄部は従来の冷ややかな傍観を一転し、分割民営化が実現するのであれば、国鉄部としてはいかなる付加価値を付けるかを考えて動き始めた。そして打ち出したのが

「新幹線保有機構」である。

国鉄再建監理委員会の分割民営化案作成の重要な柱の一つが、国鉄の累積債務をJR各社それぞれにどれだけ負担させるか、それにより会社間の収益調整を行うかであり、北海道、九州、四国の三島は債務ゼロ、本州三社にはそれぞれの収益力に見合った国鉄債務を負担させる、いわゆる「収益還元方式」でいくことで事務局の作業はすでに大詰めを迎えていた。

これに対して国鉄再建監理委員会の場で住田委員が異論を唱えたのである。昭和六〇年一月半ばの頃、棚橋国鉄再建総括審議官の献策だったという。

住田氏の論点は、「本州三社の収益力を正確に想定することは不可能である。それはこれまで国鉄再建計画の収益予測が当たったことがないのを見ても明らかである。本州三社はそれぞれ会社としては黒字であるが、各社が経営する新幹線の収支は大きく異なっている。東海道新幹線は大きな黒字を出しているが、山陽新幹線も、東北・上越新幹線も赤字で、それが本州三社の収益力差の要因となっている。だから東海道、山陽、東北・上越新幹線の輸送量と資本費の差に着目して本州三社が承継する国鉄債務の額を調整することが適切である。そのための手法としては「新幹線保有機構」を設置し、これに各新幹線の地上設備とそれに見合う国鉄債務を保有せしめ、運行する各社が保有機構に支払うリース料を案配して収益を調整する仕組みとするしかない」というものであった。その趣旨は平成一四年一月の『運輸と経済』に掲載された住田氏自身の論文に詳しい。

私は臨調時代以来つき合いの深い総務省の田中氏、時事通信の屋山氏、旭リサーチセンターの山同氏と共に国鉄再建監理委員会の審議が行われたその日に、慶応大学東門前の加藤寛氏の事務所に集合、委員会の模様を聞き、意見を求められる習わしとなっていた。

当初は松田氏もメンバーに加わっていたが昭和六〇年三月末に北海道総局に転出させられていた。四月一六日の夕刻、加藤氏からこの話を聞き出席メンバー全員が反対し、これまで進めてきた「収益還元方式」でいくことを要請した。

四月二六日には林次長からも電話があり、「本州三社それぞれの負担債務は、新幹線保有機構によるリース方式ではなく、今までの収益還元方式でいく」ということだった。

しかしその後の国鉄再建監理委員会で、内閣法制局の支持を背に、住田委員が新幹線保有機構によるリース方式で林次長を押しきったことを知った。

「新幹線保有機構」の枠組み

分割民営化案策定作業の最終段階でいささか唐突に提起された「新幹線保有機構」の考え方は、すでに成熟した鉄道網の効率的経営は地域分割民営化で良いが、今後新たに建設される新幹線網の整備については運輸省の政策的判断で取り仕切ろうということだったのではないかと思う。そのために四新幹線を上下分割し、下部構造の建設・保有を運輸省国鉄部の薬籠に収めようと考えたのであった。それは運輸官僚積年の夢を国鉄の分割民営化に乗じて実現しようとするものだった。

具体化された「新幹線保有機構」制度の概要は以下のようなものであった。

①東海道、山陽、東北・上越新幹線の用地および地上設備（車両以外のすべて）を新幹線保有機構に保有させる。

②新幹線保有機構に保有させる資産は昭和六二年四月一日時点で時価評価し、その額に見合う国鉄債務を新幹線保有機構に承継させる。

③新幹線保有機構はその保有する四新幹線の用地および地上設備を、各新幹線を運営するＪＲ本州三社にリースする。毎年のリース料総額は新幹線保有機構の承継した国鉄債務を三〇年間で元利均等償還する額とする。

④リース期間中の新幹線地上設備の維持更新は運営している本州三社の負担とし、新幹線保有機構は受けとったリース料の全額を債務の返済に充てる。

⑤東海道、山陽、東北・上越各新幹線の輸送量実績（人キロ）と時価評価額（キロ当たり）の積を用いてリース料総額を配分し、ＪＲ本州三社それぞれが新幹線保有機構に支払うリース料を決定する。これにより発足当初の本州三社の経常利益が営業収入の一％程度になるように収益調整を行う。

⑥発足後二年ごとに、その間の輸送量実績によってリース料の負担額を見直す。

⑦三〇年を経過し、償還し終わったあかつきには各新幹線の地上設備はそれぞれを運営するＪＲ本州三社に譲渡される。

この提案にはいくつもの大きな矛盾、欠陥があった。

まず本州三社間の収支アンバランスの主要な原因は東海道、山陽、東北・上越、四新幹線の資本費格差にあり、ゆえにこれに着目して収益調整を行うことが適当であるという前提は誤りである。

本州三社の収益力は当然各社の在来線も含めた全路線の収益力の総計である。そして三社の収益構造を見るとJR東海の場合は新幹線が運輸収入の八五％を占めるのに対して、JR東日本は二〇％、JR西日本では四〇％ほどである。一方JR東日本では運輸収入の八〇％が在来線からもたらされるが、その中には山手線や首都圏の都市交通線のように強大な収益源があり、JR東日本の収益力、すなわち債務負担力はこれら首都圏の在来線に大きく依存している。

にもかかわらず新幹線だけに着目して会社全体の収益力とするのはあまりにも非対称的な手法であり牽強付会《けんきょうふかい》の感を免れない。

また収益力の決定要因として資本費格差のみを取り上げて調整することにも合理性がない。収益力の決定要因は沿線人口、設備の状況、要員の配置、競争相手の有無など収入・経費を決定する複数要因の合成体である。それなのに四新幹線の資本費格差だけに注目して会社の収益力を測るのは不適切である。

加えて各新幹線の建設費を比較してみると、東海道新幹線が一キロ六億円であったのに対し、山陽新幹線の新大阪～岡山間が一四億円、岡山～博多間が一八億円、東北新幹線の大宮～盛岡間が五七億円、上越新幹線が六三億円と急増している。

昭和六二年四月の物価水準で時価評価するというが、この建設コスト増加のうち物価水準の上昇により説明できるのは概ね二分の一であり、残りはすべて東海道新幹線と山陽、東北・上越新幹線の設備仕様の差である。そのうえで新幹線は時価評価、在来線は簿価評価と、資産評価の基準を異にすることの妥当性は説明不能である。

新幹線保有機構は企業会計制度的にも欠陥制度であった。リース制度と称してはいるが、実態は似て非なるものであった。リース制度というのは、所有者である貸し手が受け取ったリース料で資産を維持更新し、残りを儲けとする仕組みである。ところが新幹線保有機構の場合、受け取ったリース料はすべて新幹線保有機構が承継した国鉄債務（八・五兆円）の返済に充当され、地上設備の維持更新は借り手であるＪＲ本州三社が行うことになっていた。

しかし自己の資産ではない新幹線の地上設備について、借り手であるＪＲ本州三社は減価償却費による内部留保ができない。すなわち内部留保を持たないままで、借金に依存し維持更新投資を行わなければならないのである。すでに二三年間にわたり酷使されてきた東海道新幹線地上設備の維持更新改良投資は目前の課題であり、欠陥制度の矛盾は早晩顕在化せざるを得なかった。

また第二に、二年ごとの輸送実績によりリース料負担比率を修正することになっていたが、それは一方ではある会社の経営改善努力や巧みな経営戦略の果実を、別の会社の放漫経営や拙劣な戦略のツケと平均化してしまう可能性を内包しているだけでなく、発足後三〇年間、会社の資産・債務が定まらないという根本的な欠陥を意味した。

そして第三に、三〇年を経過し債務を完済した時点で各新幹線の地上設備は運営するＪＲ会社に譲渡される、と法律に書いてあるが、「無償譲渡するものと考えて良いのか」という国会審議での質問に対し、「譲渡の条件はその時の状況で判断する」という趣旨の答弁がなされている。発足後三〇年間経って初めて会社としての債務の額と資産の価値が定まる、というのではそれ以前の株式の上場など夢のまた夢だ。

法律の建前上、およそ一〇年以内に株式を上場し、その売却益を国が承継した国鉄債務の返済に充てることになっていたにもかかわらず、新幹線保有機構制度は今後三〇年間、上場はないという前提のうえに成り立っていた。

このように見てくると新幹線保有機構には新幹線網を上下分割し、新幹線網の保有と将来の整備を運輸省の政策判断で行うという結論がまずあり、そのために理論付けを行ったものとしか思えない。

すなわち日本の大動脈である東海道新幹線の収益力を手中に収め、まずはそれをもって山陽、東北・上越新幹線の赤字を補助する。三〇年が経過した後には、地上設備の譲渡に際してその売却代金を整備新幹線の建設財源に充当する特殊法人あるいは特別会計を作り、その運営を運輸省の掌中に収める。東名・名神高速道路などの収益力が全国高速道路網建設の財源となった道路公団に範を取った構図だった。

また「新幹線保有機構」により、東海道新幹線が重い負担を負うことになれば、東京〜大阪間における航空会社のシェアを支援する効果を持つことは確かであった。時あたかも羽田空港の拡張と関西国際空港建設のプロジェクトが具体化しつつあり、岡山、広島の空港が建設されつつあった。大幅に増える東京、大阪の発着枠を活用するため東京〜大阪間の需要確保は航空会社にとって干天《かんてん》の慈雨《じう》だったであろう。

この制度が欠陥制度であったことは、発足わずか三年半で新幹線保有機構の解体が決まったことからも自明である。それをなぜ法制局が支持したのか理解に苦しむところである。

ただし、国鉄再建監理委員会で国鉄改革に携わった林氏以下の官僚は、押しなべて国鉄輸送の機能を再生し国の負担なしに経営可能な仕組みをつくるために全力を挙げていた。その中心人物だった林氏が後に運輸事務次官となり、新幹線保有機構の解体と、それにともなう鉄道整備基金の設立を果たしたのは単なる歴史の偶然とは思えない。その時私はＪＲ東海の副社長で、力を合わせたのである。

「経営改革のための基本方策」国鉄独自の改革案で反撃

運輸省国鉄部が形勢観望から分割民営化賛成に舵《かじ》を切り、新幹線保有機構を打ち出して新幹線網を手中に収めようと動き出したことなど露《つゆ》知らぬ国鉄本社では、本社の全役員が勉強会を繰り返し、独自改革案作りを進めていた。国鉄再建監理委員会が答申を出す前に、国鉄経営の専門家の知見を集めた再建案を策定し世に問うためである。

役員勉強会は分割民営化賛成者を議論に加えず、役員と主要局長のみで、総裁室秘書課長と文書課長が事務局として加わり昭和五九年八月以降、毎週一～二回のペースで進められ、一二月末に「経営改革のための基本方策」が完成した。

そのポイントは、①過去債務のさらなる肩代わりなど政府助成を大幅に増やし、国鉄を民営化して特殊会社化する、②昭和六五年までに要員を二〇万人以下まで削減するが、賃金は国鉄と同様第三者機関の仲裁裁定に委ね、民間並みを確保する、③地域分割はせず、赤字線は路線ごとに子会社化する、という、一歩踏み込んだ問題先送り案であった。仲裁裁定制度を維持し、民間並みの給与を確保するという下りは、国労との了解を得るために入れたものと思われた。

国鉄首脳はこの案を国鉄再建監理委員会への「向い火」として与野党、経済界、労組、マスコミなどを根回しして歩き、手応えありとしていた。自信と危機感がない交《ま》ぜになった彼らは改革グループの解体による国鉄内の締めつけに着手し、昭和五九年九月に総裁室秘書課長から東京西鉄道管理局長に出されていた井手氏に加え、昭和六〇年三月には松田氏も北海道総局に転出、若手も何人か地方局の総務部長に出されていた。

私に対しても経理局主計課長時代に上司であった新幹線総局長から方向転換の誘いがあった。二人だけで食事をしようという誘いで、場所はホテルオークラの「カメリア」だった。新幹線総局長が切り出した。「君とは志をともにし、人間的にも共感し合ってきた。ここにきて経営形態論で真っ向対立になったのは残念だ。君はあらゆる意味で仲間だと思ってきた。その君と袂《たもと》を別《わか》つことになるとは夢にも思っていなかったし、今からでも何とか避けられないものか」

ここは率直に話すしかないと考えた私は、「そう言っていただける気持ちはありがたく思います。しかしこのままでは国鉄は確実に衰弱死します。私は過去の清算と分割民営化が国鉄の運営する鉄道機能を再生させる唯一の道と確信しています。『基本方策』は問題先送りに過ぎません。お誘いはありがたく思いますが、決心は変わりません」と応えて別れたのであった。

誘いを断った以上、早晩地方に飛ばされるか、または自分から国鉄を飛び出すか、あるいは縄田・太田氏がいなくなるかしかない、と覚悟を決めていた。これが現役時代の彼との最後の会話であった。

「新幹線保有機構」が提案された時点では、分割民営化賛成派は国鉄内部でほんの一握りにも及ばぬ少数派であった。国鉄首脳陣は運輸省国鉄部が方向転換をしたことは知らなかったと思う。だから彼らは「経営改革のための基本方策」で国鉄再建監理委員会に勝てると感じていたのだ。

一方、運輸省国鉄部は分割民営化が中曽根総理の下で実施されるのであれば、その機に積年の課題である新幹線の整備財源の問題を決着しようと考えたのであろう。

ここで国鉄内部の分割民営化賛成派が「新幹線保有機構」に反対し、国鉄再建監理委員会と対立すればその答申の権威に傷がつき、国鉄の「基本方策」が強まる恐れがある。そうなれば分割反対派の思うツボである。

分割民営化を志向する国鉄内のグループから見れば、腹背《ふくはい》に同時に敵を受けたようなものであった。

国鉄の労務管理の大先輩である民社党議員の河村勝氏はこのような理不尽な制度には断固反対、こんなことならば、分割民営化など吹っ飛ばした方が良い、という意見だった。これに対して私たちは答申案が閣議決定され、政府の方針が固まるまでは静観し、法案作成の段階で修正を求める。つまり国鉄再建監理委員会での答申案が閣議決定されるまでの段階では、国鉄の分割民営化という大局のみを守り、大局が定まった後で具体的な制度設計に修正を加えた方が得策だ、と考えたのである。

これほどの論理破綻、これほどの実態無視、これほどの牽強付会がある以上、制度の修正は可能。そう言って河村氏を説得したのである。このような経過を経て国鉄再建監理委員会の答申は出されることになった。

四　国鉄分割民営化への分水嶺〜要員削減と雇用対策

杉浦総裁就任と国鉄内部の抵抗

昭和五九年一二月に「経営改革のための基本方策」を策定し、国鉄再建監理委員会の分割民営化の答申に対抗しようとしていた国鉄の首脳陣七名が、昭和六〇年六月、中曽根内閣の方針で更《こう》迭《てつ》され、代わりに杉浦喬也《たかや》新総裁が国鉄分割民営化の使命をおびて着任した。

昭和六〇年七月、国鉄再建監理委員会の答申が出され、中曽根総理は答申どおり国鉄改革を実行することを閣議決定した。答申の骨幹は、①国鉄を六地域会社と一貨物会社に分割すること、②過去債務対策と本州三社間の収益調整のために新幹線保有機構を設立すること、③要員削減と余剰人員雇用対策を実施すること、の三点であった。そして中曽根総理自らが本部長となる「国鉄余剰人員雇用対策本部」を設置するとともに、運輸大臣を本部長とする「国鉄改革推進本部」を設置し国鉄の分割民営化を強力に推進する体制を整えた。従来の国鉄部の機能を強化しタスクフォース化したのである。

これに対応して国鉄も総裁を本部長とする「余剰人員対策推進本部」と「再建実施推進本部」を発足させ、政府と歩調を合わせた。国鉄分割民営化は中曽根総理主導のもとで国を挙げてのプロジェクトとなったのである。

しかし更迭された重役の後任には前任者たちの影を引きずった者が多く、国鉄本社内には分割民営化などできるものか、という冷ややかな姿勢と、絶対に成功させるものか、という反感がよどんでいた。

その具体的な表れが「杉浦総裁にこれ以上の人事はやらせない」という不作為の抵抗であった。内部亀裂《きれつ》をこれ以上拡大させないため、というのがその名分だが、その実は杉浦体制を早期に挫折させることを意図していた。杉浦総裁は三カ月しかもたない、とか、せいぜい半年だろうという噂が早くも流されていた。

国鉄再建監理委員会の林次長は、この機に一気に杉浦体制づくりをしなければ国鉄改革は成し遂げられないと考え、杉浦総裁の初出社に先立つ週末に改革派主要メンバーに諮って必要最小限の人事案を起草し、それを北海道から上京した松田氏が、日曜日のうちに杉浦総裁の耳に入れた。松田氏はかつて運輸省出向時代に杉浦氏の部下として仕えており、杉浦総裁とは個人的に話しやすい関係にあったのだ。

一方、分割民営化反対派の秘書課長は杉浦氏が総裁就任を受諾したその日に、総裁室秘書役候補として二人を提示し選択を求めていたが、杉浦総裁はその二人を退け、改革グループが推薦した大塚氏を総裁室秘書役に指名した。杉浦総裁と改革グループとの臨機応変なる意思疎通を可能にしたこの人事は、その後の国鉄改革推進の「天王山」とも言って良いものであった。

当初は杉浦総裁も、林次長も、そして私たちも、国鉄改革のため本社組織を掌握・指導するのに最小限必要な人事刷新を行い、組織を挙げて国鉄改革に取り組む体制を作ろうと考えていた。そのためには実務の要諦《ようてい》である総裁室秘書課長（人事）、文書課長（組織）、経理局主計課長（予算）に改革派を配置しなければならない。守旧派はそれだけは断固阻止しようと総力を挙げ、新任の重役陣が優柔不断に終始したこともあって、杉浦総裁の意向は立ち往生することになってしまった。

最初の一カ月でかろうじて実現したのは、総裁室秘書役に大塚氏を充てたこと、東京西鉄道管理局長に飛ばされていた井手氏を本社の総裁室審議役兼経営計画室審議役に戻したこと、三月に天王寺鉄道管理局総務部長に飛ばされていた井手氏の腹心を最若年の経営計画主幹に戻したことだけであった。

当時の国鉄本社の空気を物語るエピソードを一つ紹介する。八月のある日、本社課長以上の幹部と主要ＯＢの昼食レセプションが行われた。職員課長、余剰人員対策推進本部事務局次長として出席していた私のところに、磯崎元総裁がつかつかと歩み寄ってきた。

彼は言った。

「君が職員課長の葛西君か。昭和二四年に鉄道省がＧＨＱの命令で公共企業体日本国有鉄道になった時、当時はそれを民営化と言っていたのだが、その時の職員課長が私だった。民営化の前提条件として一〇万人の定員削減をやった実務責任者が私、今の君の立場と同じだ。あの時は下山総裁が不審死を遂げた。いわゆる『下山事件』というやつだ。当時はGHQの至上権力が後ろ盾にあったからまだ良かったが、今回はそれがない。君は何人の総裁を死なせるつもりなのだ。当時も政府は三万人を採用すると言ったが結局は三千人にも満たなかった。すべて自分だけでやる覚悟で取り組むしかないのだぞ」

好意的とはほど遠い冷ややかな言いぶりだった。

「確かに国鉄の分割民営化にともなう要員・労務問題の処理が前人未踏《ぜんじんみとう》の難事業であることはわかっています。正直に言ってどうやればできるのか、はたしてやり切れるのか、自分でも確信はありません。しかし、今のままの国鉄には衰弱死しかない。国鉄輸送の機能を活かすためには分割民営化しかない、このことを私は確信しています。仮に成功可能性が一％しかなくても、その可能性に賭けるしかないと思います。斃《たお》れて後已《のちや》む覚悟でやるだけです。見ていてください」

私はそう答えて会話を打ち切った。

優秀だった国鉄の余剰職員たち

昭和六〇年八月、まず動き出したのが、政府の「国鉄余剰人員雇用対策本部」である。当時、各政府機関も行政改革の一環として自省の業務効率化につとめている最中で、そのうえに国鉄の余剰人員を採用するなどといわれても論外、といった空気があった。「とりあえずは本部長である中曽根総理のお手並みを拝見させてもらおう。一番風呂には決して入るまい」というのが各省庁共通の姿勢だった。

加えて各省は国鉄の悪評高い労使関係を懸念していた。「国鉄は札つきの不良職員を出してくるのではないか」という疑念である。私は、「応募は自由意志でなされます。したがって私たちが残ってほしいと思う者がまっ先に手を挙げることになるでしょう。心配はご無用です。それに採用試験を厳正に行っていただき、だめな者は不採用としてください」と応えていたが、みな疑わしそうだった。

この状況を打ち破ったのは、後藤田正晴総務庁長官が他省庁に先駆けて、①国鉄職員を一人採用すれば〇・五人の定員増加を認めるというインセンティブを措置したうえで、②鉄道公安官約三〇〇〇人を全員警察官として採用することを決めたことだった。

社会党・共産党は分割民営化絶対反対、国労も日本労働組合総評議会（総評）も同様であった。自民党内も割れているこの時点で、国鉄分割民営化の成算は危うげにも見えた。その中で後藤田長官は自らの退路を断ち、突出したのである。霞が関は中曽根政権の不退転の決意を突きつけられた形で、しびれたように余剰人員雇用に動き出した。どうせ採用するのなら、早く手を挙げて出来の良い職員を採った方が得だ、ということになった。

八月になると国鉄でも職員局職員課長の下に雇用対策室を設け、余剰人員の雇用開拓と斡旋業務を強力に推進する態勢が整えられ、雇用対策室長に松本正之氏、その総括補佐に阿久津光志氏が着任した。

私の後任の仙台局総務部長が大塚氏、その後任が松本氏である。また阿久津氏は私が仙台局総務部長時代の人事課長であった。本社が国労宥和路線で労使一体の「国鉄党」を形成し、労使協力して全国一体の国鉄を守ろうとしていた中、太田氏が局長、私が総務部長の時代には、仙台局は本社の方針にもかかわらず、管理者主導で規律を確立しようとしたため、全国で唯一の異質な管理局とされていた。あれから四年半、杉浦総裁の下で国鉄改革を進めたのは仙台局の労務経験者が中心になった。仙台局での取り組みが国鉄改革の出発点となったのである。

警察官採用に次ぐ大口採用は国税庁で、六〇〇人ほどの募集だった。国鉄からの採用が決まった人々だけを対象に特設コースが設けられ、税務大学校で基礎教育を受けたのであるが、その卒業試験において国鉄からの移籍者は好成績をおさめ、平均点が国税庁プロパー採用者を上回った。このエピソードは他の部局にも良い影響を及ぼし、早く募集して良い人材を確保しようという流れを作った。嬉しい話であった。

要員対策の枠組み

分割民営化のロードマップから逆算すれば、昭和六〇年一〇月早々には一〇万人近い数の要員削減施策を提案する必要があった。国鉄職員の労働生産性、いわゆる「働き度」の低さが国鉄経営悪化の要因の一つであることは周知の事実である。

昭和五六年度は営業収入に対する人件費の比率が八五%だった。その数値は、当時私鉄が通常四〇%程度であったことを考えると、信じがたいものであった。そのため経営改善計画（「後のない計画」）では昭和五六年度以降六〇年度までの五年間は採用を退職者の二分の一ほどに抑え、七万人の要員削減を行うこととされていた。が、それでは不十分ということで、臨調の基本答申により昭和五八年度からは採用がゼロとなった。

国鉄（鉄道省）は戦時中、応召された国鉄職員の後任を女子や中学生などで埋め、戦時輸送を遂行していた。ところが敗戦で、出征していた職員や満鉄など外地鉄道からの引揚者、旧軍関係技術者などがいっせいに帰国・復員してきた。

彼らに雇用を与えることが国家的課題となり、国鉄は政府の要請でそれらの人々を大量に迎え入れることになった。その結果、一時は職員数が六〇万人にも達してしまった。マッカーサー司令部の命令でそのうち一〇万人が解雇され、昭和二四年には公共企業体の国鉄に改組されたのだが、年齢構成のゆがみはそのまま残された。

その時にふくらんだ若年層が昭和五五年頃から退職期を迎えていた。毎年二・五〜三万人の退職者が続くこの一〇年間こそ、解雇することなく実在員の正常化を図る唯一絶好の機会であり、退職者の後任不補充、新規採用ゼロの効果は絶大であった。

実在員の削減は水ぶくれした業務定員の削減と表裏一体で処理されなければ欠員状態になってしまう。そして業務定員の削減には合理化施策を提案し、団体交渉を経て労使協定を締結したうえで就業規則の改定をやらなければならなかった。分割民営化にともなう余剰人員雇用対策は、この過程で生まれてくる過剰な実在員をいかに解消するかの問題であった。

国鉄再建監理委員会は分割民営化時点の国鉄の適正要員規模を一八・三万人と算定していた。そのためには昭和六〇、六一年度の二年間で約一〇万人の所要員削減を実施しなければならない。それはこれまでの要員合理化のペースを飛躍的に拡大加速することを意味した。

一方実在員はというと、昭和六一年度まで採用停止を続けると昭和六二年四月一日で二七・六万人まで人員が減少する。適正要員規模一八・三万人との差である九・三万人が余剰人員であり、余剰人員対策推進本部長である杉浦総裁の解決すべき最大の難問であった。九・三万人のうち三万人は国や地方公共団体などの公的機関、二万人は国鉄の関連企業、一万人は一般民間企業で雇用し、残る三・二万人は新事業体であるJR各社が企業内余剰人員として抱え、民営化後も採用抑制を継続して解消する、というのが答申の内容であった。

公的部門へ移行する場合は勤務年限を通算するが、それ以外の者に対しては退職金の割増支給をインセンティブにして希望者を募《つの》ることになっていた。そのうえでJRに移行する二一・五万人を新事業体ごとに振り分ける、これらすべてを一年半の間に完遂《かんすい》しなければならない。これが職員局の分担であり、従来の常識では考えられない、まさに総力戦であった。

杉浦総裁直属のタスクフォース方式で改革実行

ところが杉浦体制当初の国鉄内の状況は、改革実施体制強化のための最小限の人事さえやらせない構えであった。特にキャリア人事を管掌する総裁室秘書課長を改革グループに渡すことだけは絶対反対という空気で、なんとかこの手づまりを打開しなければと日々焦燥するうちに、目の前がパッと開けるような妙案がひらめいた。それは一種の迂回作戦とも言えるものだった。

そもそも国鉄本社のあらゆる組織は全国鉄の鉄道網を日々、そして持続的に安全・安定運行するために作られている。意思決定はボトムアップであり総括課長補佐会議、総務課長会議、局長会議、役員会、理事会と積み上げてコンセンサスを形成する手続きである。その中で秘書課長、文書課長、主計課長はまさに実務の要諦であり、これを押さえれば国鉄の全組織を掌握できる仕組みになっていた。

そのため当初は杉浦総裁や林氏、そして私たちもこの要所を改革派の手に押さえ、全社を挙げて国鉄改革に取り組もうと考えたのだし、反対派はここを死守すれば杉浦体制は崩壊すると見て徹底抗戦をしていた。

杉浦総裁は林氏や国鉄内改革グループの意見を踏まえ、秘書課長には私が職員課長から転じ、全国鉄の本社採用学士（キャリア）の意識統一をしようと考えたのである。ところが国鉄分割民営化阻止を期するＯＢや現役幹部の激しい抵抗にあい、身動きできない状態のまま一カ月以上が経過していた。

しかし考えてみれば、それらはすべて国鉄の日常業務のためのもので、今求められている分割民営化や余剰人員対策など非日常の業務は、これまでの組織ではまったく予定されていない業務だった。それならば守旧派が死守しようとしている旧来の権限ポストはそのまま彼らの手に持たせておき、従来どおりの機能を果たしてもらえば良い。そして国鉄改革にともなう異例かつ非日常の業務は、「余剰人員対策推進本部」と「再建実施推進本部」を総裁が直接指揮して、トップダウン方式で進めるのである。

幸い余剰人員対策推進本部の事務局は職員局であり、職員局は私が掌握できるし、再建実施推進本部の事務局は総裁室・経営計画室であり、井手総裁室審議役が掌握できる。この両本部のメンバーが課長補佐レベルまで直列で随時総裁の下に集い、情報を同時に共有、すみやかに決定し、直ちに行動に移る体制をとれば、人事異動も組織改正も不要である。

タスクフォースである両本部は総裁の手足として動くわけだから、総裁の意思さえ不動であれば良い。組織も権限も不要である。この仕組みを杉浦総裁、井手審議役、大塚秘書役と私で決定した時、守旧派の抵抗が無意味なものとなった。半年後に井手氏は総裁室長に、私は職員局次長に発令されるが、昭和六〇年八月下旬の「両本部連絡会」発足以降は総裁との直結体制が確立し、職員局の担当業務、すなわち要員・労務のすべてがここで随時迅速に決定され実施できることになった。

考えてみれば守旧派が秘書課長だけは絶対に渡すまい、と抵抗してくれて本当に良かった。私が職員局次長として南谷昌二郎労働課長、山田職員課総括補佐、松本雇用対策室長、阿久津総括補佐以下のメンバーと共に達成した要員・労務の改革と雇用対策は、国鉄改革に必須の難関であったが、あの時のメンバー以外のチームでは絶対に達成できなかったと思うからである。

一〇万人の合理化提案

両本部連絡会が発足してすぐ取り組まなければならなかったのが、一〇万人の要員削減策を各労組にいかに提案するかであった。要員合理化は、国鉄を覆っているサビとも牡蠣《かき》ガラともいえる労使慣行で身動きできなくなっていた。登るべき山頂と時限はすでに与えられている。が、足下の現実は惨憺《さんたん》たるもので、その間に横たわるのは未踏の荒野である。日々捨て身で取り組むしかなかった。誰もが不可能と思っていた荒野を踏破する見込みが立った、と実感したのは昭和六一年の夏頃である。不可能を可能にしたのは必要な施策を常に一歩先んじて提起する主動性と速行性であり、施策内容の合理性であったが、それを可能にしたのは杉浦総裁の不動の意思であり、総裁と職員局チームの固い信頼感であった。

昭和六〇年一〇月に提案した一〇万人の要員合理化提案こそは、分割民営化にともなう要員労務対策の最大の関門であった。仕事の実態に則した勤務制度を適用し、それによって総定員が決まる。そして定員に合わせて実員が配置されるというのが要員配置の原則である。したがって国鉄の要員削減の手順はまず経営側が機械化、勤務の効率化、業務量の増減に合わせた要員配置の見直し計画を労組に提案し、「事前協議」で説明することから始まるのであった。

そして、説明を受けた労組が施策について質問をするのを「解明要求」と言い、解明が終わって内容を理解したと労組が認めるのを「大筋了解」と称していた。それを受けて初めて労働条件に関する事項を団体交渉することになり、要求が労組から出され、交渉が行われる。すでに大筋了解となっているので交渉は簡単に終わり、事案が成立するという手順を踏むのである。

一見すれば至極常識的に見えるが、さにあらず。ルール上、事前協議での「大筋了解」は必要ないものの、これを得ないまま施策を実施するのを「一方実施」と称し、国会における「単独採決」、国際紛争における「武力行使」にも等しい労使関係無視の暴挙とされていた。労組はこれを楯にして、まず施策の説明を受けない、事前協議を始めさせない、という戦術をとる。経営側の担当者は労組執行委員の袂《たもと》にすがるようにして話を聞いてほしいと懇請する。

いったん事前協議が始まっても、ナシのつぶてで解明要求が出されなければいつまで経《た》っても「大筋了解」には達しない。そこで担当者は解明要求を出してくれるように再び懇請する。労組側担当者は組織内の空気が熟すまでは事前協議を事実上ボイコットして時間稼ぎをする。

その間、譲歩に譲歩が重ねられ施策は骨抜きになり、労組の思いどおり定員削減数が緩和される。わずかに削減された定員の数だけ実在員が減少する。国鉄の要員合理化はそういう仕組みになっていた。これでは施策を進めるも進めないも労組側の意向次第ということになってしまう。

この悪循環を逆転させたのが採用全面停止であった。これまでも年度末退職者の補充は一部は合理化・要員削減し、残余は新規採用者の投入で埋めていた。そこで国労・動労は合理化計画に反対し、遅滞させて意図的に欠員状態を作り、それを理由に業務を停滞させ、現場管理者が下位職代行に追われ現場の規律が崩壊するように仕向けてきた。職場の労使馴れ合いと秩序崩壊はこの悪循環の中で進行してきたのである。採用全面停止は労使馴れ合いの余地をなくし、経営側は一〇万人の定員削減を実行し、欠員状態の解消に背水の陣を敷くしかなくなった。しかし、一年間で一〇万人の定員削減は従来の労使慣行にしたがったままでは、とうてい不可能であった。

そこで法律専門家のアドバイスにしたがい労働法の原点に戻って考え直すことにしたのである。団体交渉は労組の権利であるから経営側は拒否できない。しかし労組が交渉を逃避するのは労組側の権利放棄である。事前協議こそが実質的交渉であり、事前協議の逃避も権利放棄である。事前協議も交渉も誠心誠意やれば良いのであって、施策実施の必要条件は労組との合意ではなく、経営責任を取る経営側が、必要とするタイミングで決めるのだ、という原点に戻ったのである。

動労の方向転換が合理化への道を拓く

この考え方を実施に移すことができたのは、従来から協力的だった鉄労に加えて動労が合理化協力路線に転換したからであった。動労が変わり始めたのは臨調基本答申で新規採用が完全停止と決まった昭和五七年夏頃からである。動労は運転士と車両検査修繕要員が中心となって組織される職能労組であり、運転士のおよそ七〇%を占めていた。国労と鉄労は各系統の職場を組織する横断的な労働組合である。動労が専門店ならば国労・鉄労は百貨店であった。

鉄労の運転士はごく少数なので、動労と組織争奪戦を演じているのは実質的には国労だけであった。運転士になるのには最短で七年前後を要した。駅員、車掌を経て運転士養成コースに入るのが私鉄では一般的である。

しかしそれでは駅や車掌区にいる間にみな国労に持っていかれてしまう。ところが国鉄では「機関助士科」という運転士養成のための専用コースが設けられていた。新期採用の一部をこのコースに入れ、まず車両修繕・検査係として一定期間就業させ、その後で運転士に養成するのであった。このため、運転士における動労の組合員の比率が高くなっていたのである。

ところが昭和五七年七月の臨調基本答申により昭和五八年度から新規採用が全面停止となった。運転士養成のための直接採用が停止となったのである。退職した運転士の補充は私鉄のように駅・車掌区などから転換養成するしかない。これらの職場は国労一色であるから、運転職場は次々と国労に塗り替えられていく。

これまで運転士における動労の組織比率は七〇％を誇ってきたが、このままでは年を追うごとに減少の憂き目をみてしまう。組織の危機に直面した動労は合理化に積極的に協力し、他職場からの転換養成を不要にする戦略に転じた。経営側にとっては年来の悲願であった運転士運用の効率化がこれで可能となったのだ。

国鉄の運転士の労働時間は動力車乗務員の勤務・給与に関する諸規定により毎週四〇時間と定まっていたが、乗務時間は不定型な行路の組み合わせであり、ピッタリ四〇時間という組み合わせは不可能である。四〇時間を上限として勤務交番を作成すると、結果として実際の勤務はそれをかなり下回り、国鉄の運転士は日に三時間しかハンドルを握らない、などという実態になる。

これに対する非難が世間に渦巻いていた中で、国鉄職員局は勤務規定の改定案を提案した。すなわち、毎週四〇時間という定めは、勤務時間の上限を定めたものではなく、国鉄における超過勤務手当支払の基準時間を定めたものである。したがって勤務交番作成にあたっては、労働基準法の定める週四八時間までの法定内超過勤務を前提として勤務交番を作成することができる、という内容の改定案であった。昭和五六年九月に提案されたのであった。

昭和五七年七月の臨調基本答申で新規採用がゼロとなったので、動労は国労からの転換養成を阻止する必要性を感じて運転士のハンドル時間を柔軟に運用し、超勤前提の交番もあり得る、という勤務給与制度にすることに賛成したのである。

当時分割民営化反対の本拠地であった職員局では、最大労組である国労と共同戦線を張ることが必須であると考えていた。そして、そのためには動労を抑え、国労に主導権を握らせるべし、とする意見が支配的だった。国労と動労が対立する場合、国労の側に立つことが大局的には正しい選択である、職員局長以下主流の人たちは、みなそう考えており、それは大筋において合理的であった。昭和五八年五月、私が職員課長に就任したその日、職員局長、労働課長、給与課長の三人が歓迎会を催してくれた。その席で局長から言われたのはまさにそのことであった。

この動力車乗務員の勤務・給与規定改正は自分の了承なしに職員課が提案したもので、自分としては何の執着も持っていない。すみやかに提案を撤回し、お蔵入りにしてもらいたい。それが君の最初の役目だと示唆を受けたのであった。職員課の部下たちに聞いてみると、彼らはこの機会を逸すれば永遠に運転士の勤務効率化の機会は失われる、したがって、組織の大小にかかわらず、効率化という大義を推進すべきだという考え方であった。局議で局長にも説明し、職員局長の合意を得て提案したものだと言う。

昭和五六年九月に提案した後、昭和五七年七月の臨調基本答申で新規採用停止が決まり、国労と動労の利害が相反するようになった。そこで国労との関係を悪化させないようにこの提案を撤回する気になり、職員課長が交替するのを契機に方針転換しようと考えたのであった。もともとの提案時には国労・動労共に合理化反対だったから、その両方の抵抗を押し切る覚悟だったはずである。ところが採用が全面停止になり動労が合理化賛成に戦術を転じた時、合理化反対の国労に同調して提案を撤回するというのはどう見ても正当性がなく、筋が通らない。勤務制度は職員課の担当であり、筋の通らない方向転換により傷つくのは職員課長だけである。

そこで翌週の職員局局議で、運転士の勤務改正は、提案からすでに一年半を経ており、今さら撤回するなどあり得ないこと、しかもそれは提案前に職員局の局議に諮り了解を得て提案した事案であること、その時の職員局長は現局長であることを指摘し、交渉続行を再確認したのであった。局議で職員課の意見に表立って反対する者はいなかった。

しかしその直後に労働課長が、動労の交渉部長に「この事案を進めようとしているのは職員課だけで、職員局長も労働課も給与課もやる気はない。前のめりにならない方が良い」とひそかに耳打ちしたことを聞いた。そこで職員課と運転局と動労で極秘のうちに内容を詰めることにし、年度内ギリギリの昭和五九年三月二九日に鉄労、三〇日に動労との大筋了解を取りつけたのであった。

運転士の七〇%を占める動労が賛成すれば、運転士の勤務制度改正の流れは決まる。国労はこれを動労の「産業報国会化」と非難した。すると動労はますます当局の合理化施策に積極的に賛成するようになった。この動労の路線転換が突破口となり、動力車乗務員の勤務を効率化することが可能になった。そのことが一〇万人合理化への道を拓くことにもなった。

昭和六〇年六月に分割民営化反対の国鉄首脳が更迭となり、杉浦総裁の下で分割民営化が実施されることになった時、その最大の課題は要員・労務であったが、その成功のカギは新規採用停止を発火点とした動労の方向転換であった。

九月に赴任してきた南谷労働課長を加えて作戦を練り、山田職員課総括補佐チームが練りあげた約一〇万人の要員削減策を一〇月になって各労組に提案し、事前協議に入った。一〇万人要員合理化の一括提案はまさに画期的な正面突破作戦であり、従来の提案と比べると削減数が二桁違う。まさに国鉄の労使関係において前代未聞の離れ業であった。最初が国労、次に鉄労、動労という順序で事前協議に入った。国労とのやりとりのあらましを再現してみる。

提案書はあらゆる案件を一冊にまとめたものであり、かなりの厚さであった。ひととおりの説明を聞いたうえで国労が口火を切った。

「この説明はいわば予告編のようなものであり、この中の一件ごとに改めて詳細な説明があり、案件ごとに個別に協議を進めるものと理解して良いか」

「いや、今日の説明ですべてである。後はわからない点があれば解明要求を出してもらいたい」

「そんなふざけた話は聞いたことがない。これまでの労使慣行をまったく無視したやり方だ。今日の話は聞かなかったことにする。資料は置いて帰る」

「もう聞いてしまったのだから聞かなかったことにはならない。資料を置いて帰るならば、内容証明郵便で送付する」

「勝手に送ってきても、我々は一切解明要求を出さず黙殺する」

「説明も聞き、資料も届いているのに解明要求もしないというのであれば、すべてを理解したと見なす。団体交渉の要求は労働者の権利であり、その権利を行使しないということは全面賛成だと解するほかかない」

気の毒だが淡々とことを進める以外に道はなかった。鉄労・動労は淡々と説明を受けて帰った。

社会党・共産党は分割民営化絶対阻止の姿勢を固めており、国労はそれらを後ろ盾として分割民営化を阻止できる、少なくとも骨抜きにできると考えていた。この時点ではいまだ分割民営化に必要な法律案の要綱すらできておらず、分割民営化が実現するかしないか、五分五分にも届かぬ感触だった。それでも我々は要員削減に捨て身で当たるほかなかった。

国労と動労が一致して向かってくれば分割民営化はできなかっただろう。採用停止が国労の利害と動労の利害を刺し違いの関係にした。それが要員合理化、余剰人員対策、労使共同宣言などすべての成立要因となった。こちらも進退を賭けていたのである。余剰人員に対する公的部門の採用はすでに始まっており、政府もまた自らの退路を断った形であった。

杉浦労政の奇跡的成功と反発

国鉄改革関連の法案作成作業は、国鉄再建監理委員会の答申が閣議決定され、運輸大臣を本部長とする国鉄改革推進本部が設置された直後の昭和六〇年八月に始まり、昭和六一年三月に終わった。

職員局は八月以来、国鉄職員のＪＲ各社等への振り分け方を日本国有鉄道改革法（国鉄改革法）にどのように書くか、という問題で運輸省ときびしい鍔迫《つばぜ》り合いを演じた。

運輸省の原案は「国鉄総裁は職員を各新事業体に振り分けることとする」と書けば十分、あとは総裁の責任であるというものであった。我々は法律専門家の意見にしたがいその案に反論した。「社内の人事異動と異なり、日本国有鉄道清算事業団（清算事業団）と各新事業体への国鉄職員の振り分けは人事権で強制することができない。憲法に定める職業選択の自由に反する」からである。

実効性のある社員振り分けをするためには、①国鉄の法人格および国鉄職員を承継するのは清算事業団であり、黙っていれば全員が清算事業団に引き継がれる、②一方、JR各社は新設の事業会社である。新事業体に応募し、採用された者だけが新事業体に入社できる、③採用は新事業体の設立準備委員会が行い、国鉄総裁は設立準備委員会の定める採用基準にしたがって職員の名簿を作成、提出して採用事務を補助する、という趣旨を法文に書き込むしかないと主張したのである。

国会審議の矢面《やおもて》に立つことを極力避けたいと考えた運輸省国鉄改革推進本部は、職員の振り分けは国鉄総裁に任せてしまおうと考えた。それが当初案の「こころ」である。その官僚的リスク回避志向に最終的な引導を渡したのは、一二月、法案作成の最終段階になって第二次中曽根内閣に入閣した三塚運輸大臣と後藤田官房長官であった。職員の配置に関する条文である国鉄改革法二三条はこうしてできあがったのである。

政府は昭和六一年の通常国会で希望退職応募者に割増退職金を支払うための法案を審議し、分割民営化関連法案の審議は秋の臨時国会で行うという二段作戦をとった。審議に臨んだのは三塚運輸大臣、杉浦総裁という息の合ったコンビである。

社会党の激しい抵抗を乗りこえ昭和六一年五月に割増退職金の支払い法案が成立し、昭和六一年七月の衆参同時選挙で自民党は記録的な大勝利をおさめた。選挙の争点は国鉄分割民営化の可否であったから、国鉄改革に対する国民の審判は下って分割民営化は必至、という状況となったのである。希望退職の募集は昭和六一年六月三〇日から開始された。

選挙後の内閣改造で、運輸大臣が三塚氏から橋本龍太郎氏に代わった。棚橋国鉄再建総括審議官が運輸政策局長に昇任、国鉄再建監理委員会から戻ってきた林氏が後を引き継いだ。林氏は杉浦総裁とは肝胆相照《かんたんあいて》らす関係にあり、秋の臨時国会での分割民営化関連法審議に臨むうえで最適任だった。

一方、昭和六〇年六月に就任してからこれまでの一年余の間、杉浦総裁はきびしい労務問題の向こう傷を満身に負っていた。それは社会党、総評やさまざまな方面からの悪意ある誹謗中傷という形で顕在化していた。要員問題、労使関係こそは国鉄改革の最大の難関であり、その責任者である国鉄総裁と担当部局である職員局は、杉浦総裁の就任当初から分割民営化絶対反対の国労や総評、社会党ときびしい鍔迫り合いを続けてきた。

振り返ってみると、余剰人員雇用対策の推進（昭和六〇年八月～）から始まり、一〇万人要員削減交渉（昭和六〇年一〇月～）、第一次労使共同宣言（昭和六一年一月）、北海道・九州から東京・名古屋・大阪への広域異動（昭和六一年三月～）、希望退職法案審議（昭和六一年四～五月）、希望退職の募集開始（昭和六一年六月～）、鉄労と動労の和解（昭和六一年七月）、動労の分割民営化賛成への転換（昭和六一年七月）、鉄労・動労・全国鉄施設労働組合（全施労）他で国鉄改革労働組合協議会（改革協）を結成（昭和六一年七月）、第二次労使共同宣言（昭和六一年八月）と、息も継がずに進んできた。

これらはいずれも直接的には国鉄内各労組との交渉事であるが、その成否は国の労政問題・雇用問題から治安問題まで及ぶ広い背景を持っていた。

分割民営化反対、要員合理化反対の国労とそれを支援する総評・社会党の動き、決して一枚岩とはいえない自民党の内情、ともに改革推進とは言いながら疑心暗鬼に揺れ動く鉄労と動労、そして官邸、労働省、警察庁の胸の内、マスコミの揺らぎすべての動きを研《と》ぎ澄ました神経で感知し、先手を打たなければならない。まさに総力戦であった。

それが奇跡的としか思えない成功を収めたのは、何にもまして総裁の不動の決意のおかげだった。その意味で私たちは総裁に強い同志意識と信頼感を抱いており、分割民営体制発足にあたって、杉浦総裁には最大の新事業体であるＪＲ東日本の社長に就任してもらうことを心から望んでいた。

厄介なのは橋本運輸大臣の杉浦総裁忌避であった。橋本運輸大臣は社会労働委員会が長く、地元岡山では国鉄経営陣が挙げて加藤六月氏一辺倒の中、国労首脳とのつき合いがもっぱらだったので、彼らに同情的だった。加えて社会党・総評は動労のコペルニクス的転回も鉄労との和解も動労革マルの戦略的な偽装転向であるとキャンペーンを張っており、これも橋本大臣に影響を与えた。

七月の内閣改造で三塚氏から橋本氏に運輸大臣が代わった背景には、分割民営化の実現が確実になったこの時点で、中曽根総理の関心はすでに国鉄改革後の国会運営にあり、国労・社会党と一定の了解をとりつつ分割民営化を達成するためだったのではないかと思う。その使命を帯びた橋本運輸大臣にとって、あいまいな妥協は禍根《かこん》を残すから不可である、とする杉浦総裁と私たち職員局の姿勢は、不愉快なものだったに違いない。

昭和六一年九月一日、東京と大阪での同時多発内ゲバ攻撃が発生すると警察庁は動労のリーダーたちは革マルで、国鉄は労働問題を治安問題に転化させていると言い始めた。この二つの流れを合わせると新事業体の労務管理は国鉄時代とは一変させた方が良い、ということになる。それが杉浦総裁の人事に影響することが懸念された。

また、鉄労は生産性運動の際に国労・動労による職場内暴力の被害者となった経験から、動労に対する強い恐怖心と不信感を持っていた。動労は社会党支持を撤回し、総評も脱退し、鉄労の大会で詫びるなどして和解につとめた。鉄労もそれを了として国鉄改革に向かって力を合わせることになったが、改革が成功することが明確になると、再び疑心暗鬼に陥っていった。彼らの目には職員局が動労の偽装転向にたぶらかされ、警戒心を解き過ぎていると映ったのである。

杉浦総裁就任当時、北海道に飛ばされていた松田氏は昭和六〇年一一月の人事で経営計画室審議役として本社経営計画室に帰ってきたが、「再建実施推進本部」の実務は昭和六〇年七月に経営計画室、総裁室の審議役（後に総裁室長）となった井手氏と腹心の若手経営計画主幹が一心同体となって取り仕切っていた。従来より肝胆相照らす仲であった鉄労の志摩組合長が、職員局が動労に気を許し過ぎているという不満を漏らしたので、松田氏は職員局が動労と癒着し、動労を甘やかしているという批判を頻繁に口にするようになった。これも杉浦総裁にダメージを与えるものだった。

職員局は動労を甘やかしたり、癒着したりしたわけではなかった。我々は常に「経営の必要性」

に基づいて施策を提起し、それが労組にとっても最適の選択であることを説いたのである。動労は彼ら独自の目的合理性に照らして提案を受け入れ、国労は断固反対に回った。

私たちは分割民営化後の労使関係をこう考えていた。

「動労指導部が革マル派の構成員だったことは確かであろう。しかし彼らのここ一～二年の言動は革マル派の路線とは異なるものである。偽装転向という見方が多いのは承知している。しかし、彼らは革マル色を脱しようとしているのだとも解釈できる。いずれにせよ動労が国労と同じように分割民営化断固反対に回れば労使は全面衝突となり、列車運行が長期にわたって混乱したであろうことは明白である。

そうなるとメディアは政府・国鉄経営陣批判に傾き、改革案は大幅な修正と後退を余儀なくされてしまう。動労が組織維持のためであろうと何であろうと、国鉄改革を支持していることが改革成功のカギとなることは確かである。したがって彼らの言行が一致しているかぎりは彼らを信じ、握手をし続けるべきである。

そして万一、言行不一致が明らかになった時には握手している手を離せば良いのだ。動労内部も現執行部支持派が一枚岩でないことは国労と変わりない。昭和六一年一〇月の修善寺大会において、国鉄改革断固反対を叫んでいた国労執行部が改革賛成に方向転換しようと図ったが、結局は社会主義協会派や共産・革同に主導権を奪われ分裂してしまった。

動労執行部はそのことをよく知っている。経営者が毅然として経営者の立場に立ち、労働組合と正対するかぎり、動労と経営側の一定の信頼関係は持続する。労使が節度ある労使関係を堅持するかぎり、動労執行部の転向が偽装転向か否かは深刻な問題として顕在化することにはならない。

新会社の主力労組は、鉄労、動労、国労脱退者、分裂後の旧国労主流派、管理者がそれぞれ二〇％程度のウェイトを持つ連合体として組成されるだろう。互いが過去のしがらみを引きずっているとを認め合い、譲り合って時が経過すれば、新入社員の比率が増えるにしたがって自ずと融合一体化がなされていく。動労が経営側の公正さを信頼し、実力を認めていれば彼らは力ずくで労組内での支配権を制しようとはしないだろう」

この見方は概ね当たっていたと思う。

しかしＪＲ東日本発足直後に松田氏は鉄労の志摩組合長と相謀って動労と決別しようと試みたものの失敗に終わった。このことが動労を経営者不信に先祖返りさせ、結果としてＪＲ労組の分裂につながったように思える。一方、分割民営化から三〇年を経たＪＲ東海、西日本、九州、四国の労使関係は、概ね当時我々が考えていたようになっている。

五　「新幹線保有機構」対「ＪＲ東日本ハブ会社」構想

新幹線保有機構 ～修正されるべきだった制度的欠陥

昭和六〇年七月に国鉄再建監理委員会の答申が閣議決定され、余剰人員雇用対策、要員合理化対策、労務対策が職員局の手で先行的に進むのと並行して、国鉄路線網の六旅客会社への分割や新幹線保有機構の制度設計など、国鉄改革関連法案の起案作業が運輸省の「国鉄改革推進本部」と国鉄の「再建実施推進本部」の間で進められた。

その際の大きな議題が「新幹線保有機構」にどう対処するかであった。東海道、山陽、東北・上越新幹線の地上設備（車両を除くすべて）とその時価評価額に相当する国鉄債務を運輸大臣所管の特殊法人「新幹線保有機構」に承継させ、新幹線を運行する本州三社が三〇年にわたって支払うリース料でその債務を返済する。そしてリース料の会社別負担率により本州三社の収益調整を行うという名分で提案されたこの制度は、およそ一〇年以内に各社を上場するという分割民営化の大枠とは相容れない制度であった。

新幹線保有機構の法案策定は昭和六一年三月末には完了した。国鉄はこの新幹線保有機構制度の設計期間内にその欠陥を指摘し、修正・無害化を図るべきだったし、それは可能だったと思う。

新幹線保有機構制度により新幹線用地は時価評価されるが、在来線用地は簿価評価のままである。その結果本州三社内では二つの異なった評価基準による不整合な地価が存在することになったがその合理性の説明は不可能であった。とすれば、減価償却による経費化もできず、売却もできない鉄道用地については、いわゆる「埋没費用」として新幹線・在来線共に簿価評価に統一するのが常識である。そうすれば会計制度的にも整合が取れ、実態面での矛盾も緩和される。さらに本州三社が支払うリース料はすべて債務返済に充てるというのでは四新幹線の維持保全のための資金の内部留保ができない。ゆえに収受したリース料のうち時価評価された資産の減価償却費相当の部分は保有機構側で維持更新のために積み立て、残余を承継債務の返済に充てる制度に修正することが適切であった。その際、収益調整で東海道新幹線に上乗せされた東北・上越、山陽新幹線の肩代り分約二兆円は「のれん代」として償却費を計上するべきであった。このような修正をすれば、新幹線保有機構が承継返済する国鉄債務の総額はその分だけ減少するが、制度としての欠陥は修正される。国会論議での弱点となる制度的欠陥の克服という観点からこれらの修正を主張すれば実現は可能であったと思う。

職員局は昭和六〇年八月から直ちに要員、労務の総力戦に突入しており、路線や資産の分割は再建実施推進本部に任せきった形であったが、この時期、「新幹線保有機構」の欠陥修正について議論がなされた形跡はない。かくして法案策定の過程で新幹線保有機構制度の欠陥を明らかにし、修正を加える好機は無為に失われたのである。

ＮＨＫ特集「三〇万人の大改革～国鉄・分割民営化計画～」が放送されたのは国鉄改革関連法案が国会に上程された直後の昭和六一年四月であった。特集の冒頭は「本州はＪＲ東日本、ＪＲ東海、ＪＲ西日本の三社に分割する。ただし貨物と新幹線は別組織とする」という解説で始まる。このくだりは運輸省国鉄改革推進本部の解説によるものだと特集担当者は言っていたが、うまくいったという心の内が聞こえてくるようである。

後に述べるが、この機を逸した結果、欠陥制度である「新幹線保有機構」の解体を決するのに分割民営化後三年半を要した。そして欠陥制度が東海道新幹線に残した過大な債務と利子負担のリスクを脱するのには、バブル経済崩壊によるゼロ金利という天佑と、二〇年あまりの年月を要することになった。鉄道用地配分のねじれはいまだに解決されないままである。

「JR東日本ハブ会社」構想

それでは次なる段階、すなわち新幹線保有機構の制度が定まり、それにしたがって資産分割の具体的線引きが行われる段階での動きはどうであったか。

再建実施推進本部（総裁室・経営計画室）はこう考えたと思う。

東海道新幹線の収益力は新幹線保有機構を通じて運輸官僚の薬籠に収められた。この現実は少なくとも三〇年は続くことになる。この現実を直視したうえで国鉄人の発言力を維持するにはどうしたら良いか。それには国鉄人の手に残った最強の収益源である首都圏の国鉄路線網を引き継ぐJR東日本に経営資源を極力集中して国鉄本社的な機能を持つ「ハブ会社」とし、対外的にJR各社の統一した意思を代表させ分断を回避すると同時に「ハブ会社」が他の地域JRに経営的支援を行い、人事面でも相互の交流を維持するのがベストである。首都圏における鉄道網の、特に駅や車両基地の用地は簿価評価で承継される宝の山である。民営化するメリットはこれらの用地を私鉄と同じように自由に開発できる点にある。東海道新幹線の収益力は新幹線保有機構に委ねる代わりに、「ハブ会社」に集中した経営資源は国鉄人の手に確保する。そのうえで、東海道新幹線をJR東日本の在来線用地で包み込み、JR東日本の了解なしには身動きできないように封じ込めれば良い。

その構想が煮詰まったのは昭和六一年五月に割増退職金法が成立し、自民党が「死んだふり解散」による衆参同日選挙で地滑り的な大勝を博した後と考えられる。再建実施推進本部の井手総裁室長と腹心の若手経営計画主幹が構想し、杉浦総裁の承認を得たと思われるが、両本部連絡会の場で説明されることはなかった。分割民営化の発足後自ずから明らかになったその概要は、以下のようなものであった。

①新幹線保有機構により、東海道新幹線の収益力は運輸省の手に堕ちた。そのため首都圏の鉄道網、すなわちJR東日本の権益は国鉄人の手中に確保しなければならない。

②民営化のうま味は自由に関連事業展開ができることであり、その潜在力は首都圏の用地にかかっている。在来線の鉄道用地は鉄道用地として使われているかぎり簿価で承継される。首都圏の在来線用地の中には利用度が希薄な用地が多くあり、これらを当面は鉄道で使用している形にしてJR東日本に保有させ、時がきたら集約して開発用地を生み出すことにする。

③東海道新幹線の用地はすべて時価評価され、新幹線保有機構が所有し、その価額に見合う国鉄債務を継承することになるので、現在使っている品川の東海道新幹線第一車両所も地価の安い大井に移転し承継債務を減らすとともに、跡地は清算事業団に渡すことにする。

④新幹線保有機構により運輸省の手に堕ちた東海道新幹線は、できるかぎりその動きを封じなければならない。そのために首都圏における東海道新幹線の全施設を薄皮一枚のJR東日本用地で包囲し、その了解なしには身動きがとれないように境界設定をする。

⑤土地以外の資産、例えばJTBの株式などはJR東日本が集中して承継する。JR東日本を「ハブ会社」とし、形のうえでは地域分割となっても実態は「ハブ会社」を中心にJRグループの

一体性を担保する。

⑥「ハブ会社」を構想し立案した者がまずJR東日本の創業にあたることにするが、概ね五年のタームで地方のJR会社との間に人事異動を行うことにする。

⑦「ハブ会社」であるJR東日本は地方JRに必要な経営支援を行う。

⑧この構想は企画立案に携わった少数以外には厳秘《げんぴ》とする。

「形は分割しても心は一つ」というこの構想は、法律の定めと矛盾する。株式が上場されれば他のJR会社への経営支援など不可能となるし、上場されなくても経営首脳の代替わりが進む中で、「分割されてもJRは一体」というような心裡留保が承継されるとは考えられない。

国民生活上必要な交通手段という公共的利便の観点に立てば、日本経済の大動脈としての東海道新幹線と首都圏の都市交通鉄道網という二つの機能は等しく重要で、相互に補完し合うべきもの、といえる。たとえ保有体制に差があっても、両者それぞれを活性化させ、ネットワークとして機能させようと考えるのが正しい。

しかし「JR東日本ハブ会社」を構想した人々の思考は別のところにあった。彼らは東海道新幹線の収益力は「新幹線保有機構」の手に収められたが、首都圏においては「ハブ会社」の在来線用地で周囲を囲うことにより動きを封じようと考えたのである。この考え方は、東北・上越、山陽新幹線については大きな問題を残さない。なぜならば新幹線の運行区間と並行する在来線の運行区間それぞれが、ともに同一会社に属するからである。

在来線に余裕を持たせておけば新幹線のリース料にははね返らない。将来、並行する新幹線の強化に使うこともできる。ところが東海道新幹線の東京・新大阪間は全線ＪＲ東海であるのに対し、在来東海道本線の東京・熱海間はＪＲ東日本、米原・新大阪間はＪＲ西日本の社域である。将来の東海道新幹線の増強を考えると、首都圏の駅、業務機関周辺の用地を何らかの形で東海道新幹線増強のために利用可能な形で留保することが必要であった。

そのための工夫の余地は十分あり得た。たとえば東海道新幹線と並行する東海道本線の東京〜熱海間をＪＲ東海の保有とし、山陽、東北・上越新幹線の場合と同じように将来新幹線の増強に使えるようにするのが最も簡明であった。

そうすれば在来東海道本線の用地は、リース料にはね返ることなく、将来的には東海道新幹線の増強のために活用できる。容易ではなかったかもしれないがやってみる価値はあった。しかし総裁室と経営計画室は、東海道新幹線の収益力とその将来は、新幹線保有機構の手に収められたのであるからライバルとしてハブ会社の中に封じ込める方が良いと考えた。

その前提にあったのは「上場は法律上の建前ではあるが、現実には困難であり、一〇年以内には枠組みの見直しが必要になる。その時に強い発言力を保持するためにはハブ会社を中心に全国のＪＲが一体感を維持する必要がある。上場できない以上、ハブ会社であるＪＲ東日本から他のＪＲへの経営支援は可能だ。現在の国鉄本社が、分割民営化後はＪＲ東日本となれば良いのだ」という認識だったのだと思う。

一般職員の振り分けを担ったのは職員局であり、本社採用キャリアを含む幹部職員の振り分けは総裁室の担当だった。我々の考えはすべての職員がそれぞれの任地に骨を埋めるということで、本社採用学士といえどもその例外ではなかった。

したがって、もし私たちが相談を受ければ各社を明確に地域分割し、それぞれが自立することを考えるべきであり、ＪＲ東日本からＪＲ各社への経営支援などあり得ないと反対しただろう。それがわかっていたから、「ハブ会社」構想は職員局に対しては特に秘匿して進められたのである。

この構想の存在と概要を私が知ったのは、分割民営化発足後、ＪＲ東海の総合企画本部長として創業の戦略設定にタッチするようになってからである。杉浦総裁はこの「ＪＲ東日本ハブ会社」構想が国鉄人にとって最良のプランであると確信していた。杉浦総裁もまた、一〇年以内の上場はあり得ないと感じていたのである。その点は私たちも同じだった。

分割民営化後も私たちと杉浦総裁との交誼《こうぎ》は続いた。新幹線保有機構が解体され、本州三社の上場が果たされた後のある時、年来の疑問を尋ねてみた。分割民営化発足までは厳秘とされていたが、発足後の実態を見れば、作為の痕は歴然としていた。

「ＪＲ東日本ハブ会社とでもいうべき構想がありましたね、分割後も東日本がいわば国鉄本社のような機能を果たすという考え方だったと思いますが」

「あった」

「あれは井手さんの発案だったのですか」

「いや私自身が考えたことだ。本社採用学士は国鉄に入社したのであり、その人々に北海道、九州に骨を埋めよと命ずるのは忍びなかった。ハブ会社との間を行き来するのが一番良いと思ったのだ」

「人事の交流を行うだけではなく、経営余力を東日本に集中し、東日本から他のＪＲ会社を経営支援するという考えだったのですか」

「そのとおりだ」

「でもそれは分割民営化の立法趣旨に反しますよね。株式を売却し国鉄債務の返済に充てることになっています。上場すれば他社の支援は法的にもできません」

「上場は建前であるが現実にはできないと考えていた。万一できるようならばその時に考えれば良いと思ったのだ。私がＪＲ東日本の社長となったらやろうと思っていた」

しかし、当時総裁室秘書役だった大塚氏は「あれは井手さんの案で、杉浦さんの発案ではありません」と否定する。彼の言うとおりだったのだと思う。

当時運輸省国鉄部で分割作業を担当していた人々は「経営資源をＪＲ東日本に集中し過ぎるのは良くない、各社が自立できるようにするべきだと随分言ったのですが、国鉄の窓口の人々は一社に集中して必要な時にはハブ会社がＪＲ各社に提供する方が効率が良いと言っていました。当然杉浦総裁と井手さん、松田さん、葛西さんの一致した案だと思っていました」と言う。そしてハブ会社が巨大な超私鉄となったのを見たうえでＪＲ東日本の社長人事が次なる関心の的となったのである。

「国鉄改革は宮廷革命」であった

国鉄改革に対する総裁室と経営計画室の考え方をあらわにしたのが昭和六三年二月一二日、丸ノ内ホテルで行われた「ＪＮＲからＪＲへ、鉄道の経営革新」と銘打った座談会での井手氏の発言である。

出席者は井手正敬ＪＲ西日本副社長（元国鉄総裁室長）、松田昌士ＪＲ東日本常務取締役（元国鉄経営計画室審議役）と野中郁次郎一橋大学教授、岡野行秀東京大学教授の四人で、その内容は昭和六三年四月発刊の『運輸と経済』に掲載された。

この中で井手氏が言及する。「今回の改革は若手の優秀な連中、意識のあった連中がある程度下で支えてくれたからできた一種の宮廷革命で、本社のトップと一部少壮準トップグループの葛藤の結果である」と。松田氏も同じ認識だと考えて良い。「優秀で意識ある若手」とは総裁室長腹心の若手経営計画主幹のことであり、彼と井手総裁室長に松田経営計画室審議役を加えた三人が「宮廷革命」の中心メンバーだったということになる。

「宮廷革命」とはエリート間の内向きの「権力争い」を意味する一九世紀的な用語であり、ここで「宮廷」というのは国鉄本社と運輸省国鉄改革推進本部のことになる。

昭和六一年七月の衆参同時選挙で自民党が大勝した時、いよいよ分割民営化の実現が確実となり、それにともなう資産分割や幹部人事などの作業が本格化した。その任にあったのが『運輸と経済』の座談会に参加した井手総裁室長、松田経営計画室審議役と井手氏腹心の経営計画主幹であった。一年弱の間に、国鉄改革関連法案の国会審議と並行してＪＲ会社の境界線決定、本社組織決定、財産分割、新事業体各社の首脳や幹部人事などが彼らと運輸省の手で進められた。

「宮廷革命」の大義名分、最終局面での旗印となったのは、一つは分割された後もＪＲ東日本を親会社的存在として全国ＪＲの一体性を守ること、いわゆる「ＪＲ東日本ハブ会社」構想であり、もう一つは「偽装転向した動労との癒着排除」であった。

これに対して私の束ねていた職員局は分割民営化断固反対を唱える国労の抵抗を退けて、要員数を半減させ、余剰人員の雇用対策を行い、国鉄職員をＪＲ各社に振り分けなければならなかった。また、互いに疑心暗鬼に陥りがちな各労組を宥和しつつ、与野党の思惑、メディアの揺れ等にも目をくばり、国会審議に万全を期するなど、常に神経を外の世界に集中してきた。

私たちは外向きの「総力戦」をやっていたのであり、国鉄最後の日の最後の瞬間まで片時も自らの身の振り方を考える余裕はなかった。

住田氏やその後輩の運輸官僚にも、国鉄内「宮廷革命」グループにも見えていなかったのは労務管理のきびしさである。従来運輸官僚は国鉄の労務管理の困難さ、要員合理化の至難さを認識し、国鉄経営に直接手を下そうとはしなかった。

ところが杉浦総裁のもとで分割民営化絶対反対の国労を相手に、従来の国鉄では信じられないくらいの要員削減が実現した。つい数年前までは四〇万人を超えていた国鉄の要員数は、二〇万を切るところまで削減され、労使間で大きな争議もなかった。要員は私鉄以上に効率化され、労組は民間企業並みに協調路線化したように見えた、そのうえ民営化して国会との縁を切るのだから労使関係はもう大丈夫、そう見えたのであろう。

となればハブ会社であるＪＲ東日本が持つ巨大な収益力の処分を拱手傍観《きょうしゅぼうかん》する手はない。「新幹線保有機構」に対抗して国鉄人の聖域化しようとして設計された「ＪＲ東日本ハブ会社」が、

「新幹線保有機構」を提起したのと同じ人々の注目を引くことになったのであった。

六　迷走したＪＲ東日本の社長人事

「ＪＲ東日本ハブ会社」構想を前提に総裁室長が本社採用学士（キャリア）人事の検討に着手したのは衆参同日選挙が与党の圧勝に終わり、分割民営化の実現が確実となった昭和六一年七月以降からである。

ＪＲ東日本の社長は私たちの目から見れば、当然分割民営化を成し遂げた杉浦総裁以外にはあり得なかった。一方、「ＪＲ東日本ハブ会社」構想により、ＪＲ東日本が巨大な超私鉄会社となったことを知った住田氏周辺は、ＪＲ東日本の社長の椅子を狙って動き始めた。トップ人事の動きが私たちにも伝わってきたのは昭和六一年一一月近く、国会審議の帰趨《きすう》も見えた頃のことである。

「ＪＲ東日本」の社長は杉浦総裁で

◎昭和六一年一一月一四日

「運輸省では杉浦総裁は清算事業団理事長の方向で進んでいるらしい。タッチしているのは永光洋一事務次官だけで、林さんは外されているようだ」と大塚総裁室秘書役から聞いた数日後、林国鉄再建総括審議官から要請があり、午前一〇時半に井手総裁室長、松田経営計画室審議役と三人でキャピトルホテル東急の五〇七号室に瀬島氏を訪ねた。

ＪＲ東日本社長人事についての以下のような説明を行い、理解を得た。

「国鉄改革のアキレス腱は要員問題と労使関係です。当初は見当もつかぬありさまでしたがなんとか乗り切りつつあります。もちろん最後まで片時の油断も許されません。しかし、法律案が国会で成立確実となった今、新事業体のあり方をも考えなければなりません。新事業体の最初の課題はやはり労務であると思います。

それも首都圏を受け持つＪＲ東日本と、東海道新幹線を受け持つＪＲ東海の労使関係が最も重要です。発足後一年以内に一企業一組合体制を実現し、労使関係が逆行できないようにしなければなりません。

そのためには労使間の信頼関係が必要ですが、信頼関係は人間関係であり役者が一貫していることが大切です。これまで至難と思われた労使関係をみごとに乗り切った杉浦総裁以外に東日本の社長の適任者はいないと思います。運輸大臣は『これだけ苦しい改革を職員に強いたのだから、杉浦総裁は率先して清算事業団に行き、最後の一人まで就職のめんどうを見るべきだ。それが男としての美学だ』と周辺に漏らしていると聞き及んでおります。しかし、その考え方には賛同できません。

国鉄改革は昭和六二年四月一日、ＪＲ各社の発足で終了するのではありません。むしろその時点からが正念場と言って良いと思います。新事業体を離陸させ、安定飛行させることこそ最大の難関なのです。その中で最も難しいのはＪＲ東日本の労使関係であり、ここでやり損なえば今までの努力も職員の苦難も、すべてが水泡に帰してしまいます」

瀬島氏は「わかった。労政は本当によくやってくれた。ご苦労さん。本当によくここまで来られたと思う。私は一一月頃には半月くらいはストライキで列車が止まることもあり得べしと思い、実はそのための対策を練り、法的措置を検討していたくらいだ。

ここまでくればもう大丈夫だろう。これから大切なのは人事だ。清算事業団は民間でいえば弁護士を雇ってやらせる程度のものだ。大切なのは新事業体だ。トップ人事は二月になるだろう。しかるべき人物の名前を私に教えてほしい。

今までも君たちと心を合わせてやってきたのだから、これからも改革の本義を失わないよう、最後の仕上げをやるつもりだ。杉浦さんは清算事業団ではなくJR東日本の社長というのが君たちの考えなのだな。会長は部外でいくとしてもトップは国鉄の現役にやってもらわなければならない。杉浦総裁が適任だと私も思う」

後刻、同じ三人で、住友電工の会長室に亀井氏を訪ねた。瀬島氏と同じ説明をしたところ、「君たちの考え方はよくわかった。労務のわからない者に経営をまかせることはできない」ということであった。瀬島、亀井両氏の反応は心強いかぎりであり、国鉄側の希望どおり杉浦JR東日本社長で決まりそうに思えた。

◎一一月一七日

この日初めて総裁室長からJR各社の基幹人事構想の概要を聞いた。

松田氏は北海道、私は東海、南谷氏は西日本のそれぞれ総合企画本部長を担当する。JR東日本の社長は杉浦総裁で、井手氏が副社長総合企画本部長として支える。その他のＪＲの総合企画本部長には改革派グループのメンバーを配置し、五年後にＪＲ東日本と地方のＪＲの間の人事異動をやるということだった。

大詰めを迎えた参議院審議を乗り切ったあと、息継ぐ暇もなく職員局は各社への職員の振り分け、民営化後の労組の統合など難題を処理しなければならない。自分自身の身の振り方はすべて一任する、と答えた。

ＪＲ東海への配属は私にとって願ってもない幸運だった。私が分割民営化に踏み込んだそもそもの始まりは、全国一体の公共企業体という仕組みの中でコストの二倍にも達する運賃・料金を収受しながら、全国の赤字線を内部補助するために維持更新投資もままならず、老朽劣化の淵に立たされている東海道新幹線の機能保全を意識してのことだった。

私の地方勤務経験は、名古屋の貨物課長、静岡の総務部長、仙台の総務部長のみで、あとは本社だったからＪＲ東海は土地勘、人勘のある地域でもあった。何よりも首都圏の労使関係の陣頭指揮は誰かに引き継いでほしかったし、そうすべきだと考えていた。杉浦総裁の下での二年間はまさに全知全能を傾けての捨て身の戦いで、全身に返り血を浴びながら旧弊な労使慣行を清算してきた。

何とかここまでやってこられたのは、底なし沼に足を取られたような国鉄経営を再生させるためには要員の大幅削減が必要であり、それには規律を失った労使関係の是正が必須である、とする圧倒的な国民世論の支持が追い風となっていたからだ。しかし分割民営化の成就が見えた瞬間から、一部の新聞や雑誌は手のひらを返したように、我々の労務管理の行き過ぎをあげつらうようになった。

労使問題に関しての民営化後の主舞台はＪＲ東日本である。これまで流動化してきたものを統合し、安定化させなければならない。そのためには杉浦氏で一貫性と継続性を保ちながら、しがらみのない者の手で組み立てる必要があると思った。杉浦氏の右腕となる副社長は井手氏以外にないと思っていた。

また「新幹線保有機構」の欠陥事情を知る者にとってＪＲ東海は苦労ばかり多く、面白みのない会社に思えたに違いない。発足時の枠組みを見れば確かにそのとおりだった。収入の過半を新幹線保有機構にリース料として支払ううえに、維持更新投資はＪＲ東海が負担しなければならない。その財源は税引き後の利益か借金しかない。

「ＪＲ東海の実態は運輸省が保有する東海道新幹線の運営受託会社であり、国鉄債務の返済会社に過ぎない」と言われた、まさにそのとおりであった。この貧乏くじを妬《ねた》む者はいない。日々捨て身の労務戦線で鍔迫り合いを続けてきた者にとって、腹背に敵を持つことは最悪だ。そうならなくて、本当に良かったと思ったのである。

輸送機関としての本質を見れば東海道新幹線は鉄道の精華であり、日本経済の大動脈である。住田氏や運輸省の後輩たちが新幹線保有機構を提起したのは、国鉄改革にあたってこの大動脈の収益力を運輸官僚の手中に収め整備新幹線の建設を運輸省の政策判断で行う体制を作ろうと考えたのだと思われた。

膨大な借金を背負わされているのはこれまでの国鉄も同じこと。機能の優越性と使命の不滅性を頼りに、東海道新幹線の強化に捨て身で飛び込むのみ。新幹線保有機構を、JR東海発足後に私の手で変えれば良い。すべては発足後。そう割り切って当面の課題に集中したのである。

◎一一月二六日

国鉄改革関連八法案の成立を目前にして、杉浦総裁と井手総裁室長が橋本運輸大臣のところへ人事構想案の説明に行った。帰ってきた井手氏の話を聞くと、大臣の反応はまさに予測したとおりであった。

「杉浦さん、これだけのことをやるのだから貴職は責任をとるべきだ。清算事業団に行って最後の一人まで雇用対策をするべきだ。井手君や葛西君のように中心になって進めた人たちもだ」ということだったという。

役者の台詞のような橋本大臣の口調が目に浮かび、耳に響くような気がした。

この情勢に鑑み、総裁を応援するために、みなで日付のない辞表を総裁にあずけようと井手総裁室長が提案し、年次の高い者から九人が辞表をあずけることになった。いささか芝居がかったパフォーマンスは私の趣味ではなかったが、あえて反対する必要もなかった。

この大詰めの段階で、杉浦総裁を東日本の社長にするという水面下の根回しは、林国鉄再建総括審議官から大塚総裁室秘書役を通じての要請で、私と南谷労働課長が動く形となった。杉浦総裁の功績も批判も労使関係に起因していたし、林国鉄再建総括審議官との不動の信頼関係は国鉄冉建監理委員会時代からのものだった。

何よりも、私は東海、南谷氏は西日本という配置になるので、JR東日本に杉浦総裁をという人事については意見を述べやすかったのである。国鉄改革関連八法案は一一月二八日に参議院を通過して成立した。

◎一二月一日

午後五時半、一人で来るようにとの連絡が瀬島氏からあり、いつもの五〇七号室ではなく、四階のスイートルームを指定された。この成り行きはJR東日本の社長人事の形勢が思わしくない兆候だと感じつつ指定の部屋に行った。

「君の後に橋本運輸大臣が来る予定になっているので顔を合わせない方が良いと思い場所を変えた。トップ人事は一二月末には決まる。政治の介入はさせない。トップ人事の具体案は総理、官房長官、運輸大臣の三人で決める。杉浦総裁は常識的に言ってJR東日本か清算事業団である。橋本運輸大臣は三塚博にも加藤六月にも距離を置いておりフェアである。総裁からどんどん出向いて直接要請するべきである」との話であった。

危惧したとおり、前回とは著しく異なる印象であり、杉浦総裁の人事は中曽根総理のレベルですでに決したのだと感じた。政治の介入はさせないというのは、三塚前運輸大臣を人事から外すという意味と思われた。すなわち杉浦総裁には不利な結果となったことを感じた。

◎一二月一六日

林国鉄再建総括審議官からの要請で、南谷労働課長と衆議院第二議員会館に自民党の小此木《おこのぎ》彦三郎代議士を訪問した。午後三時半頃であった。

小此木氏は通常国会で希望退職法が成立した直後の六月頃、国労主流派をなんとか分割民営化に方向転換させようとする社会党の田辺誠書記長や井上普方《ひろのり》、小林恒人代議士の要請を受けた自民党の金丸信代議士からの依頼で私たちとの間に立ち、仲介を試みたことがあった。結局は不首尾に終わったが私たちも誠意を尽くして協力したのでそれ以来気心の通じる間柄であった。

この日は、杉浦総裁と社会党の田辺、井上、小林代議士が懇談し、わだかまりが解消したことを報告するための訪問で、ついでにJR東日本の社長人事についても要請するつもりであった。しかしこの日の小此木氏は警戒心があらわで深入りしたくない様子がありありであった。「清算事業団は共産・革同が多いので大変な仕事だ。新事業体の労使関係はうまくいくだろう。民間会社になるのだから」と妙に楽観的である。新事業体、特にJR東日本における労使関係の重要性や困難性をいくら説明しても耳を貸そうとしなかった。

後で聞いたのだが、この日、南谷氏と私の後に小此木氏は杉浦総裁と会っている。杉浦総裁はJR東日本の社長をやりたいという意思表示をするつもりだったが小此木氏は人事について大変警戒していて「今、葛西君と会ってきたよ。人事は僕に任せておきたまえ。悪いようにはしないから」と言ってそそくさと帰ってしまったという。どうもおかしいと杉浦総裁から聞いたのが翌一七日の夕刻であった。小此木氏は林氏にも「葛西君と南谷君が労働情勢の説明に来たが今頃なぜかな」と言っていたという。

ＪＲ東日本の社長が住田氏に決定したのは瀬島氏の言ったとおり一二月後半のことであり南谷労働課長と私が小此木氏を訪れた日はおそらくＪＲ東日本の社長人事にとって重要な日だったのだ。小此木氏は私たちと会ったことを、杉浦総裁に言い、林氏に言い、橋本運輸大臣にも話しているが、それはこの日が決定的な日であったからではないかと思う。

東日本の社長に決まった住田氏は、「杉浦総裁の腹心である井手氏以外の国鉄人の中で誰が良いか」と臨調時代以来面識のあった行政管理庁の田中一昭氏に尋ねたという。民営化発足後に田中氏から直接聞いた話である。田中氏の推薦したうちの一人だった松田氏をＪＲ東日本に、ということになったというのである。

両者の面接が行われたと田中氏は言う。一月末の時点では松田氏はＪＲ東日本の社長は杉浦総裁でなく、住田氏に決まるであろうこと、そしてその場合自分が東日本に行くであろうことを知っていた。しかし、この成り行きは杉浦総裁も、井手総裁室長も、林国鉄再建総括審議官も、もちろん私も知らずに年が変わり、状況が煮詰まっていった。

昭和六二年一月はまたたく間に過ぎてしまった。職員の振り分け作業、新事業体発足後の労使関係の枠組み作りなど、職員局にとっては手の抜けない業務の処理に追われていたのである。

◎昭和六二年一月二九日

杉浦総裁が橋本運輸大臣を大臣室に訪問、その際に手ひどく叱責されたという話が運輸省から伝わってきた。大塚秘書役に何があったのか聞きに行った。

「実は、橋本事務所筋から話があった。杉浦総裁自身が直接大臣室に出向いて、私をJR東日本の社長にしてください、大臣の選挙を全力で支えますと言えば、その一言で杉浦総裁の東日本社長が決まります、と言われたのでその話に乗ったのです。しかし、どうもハメられたような気がする。私は同行したのですが大臣室は扉をあけ放ち、怒鳴り声がみなに聞こえるようにしてありました」という説明だった。

橋本事務所の誰が国鉄の誰を通じて総裁にその話を持ち込んだのか。それについてはあえて聞かなかったが、事前に相談してくれれば、そんな危うい話には乗らないように止めたものをと思うと残念であった。

◎二月二日

午後四時、井手総裁室長から呼び出しがあり出向くと、松田氏も来ていた。「総裁が大臣に呼ばれ、JR東日本社長は住田氏、杉浦総裁は清算事業団理事長という申し渡しがあった」とのことであった。

JR総連結成に向けて

職員局にとって、労組の組織を新事業体においてどうするかが、残された難題であった。当時の労組の状況は鉄労・動労・全施労・真国鉄労働組合（真国労）の他に、鉄道管理局ごとの国労脱退者が組織した一〇〇～二〇〇名単位の小組合が三〇あまり、それに昭和六一年一〇月の修善寺大会で分割民営化賛成に舵を切ろうとして社会主義協会派、革同・共産系に敗れ国労を脱退した国労旧主流派約四万人など多数が乱立していた。

長年にわたってよどんできた鉄労と動労との相互不信はそう簡単に解消できるようなものではない、それは確かであった。しかし、新事業体においては何とか折り合っていかなければならない、これもまた確かなことであった。

職員局の描いていたイメージは二月上旬に「国鉄改革労組協議会」が「全日本鉄道労働組合総連合会（鉄道労連）」に進化し、三月の段階で「鉄道労連」傘下の各労組（鉄労、動労など）がそれぞれの地域組織を新事業体単位に再編成する。そして新事業体発足後の各労組の年次大会でそれぞれが解散を決め、それぞれの地域組織が新事業体ごとに合併して会社ごとの単一組合となる。そしてそれらの産別組織として「JR総連」を結成するというものであった。

このイメージについては各労組とも基本的には共有しているものの、心の底に相互不信を抱いていることも我々職員局は理解していた。要は過去のしがらみを意識しつつ、相互に気づかい合い、代議員数は解散時の勢力分布を維持しながら、時間をかけて信頼感を醸成することができるか否かであり、そのためには経営側の随時、適切な口利きも不可欠であろう。我々はそのように見ていた。

このシナリオの第一段階である鉄道労連結成大会がこの日、二月二日の午後三時半より九段会館で行われ、午後五時半にホテルエドモントで結成披露パーティが行われた。動労本部の書記長がやって来て「まるで連合体ではなく単一組合の結成のようだ。みな顔が明るく感情的なしこりはないように思えた」と言っていた。

パーティには我々も呼ばれ、杉浦総裁、小粥義朗労働省労政局長、林国鉄再建総括審議官が挨拶した。労組の分裂状態を口実に杉浦総裁や我々改革派の足を引っ張り、自分たちが新事業体に食い込もうとする旧経営陣の動きは、これで力を失うと思った。杉浦総裁人事の支援に間に合わなかったのが重ね重ね残念であった。

同日午後七時半、林氏、南谷氏、山田氏と私で会合し、林氏の話を聞いた。

「杉浦総裁の件は残念である。小此木さんは終始一貫して杉浦さんの線では動かなかった。中曽根総理の意思が働いているのだ。君たちは今後も杉浦さんを中心に結束して再起を助けてほしい。改革グループの結束こそ大切である。小此木さんに一月三一日の土曜日午後七時から一時間にわたって電話で怒られた。俺は君を信用してきたのに裏切られた。俺をコケにする気かと本気で怒っていた。一月二九日の運輸大臣室の件は私が中曽根総理の決定をくつがえそうとして仕掛けたことだと思っていたようだ。私も開き直り、そのような邪推は心外であると言い返した。今年七月の人事で自分が本流を外れる可能性も五〇％はある。しかし、ただではつぶれない。今後もみなで結束を固めていこう」

運輸大臣、人事を語る

◎二月三日

朝一番で杉浦総裁、井手氏、松田氏、私の四人で打ち合わせをした。

井手総裁室長が「東日本の社長人事は残念です。我々は我慢します。総裁も隠忍自重して再起を期してください」と言うと、杉浦総裁は「勝負はついた。あとは改革派がこれまでどおり結束して、分割民営化の体制を守ってほしい。私の再起はないと思ってくれ。松田君は北海道に行くのが良い。いつかの時点で再度人事異動をと思っていたが、それも難しくなった」と杉浦総裁が応えた。

午後八時に井手氏・松田氏・私の三人で赤坂の料亭「口悦《こうえつ》」に来るようにという指示が橋本運輸大臣からあり、早めに到着して待った。八時少し過ぎに橋本運輸大臣が入ってきて上機嫌で話し始めた。

「やあ、すまん。まずはすまないと言うほかない。葛西君とは本当に久しぶりだね。人事のことで井手君、松田君といろいろ相談してきたが、三人来ると目立ち過ぎるので二人に来てもらっていたわけだ。悪しからず。今日はこのメンバーだからすべてを打ち明けようと思う。

私は法案が通る頃まではごく自然に杉浦さんは清算事業団だと思っていた。運輸省は次官、官房長ともに杉浦さんまたは住田さんを推していた。杉浦さんは清算事業団だと中曽根総理は言っていた。三塚博さんは杉浦東日本社長を強く推し、小此木彦三郎、山下徳夫両氏は反対だった。

昨年一二月二九日に初めて杉浦さんから、君たち三人以下の改革派の気持ちも考えJR東日本をやりたいと言われた。ほう、そうかと思った。そこで私は一月五日に井手君、松田君の二人に来てもらい杉浦東日本社長の線で中曽根総理に回すと話した。総理は小此木さんと山下さんがよければそれで良い、と言った。私は二人もあまりこだわらないだろうと思ったが間違っていた。小此木さんは杉浦さんから三回もアプローチを受けたが、三回目の一二月一六日にはもう聞きたくないと言って部屋を出てきてしまったと言っていた。葛西君と南谷君がその件で来たとも言っていた。

そこで、一月二九日の会談になった。私は杉浦さんが私の知らないところでそんなにいろいろ根回ししているとは思っていなかった。そのことに触れると一二月一六日以前は何もしていないと杉浦さんは言った。井手君以下が日付の入っていない辞表を出していることも聞いた。井手君が日付を入れるから返してくれと言った話も聞いた。杉浦さんはそのうえで私の辞表を大臣が預かってくださいと言った。

『どういう意味ですか』と聞くと、橋本派になる証です、三人と一緒に橋本派を作ります、と杉浦さんは言った。私をそんな目で見ていたのかと思うと腹が立った。思わず『出て行ってくれ』と怒鳴った。そして羽織っていた海上保安官のジャンパーを床に叩きつけ洗面所に入ったまま涙が止まるまでそこにいた。秘書官に涙を見られたくなかったからだ。

ここで人事に私の気持ちが入った。中曽根総理にも話した。瀬島さんにも亀井さんにも話した。みな驚き、かつわかってくれた。住田さんで良かったと言ってくれた。次官も官房長も林国鉄再建総括審議官も飛び上がって驚いていた。ＪＲ東日本の社長は住田さん、清算事業団の理事長は杉浦さんとなった経緯は以上である。

ところで君たち三人のことだが、三人で本州三社の要諦をやってほしい。そこで一番難しいのがＪＲ西日本である。社長は運輸省の官房長、自動車局長をやった角田達郎さんにお願いする。彼が国鉄再建監理委員会に林さんを送りだしてくれなければ国鉄分割民営化はできなかった。それに酬いたいのだ。

しかし西日本は難しい。財界はまとまりが悪く、加藤六月とのしがらみもある。経営体力も他に比べて弱い。だからぜひ代表権を持った副社長に国鉄出身者が就いて角田社長を支えてもらわなければならない。

君たちのうちで代表権を今すぐ持てるのは年次的に言って井手君だけだ。だから井手君に西の副社長をお願いする。松田君は北海道をあきらめて東日本をやってもらいたい。葛西君はその間をつなぐ東海を頼む。それでよければここで返事をもらいたい」

大臣の話を私は醒めた気持ちで聞いていた。井手総裁室長は、杉浦総裁が清算事業団理事長に決まったであろうことは一月二九日の時点で感知していたと思う。しかし、そうなればなおのことＪＲ東日本は自分しかないと思っていたと思う。「私たちの人事は総裁の決めることです。今日の大臣のお話を明日さっそく報告し、そのうえでお返事申しあげたい」と言って沈黙した。松田氏と私は終始沈黙していたが、廊下を歩きながら松田氏は「大変なことになった。利権は数えきれないくらいある。何でも言ってくれ。応援するから」と小声で言った。

翌日、午前一〇時に杉浦総裁に報告すると、「どうせ変わりようはないのだからその場で応諾すれば良かったのに」ということだった。

一一時半に鉄労の志摩組合長以下四人が心配そうな顔で職員局にやって来た。とぼけていい加減な話題であしらっていると、帰り際に志摩氏一人だけが寄ってきて、ここに来る前に橋本運輸大臣に呼ばれてすべて聞いた。今日の午後一時に返事をするそうではないかと小声でささやいた。昨夜私たち三人に話したことと同じことを関係者に片っ端から話しているに違いなかった。

一月二九日の橋本、杉浦会談は明らかに仕組まれたものだったと思う。住田ＪＲ東日本社長は瀬島氏の言うとおり一二月のうちに決まっていた。総理の決定だった。橋本大臣はそのことを知っていただろう。しかし、大臣は亀井国鉄再建監理委員会委員長や瀬島臨時行政改革推進審議会委員など関係者全員を納得させる理由と、自分が主動的に人事を決めたのだと示すための何かが必要だった。客観情勢を見れば一月二九日の逆転はあり得なかった。

松田氏はＪＲ東日本の社長が住田氏であることも、ＪＲ東日本の総合企画本部長が自分であることも知っていたが沈黙していたのだと思う。人事情報の性質と彼の立場を考えるとそれもしかたがなかったと思う。しかし他のことはともかく、一月二九日の総裁の自爆だけは止めてほしかった。

わずか数人の運輸官僚が分割民営化に乗じて新幹線網を自分たちの管理下に収めようと謀って「新幹線保有機構」を作り、それに対抗してわずか数人の国鉄官僚が「ＪＲ東日本ハブ会社」構想により巨大な超私鉄を作り上げた。その結果、ＪＲ東日本の社長人事が焦点となり、分割民営化の最大の功労者である杉浦国鉄総裁の名誉が傷つき、林国鉄再建総括審議官の努力は有終の美を飾ることなく終わった。

杉浦総裁がJR東日本の社長に就任するのは至極当然のことだった。しかしJR東日本に法律の建前と背違する経営資源集中が行われたのはまずかったと思う。国鉄内部ではごく少数による極秘の了解事項として進められていたのかもしれないが、カウンターパートである運輸省の国鉄再建推進本部からはすべて見えていた。それが杉浦総裁の名誉に影を落とす結果を招いたことは残念であった。

杉浦総裁、林国鉄再建総括審議官との間の信頼関係は新事業体発足後も続いた。論語に「人の為に謀りて忠」、「朋友と交わりて信」という教えがある。人のため、組織のために何かをやる時は誠心誠意、誠実にやること、同僚・友人に対しては常に裏表なく正直であること、というような意味である。

当然「自分の利益のためには謀《はかりごと》をめぐらさない」ということも含まれるだろう。労務・要員対策は片時も気をゆるめることのできない外向きの多正面作戦であり、「人の為に謀りて忠」、「朋友と交わりて信」を試され続けてきた。それが三塚氏、杉浦氏、林氏との長く続く信頼関係を裏打ちしていた。

因果はめぐり、JR本州三社の株式上場が射程に入った平成元年六月、大方の予想に反して林氏が運輸事務次官に就任、また杉浦清算事業団理事長が昭和六二年四月から平成二年三月まで在任して本州三社の株式上場の条件整備に関与する立場にいたことが、「新幹線保有機構」という欠陥制度を解消させる決定的な力になったのである。このことは後段で改めて触れたいと思う。

「新幹線保有機構」は発足後三年半で廃止が決定され、四年半を経た平成三年一〇月一日に消滅した。少なくとも三〇年は持続するように設計された特殊法人がかくも短期間で解体された事例を私は他に知らない。自己矛盾に満ちた不自然な制度だったことの証しである。

ＪＲ東日本のトップの座に就いたのは住田氏であり、新幹線保有機構を提案した運輸省の後輩たちはＪＲ東日本という〝超私鉄〟に、自分たちの影響力が及ぶことを期待したのかもしれない。その計算が齟齬をきたすきっかけとなったのは労務問題だった。民営化発足直後に鉄道労連の議長だった鉄労の志摩組合長は、いったんは合意していた各組合解散大会、会社ごとの単一組合結成、それらの連合体としてのＪＲ総連の結成というシナリオに不安を覚え、松田氏に訴えて動労との提携解消に動いた。

鉄労は旧国労主流派と語らって記者会見までやったが、中曽根総理の意を受けた小此木代議士からストップがかかると松田氏の動きは止まってしまった。中曽根総理は自分の最大の業績である国鉄改革がようやく成就したばかりの脆弱な時期に、労使問題で波風を立てたくなかったのだと言われる。昭和六二年六月のことである。

その結果、鉄労は東日本旅客鉄道労働組合（ＪＲ東労組）とＪＲ総連から姿を消し、ＪＲ東労組における旧東京動労の影響はかえって強まった。ＪＲ総連の結成は予定どおり行われたが、その性格は私たちが国鉄時代に想像していたイメージとは異なったものとなった。この一連の動きが、動労の中で醸成されかかっていた経営に対する信頼を壊し、先祖返りさせてしまったのだとも思える。

その結果、まずJR西日本・JR東海・JR九州の主力労組、およびJR四国の労組が次々とJR総連から脱退し、それに国労主流派が分裂後に結成していた鉄産総連が合流してJR連合を結成した。平成三、四年度の動きである。かくして住田社長のカウンターパートとなったのは、経営不信に逆戻りした旧東京動労だったということになる。

さて話を元に戻すと、昭和六二年二月一四日、JR各社の準備室人事が発令され、私は予定どおりJR東海の取締役総合企画本部長の内命を受けた。直ちに原案にはなかった東京分室（翌年から東京企画部）の設置を決め、あとは最後の一日まで労務に集中したのである。

総合企画本部東京分室は総裁室の組織原案にはなかったが、昭和六二年二月一四日、私が総合企画本部長の内命を受けた時に秘かに設置を決めたタスクフォースだった。その役割はJR東海の運輸収入の八五％を稼ぎ出す東海道新幹線の実働部隊と緊密な連絡を取り、その戦略を企画・立案すること、および東京に常駐して政治・行政との接触窓口となることであった。

各社組織の総裁室原案では各地方JR会社の組織は徹底的に簡素化することとされており、東京における拠点は東京事務所という形でほんの二、三人の連絡要員を置くことしか予定されていなかった。今思えば、秘かに温められていた「JR東日本ハブ会社」構想の帰結として、東京における各社の対外折衝機能はハブ会社であるJR東日本に大幅に依存し、各社はハブ会社との連絡要員を置きさえすれば良いという考えだったのだと思う。

JR他社の場合はそれで大きな支障はなかったが、東京〜大阪間の大動脈輸送を担う東海道新幹線を使命とするJR東海の場合は事情が異なった。東海道新幹線の運行本部機能が東京にある以上、そのための戦略立案機能と対外折衝機能は当然東京に所在する必要があった。しかし分割民営化発足前にこの点について総裁室と正面から議論を戦わせても得るところはない。国鉄期間中は水面下で準備を進め、発足後に会社の自律的意思決定として必要なものは実現させれば良いと考えて秘かに準備を進めることにした。国鉄再建総括審議官の林氏からも会社発足後は必要なものは全部東京に持って来いと言われていた。

ということで、総合企画本部東京分室を設置することを決めた後は、ＪＲ東海配属が決まっていた旅客局総務課の河野雅之氏を東京分室のまとめ役に定め、彼にすべてを委ねたのである。秘かな準備作業だったために、人材と事務所スペースの確保はきわめて困難だったと思う。

各系統の大学卒、大学課程卒の中堅リーダークラス二二名が確保されたが、オフィスと調度の調達はさらに困難で、民営化発足時に廃棄処分になったものを拾ってきて使ったりしたが人数分の机と椅子がなかったという。

国鉄最後の日、昭和六二年三月三一日は日本中が国鉄の分割民営化に沸き立っていた。国鉄本社も感傷と興奮の渦の中にあったが、私たち職員局にとっては遠くの潮騒を聞いているような感じだった。

昭和六二年四月一日午前〇時、新事業体は音もなく発足した。思い返せば国鉄改革における最大の難関は要員の効率化と余剰人員対策、そのための労務管理であった。最後の一年間、私は職員局次長として南谷労働課長と力を合わせ、職員局を指導・牽引してきた。分割反対勢力からの反撃ばかりでなく、推進側からの見当外れの動労癒着批判も聞かれる中で、職員局はみな足並みを乱すことなくよく難局をくぐり抜けてくれたと思う。

なかでも職員課の団結は特筆に値する。昭和五八年五月に私が職員課長に赴任してきてからの四年間に職員局は分割民営化反対の総本山から、分割民営化実行の主力部隊へと一八〇度立場を変えたが、職員課だけは一貫して分割民営化推進で一致してきた。

最初の二年間、国鉄本社が分割反対一色で職員局がその総本山だったときは、職員課長である私も、山田総括課長補佐も局内で完全に孤立し、重監視下にあった。そんな時でも職員課員は揺れることなく一致結束し、黙々と合理化を進め、国鉄再建監理委員会に協力を続けたのである。

昭和六〇年八月、分割民営化が実行段階に入ると「雇用対策室」が附設され、松本室長、阿久津総括補佐が加わった。余剰人員九万人の雇用対策を進めるもう一方で、職員課本隊は一年以内に一〇万人の要員合理化を実施するという離れ業を達成した。

そして昭和六一年一一月に法律が通過してからの二カ月は、新事業体の設立準備委員会を補助して二〇万人を超える国鉄職員を、六地域旅客会社以下の各事業体に分割配置する作業に専心した。全国の鉄道管理局をはじめとする地方機関の職員担当課の力を遺憾なく発揮して、一人の重複も欠落もなく、驚くべき短期間で成し遂げたこの振り分け作業は、この時国鉄本社を覆っていた興奮や感傷とは無縁の黙々たる作業ではあったが、一一五年の鉄道の歴史で培われた中央、地方の組織力の精華を示したものだと思う。

新会社発足の時を迎えた今、一夜明ければ各人それぞれがJR東海、東日本、清算事業団など新たな任地に散っていく。最後の瞬間まで張りつめた弓弦《ゆづる》のように臨戦態勢を続けた職員局には、過去二年間の奇跡的な足跡の感慨に浸る暇もなかった。互いにどんな言葉を交わしたのか記憶は定かではないが、彼らこそ生涯変わらぬ僚友であるという思いは今も褪せることはない。

少なくとも私自身が感じていたのは、これまでの捨て身の戦場から、次なる捨て身の戦場に向かう冷え冷えとした緊張感だけであった。

第三部

「三正面」を突破する
JR東海の基本戦略

一　ＪＲ東海に着任

昭和六二年四月一日、会社発足を東京の（旧）国鉄本社で迎えた私は、短い仮眠をとった後、早朝六時発の「ひかり」で東京から名古屋に向かった。

ＪＲ東海発足後の東海道新幹線の初列車である。

０系の編成だった。大阪に向かうＪＲ西日本の井手代表取締役副社長・総合企画本部長と本田勇一郎取締役・営業本部長の三人が同じ列車に乗った。何を話したのか記憶にない。三人ともそれぞれの思いにふけり口数は少なかった。

ほんの六時間ほど前の午前零時、国鉄はついに分割民営化された。テレビのニュースではその瞬間をセンセーショナルに、そしていくぶん感傷的に報じていたが、私自身は感傷的な気分に浸っているどころではなく、待ち受けているであろう新たな困難を前にして、冷え冷えとした緊張感のただ中にあった。

あいにくの曇り空、春とはいえ薄ら寒い日和はこれからの難儀な道のりを予告しているようで、身の引きしまる思いがした。二時間弱で名古屋駅に到着すると、加藤登巳雄駅長が迎えてくれた。名古屋は米国留学から帰国直後の昭和四四年八月に名古屋鉄道管理局営業部貨物課長に補任され、四六年二月までの一年七カ月間を過ごした国鉄管理職としての〝振り出しの地〟である。加藤駅長は当時、まだ貨物課の広報宣伝担当の次席課員だった。

名古屋鉄道管理局の建物は昭和一二年竣工時東洋一の駅ビルだった。貨物課長として赴任した時、すでに三〇年あまりを経てはいたが、古色の中に風格を漂わせていた。それから一七年を経て、降り立った名古屋駅ににじむのは覆い隠しようのない加齢感だった。

昨日までの名古屋鉄道管理局がＪＲ東海の本社となっていたが、二基あるオフィス用エレベーターのうち一基は運行停止、廊下の蛍光灯は一本おきに取り外され、もともと採光が良いとはいえなかった屋内には、いっそう暗くよどんだ空気が漂っていた。

こんなことをしても経費節減の実効性はほとんどなく、むしろ敗北感や挫折感の蔓延による士気の低下が懸念された。努力している姿をアピールする時代は終わり、結果だけが問われる時代になった、それが民営化なのだ、と全職員に自覚させる必要があった。

大卒採用を再開

そう痛感した私は、着任当日、蛍光灯の復元、エレベーターの二基稼働、そして昭和六三年度からの大卒採用の再開を指示した。これら三つが取締役総合企画本部長として着任した私の初仕事であった。

旧国鉄での大卒採用は昭和五七年七月、臨調の基本答申を受けて昭和五八年以来全面停止となっていて、それがそのまま継続していた。

現実を直視すれば余剰があるのは現場の労働力で、経営を指導し技術の将来を託すべき頭脳集団は不足している。必要な者は採用し、余っている者は採用を停止すれば良い。考えてみれば当たり前のことである。そこで井手秘書課長とはかって昭和六〇年度大卒の新卒採用を少数実施した。

ところが一般社員の採用を停止している一方で、幹部候補生だけを採用するのでは社員はもちろん国民の理解を得られないという運輸省国鉄部長や国鉄首脳の判断で昭和六一年度からはまた中止となった。

民営化されたこれからは、すべてを合理的であるか、大義があるか、に照らして判断し、行動する、その決意を示そうと考えたのである。大卒採用活動は他企業からだいぶ出遅れてはいたが、昭和六三年卒の採用にはなんとか間に合いそうだった。同時に過年度大卒の採用も行うことにした。

これから三年間清算事業団による余剰人員の雇用対策が進行している間は、大学・大学院卒の採用もできないものとJR他社は考えていた。それは先刻承知だったが、我が道を行くことにした。後述するが、このタイミングで採用を開始したことが、三年後の高卒採用再開時にあたりインストラクター制度を創立するのに役立った。

本州三社の上場への考え方

JR東海創業の基幹的使命は「首都圏と近畿圏をむすぶ都市間旅客流動を担うこと」である。JR東海は、東海道新幹線の他に一二線の在来線を持つが、創業当初でも鉄道事業収入の約八五%が東海道新幹線、一五%弱が在来線、関連事業による収入は営業収入の二%未満という実態であった。すなわちＪＲ東海は「東海道新幹線会社」と言っても過言ではなかった。

それゆえ私が昭和六二年二月一四日に取締役総合企画本部長の内命を受けた時、即時に指示したのが総合企画本部東京分室の設置であった。そして会社発足一年後には、当初は名古屋本社鉄道事業本部の一運行部門だった東海道新幹線を、新幹線鉄道事業本部として本社鉄道事業本部と並列にし、総合企画本部の東京分室を東京企画部として組織化した。

東京企画部には少数ではあるが各系統から若い精鋭を集め、東海道新幹線の経営戦略を機動的に打ち出すスタッフとして活用したのだ。国鉄改革期間を通じてチームを組んできた山田佳臣人事部勤労課長が東京企画部のトップを兼務する体制であった。

ＪＲ東海の須田寛社長は国鉄出身、私の九年先輩で国鉄入社後これまでのキャリアの多くを旅客局で過ごしてきた鉄道旅客営業の第一人者であった。国鉄の営業をはじめとする運賃制度、国鉄の路線網と駅、あらゆる種類の車両、その他鉄道に関するすべてについて、現状のみならずこれまでの歴史にも通暁していた。

再建計画策定、予算要求、要員削減と労務対策などを渡り歩いた私とは異なったキャリアパスを登りつめた鉄道のプロであり、編隊を組んで仕事をするのは初めてであったが、衒《てら》いや媚《こ》びが一切なく、頑固なくらいに自分の信念にこだわる点に共感した。ＪＲ本州三社の中で国鉄出身者が初代社長をつとめるのはＪＲ東海だけ、他の二社はいずれも運輸省出身者だったが、当社が最も恵まれた組み合わせであった、と今でも思う。

私が任せられることになった総合企画本部は分割民営化発足時に新設された組織で、経営管理部、投資計画部、企画開発部、情報システム部、東京企画部（当初は東京分室）という建制《けんせい》であった。新設の部局だけに、どのように機能するかは会社が置かれた経営環境、トップと総合企画本部長との信頼関係、そして総合企画本部長自身の性格によっていかようにもなる自由度の高いところがメリットだった。

その結果、新設された「総合企画本部」の性格は各社各様であったが、ＪＲ東海の場合は、会社創業の初動という非日常な課題をこなすためのタスクフォース的な性格が強かった。

本州三社のうち、ＪＲ東日本と西日本の二社は共に、スタート時に与えられたレジームを所与のものとして受け入れ、その中で最善を尽くして株式の早期上場を目指した。すなわち発足時の制度のもとでの最適化を追求する姿勢をとった。一方、ＪＲ東海は、昭和六二年四月一日は国鉄改革の一通過点に過ぎないと認識し、上場の前提条件整備として発足時点の制度欠陥を修正することを志向した。

その最大の理由は、すでに述べたとおり、「新幹線保有機構」にあった。この欠陥制度の範囲内で健全経営につとめるということは、すでに二三年間も酷使されてきた東海道新幹線の設備を食いつぶしながら、見せかけの利益を出し続け、しまいには衰弱死することを意味していた。

首都圏～近畿圏の旅客流動という創業の使命を果たすためには、借金をしてでも十分な投資を行って設備の維持強化を図らなければならない。しかしそうすれば、金利が上昇する局面では借金ダルマとなって倒れてしまう可能性もある。

創業の使命を果たし、健全経営を持続していくためには、発足したばかりの「新幹線保有機構」

という欠陥制度を修正しなければならない。このままでは曲がった制度が曲がったなりに既成事実化してしまう。「鉄は熱いうちに打て」という譬《たと》えがある。すみやかに問題を提起し、解決を図らねばならない。そのためには自由に、かつ柔軟に考えて、合理性と正当性のある経営戦略をトップダウンで提起し、速断・速行する必要があった。

「新幹線保有機構」を解体し、過大な承継債務を是正するとともに内部留保を可能にすること、それは国鉄改革の延長戦ともいうべきものであった。JR東海の総合企画本部は、国鉄改革に当たって私たちが国鉄総裁のタスクフォースが果たしたのと同質の役割、すなわち社長のもとに全権を掌握しその任にあたることを目指していた。つまり国鉄時代に職員局を掌握し要員・労務問題に対処したのと同じことを、今度はJR東海という地域会社の経営全体について行えば良かったのである。

JR東海の基本戦略は「上場のための条件整備」として「新幹線保有機構」の欠陥を修正することにあったが、JR東日本の場合は今のままで「一刻も早い上場を」が労使一体の合言葉で、JR西日本は「良質の危機感で徹底的に効率化し早期上場を」が基本戦略であった。

JR各社は民営化されたとはいえ、株式の上場までは国が一〇〇%株主の「国有民営会社」であり、この段階であれば制度面でも、資産分割面でも初期設計ミスに対する修正を加えることは国の決意次第で十分可能であった。

JR東日本は軽減された債務負担と多くの含み資産をかかえた現状のまま、安全圏に逃れるために上場を考えた。株式の売却益はすべて清算事業団が継承した国鉄債務の返済に充てられ、一円たりとも会社の収入にはならない。にもかかわらず、JR東日本が上場を急いだ理由は、そう考えればよくわかる。

しかしJR西日本の場合はなぜ上場を急いだのか。JR西日本の経営体力は都市圏輸送の面ではJR東日本に比べて、新幹線の面ではJR東海に比べて弱い。将来JR東海と合併して本州二社体制にすれば東海道新幹線の大動脈機能を山陽新幹線と一元経営することにより拮抗する本州二社体制ができあがる。その場合JR西日本が主導権を取るためにはJR東海に先んじて上場を果たす必要がある、そう考えているのではないかと思われた。しかし第三のシナリオとして、持続可能な利益水準を守りつつ体力の蓄積強化につとめる、という選択肢もあったように思える。

二　基本戦略は「三正面作戦」

「東海道新幹線会社」であるJR東海の総合企画本部長として着任したその日からまず着手したのは、東海道新幹線の現状把握と打つべき対策の布石である。日本の大動脈輸送という創業の使命を持続的に果たすために何が問題であり、何をしなければならないのか。そのことを寝てもさめても意識しつつ、日々の現象に対処する毎日がこの日から始まった。

東海道新幹線が鉄道事業収入の八五％を占めるJR東海は、人件費の対営業収入比率が一五％以下で、他のJRや私鉄が当時四〇％以下であるのに比べきわめて労働生産性が高かったが、その優位性によって生ずる利益を、新幹線保有機構に支払うリース料を通じて、国鉄からの承継債務に充当するという仕組みになっていた。

それはあらかじめ覚悟していたことであったが、赴任して初めてわかったのは、首都圏内にある東海道新幹線の業務機関は、「ＪＲ東日本ハブ会社」構想により、ことごとくハブ会社の在来線用地に閉じ込められ、ＪＲ東日本の了解を得なければ何ひとつ変えられないという事実であった。換言すれば、運輸省の他にもうひとつ「ハブ会社」の残骸《ざんがい》ともいう「中二階」ができたような仕組みだったのである。

これらの現実を掌握したうえで、発足後最初の株主総会を迎える六月末頃までには、三正面の基本戦略を同時推進すると方針を見定めた。

東海道新幹線の競争力強化

第一正面は設備の持続的健全性を確保し、東海道新幹線の対航空競争力を強化することである。国鉄時代を通じて、コストの二倍にもあたる運賃・料金を収受して余剰利潤をあげ、赤字路線の内部補助に寄与してきた東海道新幹線の競争力は、ＪＲ東海発足時点ですでに限界に達しつつあった。

それでも昭和六二年時点での東海道新幹線の対航空市場占有率は、東京〜名古屋間は一〇〇％、東京〜大阪間八七％、東京〜岡山間九七％、東京〜広島間七三％、東京〜福岡間二九％、名古屋〜福岡間五二％となっており、東海道、山陽筋の主要都市間交通においては依然として圧倒的な優位を保っていた。

しかし、建設進行中の羽田空港の拡張、関西新空港、岡山空港、広島空港が完成し、航空便の大幅な増便が現実になった時、東海道新幹線が今のままであれば、このシェアは大幅に低下する可能性が高かった。

空港、道路、鉄道などのインフラ投資はその規模が巨大な額に上るだけでなく、五〇年一〇〇年の長期にわたって使い続ける性格のものである。したがって空港や整備新幹線などのインフラ整備計画を立てる前提としては、高速鉄道および航空輸送がそれぞれの機能を適切に生かし、どのような役割分担をするか、長期的かつ統合的なビジョンを持つことが必要となる。

だが、これまで運輸省がそのような政策を持ったことはなかった。航空局は航空輸送をいかに伸ばすかを考え、航空局が自分の本籍だと意識して育った「新幹線保有機構」の発案者たちは、いかにしてライバルである東海道新幹線を抑え込む体制をつくるかを意識していたように思える。

東海道新幹線のコスト面での対航空優位は、労働生産性の高さと省エネルギー性、環境親和性にある。航空輸送の場合、運輸収入に対するエネルギーコストの比率は二〇％程度であるのに対し、東海道新幹線の場合は三％弱である。また空港の運営・維持、航空管制は国が行っているため、すべて自前が基本の鉄道と正確な比較をするのは難しいが、直轄人件費だけで見ても航空の場合は営業収入の二〇％程度なので、総人件費では東海道新幹線は航空機に対して優位に立つと思われた。

これらのコスト優位を運賃値下げとして旅客に還元すれば、航空輸送が東京～大阪間で新幹線と競争する余地はない。それがありのままの交通機関特性の反映である。その結果として生み出される羽田・伊丹空港の発着容量が地方中核都市との間の直行便や国際便に生かされれば、日本経済にとっても、日本の航空輸送にとってもはるかに好ましい結果となる。

しかし、現実にとられた政策は、東北・上越、山陽新幹線の時価評価額の約二分の一に当たる国鉄債務を背負わせ、航空輸送のシェアをできるだけ拡大する政策であった。したがって、自力で欠陥制度のハンディキャップを解消し、競争に勝つことだけが東海道新幹線の使命を適正に果たす道だったのである。

もう一つクリティカルな問題は輸送力が限界に達していることであった。当時の東海道新幹線の平均列車運転本数は一日当たり二三一本。最大一時間に片道で「ひかり」六本、「こだま」四本が運行されていた。「六―四ダイヤ」と呼ばれたこの列車ダイヤはほぼ線路容量の限界に達したもの、といわれており、増発余力は一時間にもう一本とされていた。

東京駅のプラットホームを出発した列車が分岐器を渡り東海道新幹線の本線に入りきるまでに要する時間が制約条件であり、それが当時は四分だった。したがって毎時の運行可能本数は片道一五本ということになる。しかし、車庫に出入りする回送列車に毎時最低四本を確保する必要があるため、営業列車は一一本が限界と考えられていた。

さらに問題だったのが基幹構造物の経年劣化と技術の陳腐化であった。東海道新幹線の土木構造物、すなわち高架橋、トンネル、橋梁などは開業後二三年間にわたり、全線均等に過酷に使用されてきていた。いつそれらの取り替えが必要になるかについては未知の世界であり、一〇年は確実に大丈夫だが二〇年を超えると一斉取替えが必要となる可能性がある、というのが土木技術者たちの当時の見方だった。

したがって土木構造物を補強して寿命を延ばす方策、また更新工事の前倒しと延命工事による施工量の平準化策、さらには抜本的なバイパスの建設、などの検討が喫緊の課題であった。

車両については開業以来技術的進化がないままできていた。当時ＪＲ東海が保有していた列車編成は九九編成であり、そのうち八九編成が０系、一〇編成が１００系であった。国鉄時代には法定耐用年数一三年の車両を二〇年くらい使い込むことで投資を抑制してきたため、平均車齢は高かった。１００系は昭和六〇年一〇月に投入された新型車だが八、九号車が二階建てという外見の新味を除けば、技術的進化はなかった。競争に勝つためには新技術の導入による性能向上が必要であった。

その他軌道、電力・信号・通信設備、列車運行管理装置など、設備全般に投資不足による経年劣化、技術的陳腐化の兆候が見られ、維持更新投資と保守費の積極投入が急がれた。

以上を要約すれば鉄道事業収入の八五％近くを稼ぎ出す東海道新幹線、それはまさに「創業の使命」であると同時に、「経営の大黒柱」であった。

だが、この大黒柱である新幹線は、開業後二三年間にわたって働きづめに働いてきたおかげで、設備的には疲弊し、技術的には陳腐化し、輸送力的にはのびきったゴムのようになっていた。いまだ航空機に対する圧倒的な市場優位を保っている間に、この優位をいかにして持続させ、強化する手を打つか。そのことがすべてに優先する緊要な課題だった。

ところが設備投資を行おうにも「新幹線保有機構」の収益力調整により、自らの時価に加えて東北・上越、山陽新幹線の時価評価額の約二分の一を肩代わりし、四二〇〇億円ものリース料（債務五兆円分）を毎年払い続けなくてはならない。

それなのに、地上設備を維持保全するための内部留保（減価償却費）はゼロ、新幹線車両の減価償却費もわずか三〇〇億円足らずだった。さらに在来線の償却費を含めたＪＲ東海全体の償却費でも五四〇億円という異常な少なさ、経常利益は八〇億円に足らぬ、というのが初年度の試算であった。

とはいえ東海道新幹線の設備を近代化・強化し、市場競争力を維持することこそが「創業の使命」を果たす必要条件であり、存在理由を守ることでもある。したがって必要な設備投資は借金をしてでも大胆に、十分に行っていくべきだ、と結論づけたのである。これが第一正面であった。

第二正面の課題はすでにふれたとおり「新幹線保有機構」という欠陥制度のすみやかな是正であった。

東海道新幹線の大動脈機能を維持強化するのに必要な投資を行い、かつ財務的健全性を高めて持続的に健全経営を維持することは「新幹線保有機構」の下では不可能である。なぜなら、車両以外のすべての設備が新幹線保有機構の所有であり、ＪＲ東海は減価償却費の計上ができないうえに、リース料総額の五九％を東海道新幹線が負担する、という過重なものになっていたからである。

新幹線保有機構は膨大なリース料を受け取るものの、設備の維持更新投資は一切行わない。設備の維持更新投資はすべてJR東海負担であった。したがってJR東海は一方で借金により新幹線の増強・近代化を進めながら、不合理な制度である「新幹線保有機構」の解体を推進しなければならなかった。

その結果、借金が増え健全経営がむしばまれていけば、それは、無言の説得力となって欠陥制度の改正を後押しすることになる。たとえ新幹線保有機構の解体が思うにまかせないでいる間に金利が高騰して経営が破綻したとしても、東海道新幹線がその機能を十全に発揮しているかぎり、それは制度的な欠陥の証明となる。日本の大動脈である東海道新幹線を放置することはできず、政府は必要な制度修正をするほかない。経営者が刺し違えで責任を取れば良い。

不合理な仕組みを天与のルールとして容認し、その許容範囲内での設備投資を行ってジリ貧状態に陥ったあげく、東海道新幹線を劣化させ、経営破綻に陥った場合は、健全経営も創業の使命も共に失ってしまう。それは一切の発言力を失うことを意味している。

昭和六二年四月、分割民営化のスタートに際して、東北新幹線の上野〜東京間の工事主体が国鉄から新幹線保有機構に移された。このことは新幹線保有機構が国鉄の債務返済と本州三社間の収益調整だけを行う計算組織にとどまらず、新幹線建設工事の主体ともなり得る、ということを意味していた。

換言するなら、今後必要があれば、本州三社の負担で整備新幹線を建設することも可能であることが明らかになったのである。新幹線保有機構に込められた制度設計者の意図が滲み出たような事例であった。捨て身の覚悟で新幹線保有機構の解体に臨み、最悪の場合には欠陥制度を作った政府と刺し違えてでも東海道新幹線の大動脈機能を守る――これが第二正面であった。

新幹線保有機構の影絵として、総裁室長と彼の腹心が作り上げた「JR東日本ハブ会社」構想、すなわち分割民営化後もJR東日本がハブ会社として旧国鉄本社のような機能を果たし、全国のJR各社はその下に一体性を保持する。ハブ会社は全国JRを経営支援して本社採用キャリアは五年タームでハブ会社と地方JRの間で人事異動するという構想は、JR東日本の社長・副社長人事が齟齬《そご》をきたす中で蜃気楼のように消えてしまったが、その後には東京都心部に巨大な土地権益を持つ超私鉄が残された。そして「ハブ会社」を構想した人々は新しい社長の下でハブ会社意識、すなわち国鉄本社意識だけは持ち続けることになった。

民営化されたとはいえ上場されるまでは一〇〇%政府保有の国有民営会社である。上場して民有民営化する際には、その前提条件として新幹線保有機構を解体し、その影絵である「JR東日本ハブ会社」構想の残した不合理な用地境界にも最小限の修正を加えることができるし、そうするべきだと私は考えていた。

第三正面は中央新幹線と東海道新幹線の一元経営である。東海道新幹線の輸送力がすでに限界に近く、のびきったゴム状態にあったことはすでに触れた。この抜本的な解決策は、全幹法の基本計画路線の筆頭に挙がっている中央新幹線を早期に建設し、東海道新幹線と一元経営することであった。

中央新幹線は東京を起点とし、甲府市、名古屋市、奈良市付近を通って大阪にいたる路線であり、それはまさに首都圏～近畿圏を結ぶ旅客流動を担うというJR東海創業の使命そのものである。

また仮に中央新幹線が国の手で建設され、JR東海以外の経営主体が経営することにでもなれば、東海道新幹線の輸送量の五〇％以上が中央新幹線に移転し、JR東海の存立基盤は根底から覆されてしまう。それは同時にリース料支払いを通じて国鉄債務の返済を行う枠組が破綻することを意味する。したがって一元経営は輸送力増強の究極策であると同時に、国鉄分割民営化の基本を守り、JR東海の存立基盤を守ることでもあった。

本来であれば会社発足時に、中央新幹線は東海道新幹線のバイパスであり、東海道新幹線と共に一元経営がなされる、と明記されるべきだった。現に北陸新幹線は、JR東日本と西日本が東西半分ずつの経営主体になると定められていた。すでに着工されている整備新幹線工事が凍結状態にある当時の状況下では、基本計画路線である中央新幹線が日の目を見ることは、少なくとも近い将来においてはあり得ない。そう考え、経営主体未定のままになったのであろう。

しかし、新幹線保有機構を構想し、東海道新幹線の収益力を自家薬籠中に収めた人々は、その収益力を用いて、いずれかの時期に運輸省主導で中央新幹線を建設する、そんな意識を持っていたに違いない。東北新幹線の上野～東京間の建設主体がJR東日本でなく、新幹線保有機構とされたことがその可能性を示唆していた。

また「JR東日本ハブ会社」構想を企図した人々の胸中を推量すれば、運輸官僚の薬籠中に収められてしまった東海道新幹線はあきらめ、将来的には「ハブ会社」であるJR東日本が中央新幹線の経営主体になる、少なくともその含みは残しておきたい、と考えたであろうことは想像にかたくない。

いずれにせよ、ＪＲ東海の創業の使命が明らかになっている以上、中央新幹線の経営主体が不明ということは、新幹線保有機構が欠陥制度であったのと同じく、分割民営化の本質に関わる欠陥といえた。となれば、新幹線保有機構解体と同じく、鉄が冷えて固まらないうちに是正しておかなくてはならない。

それまでの期間は、東海道新幹線の輸送力増強策が緊要であった。かくして第一、第二と第三正面の課題は、東海道新幹線の持続的使命達成という一つの問題の異なった側面として、相互に関わり合いながら推進されることになったのである。

また、在来線の位置づけをＪＲ東海が大きく変更したことも述べておかなければならない。国鉄時代の経営戦略は線区別原価計算を基礎に組み立てられていた。輸送密度が一日八〇〇〇人未満の線区を「地方交通線」と称し、本来は廃止すべきところだが、政策的に残すのであれば運営費の政府助成を求める。八〇〇〇人／日以上の路線は幹線系線区であり、全国で約一万キロの線区がネットワークを形成し、単一運賃による内部補助で健全経営を維持していける、という考え方であった。

しかし国鉄末期になると黒字路線はわずか数線区しかなくなり、ＪＲ東海の域内でいえば東海道本線や中央本線などの幹線を含めたすべてが赤字となってしまった。そしてこれら幹線でも経費を削減して赤字を少なくするため列車本数は抑制気味にする一方、一編成当たりの両数を増やすことで輸送力を確保する、という手法がとられた。このやり方は運転士の数を抑制するが、サービスダウンとなってしまうため収入減をもたらし、結果的に赤字を増加させてしまう。

JR東海の場合、在来線は東海道本線、中央本線などの幹線を含めて一二の赤字路線を引き継いだ。これらの路線を一線ごとに独立した経営単位と捉え、それぞれの収支を改善するという国鉄時代の路線別経営管理の考え方は、助成金要求の論理づけとして作られたものであるが、民営化して自律経営をやる段になると、不毛で非現実的な自縄自縛《じじょうじばく》状態をもたらしてしまう。

むしろ発想を転換し、在来線網は東海道新幹線という大動脈の血流と一体化した枝葉としての血管網であり、東海道新幹線と在来線の全体がいわば東海道新幹線ネットワークを形成しているのだ、と考えた方が、現実的かつ生産的である。したがって主要在来線を中心に新車の大量投入を行い、線路設備の強化なども含めて国鉄時代を大幅に上回る資金を投入するとともに、列車の高頻度化につとめた。

ちなみに、東海道本線の名古屋駅発岐阜方面向けの列車を例にとると、JR東海発足直前の昭和六一年一一月のダイヤ改正では、一日片道五八本が八五本に増やされていたが、民営化から数年後にはさらにそれを一四〇本程度にまで高頻度化した。その結果、東海道新幹線の輸送量増に寄与するだけでなく、名古屋都市圏内輸送の利便性を飛躍的に高めたのである。創業当初にこの政策転換をしたことは正しい選択であった。

輸送密度八〇〇〇人／日未満は地方交通線であり、本来廃止すべきである、という基準には説得力がない。それは全国鉄職員四〇万人以上、営業収入に対する人件費比率八五％という、弛緩《しかん》しきった労務管理のもとでの数値であり、民営化に先立って行われた要員削減により、私鉄を上回る労働生産性を持つようになった国鉄の各路線は、八〇〇〇人を大幅に下回る輸送密度でも十分幹線系に加えられるべきものだった。

発足早々の二カ月間に目指すべき方向と、そこにいたる問題の所在は見定めたとはいうものの、その間の道のりは地図のない前人未踏の原野を行くようなもので、具体的な施策や手順は歩きながら考えるしかない。一つの手を打って一歩前進すると、そこに新たな風景が展開し、次なる一手の必要性が見えてくる。また進むとさらなる一手が見えてくる。こんな連鎖の中ですべてが進行していったのである。

開業から二年半の間に基本施策の展開が終わり、それからさらに二年半経った平成三年度末に、一定の成果を挙げて戦線が定着した。ＪＲ東海にとっての国鉄分割民営化の枠組みが定まったのはこの時である。以下この間の推移を時系列にしたがって回想してみたい。

三　東京と名古屋に「参与会」設置（昭和六二年五月）

ＪＲ東海に着任してまず思案したのは、欠陥制度「新幹線保有機構」の弊害からいかにして脱するか、そのためにに政府をどうやって動かしたら良いかであった。

絶対に不可能と思われた国鉄分割民営化が奇跡的に実現し、国鉄からＪＲになったことによる職員の勤務姿勢、接客態度の変貌ぶりを、メディアは「民営化の奇跡」などと報じていた。

日本中がその成果に酔っているまさにその時に、基幹的な制度設計の欠陥を指摘し是正を叫んでも容易には受け入れられない。まず着手すべきは、大局観を持ち発言に重みのある少数の人々の理解と共感を得ることであった。そうしたメンバーによるアドバイザー会議を早急に発足させ、JR東海の実情と問題点、打つべき対策を説明し、理解を深めることから始めてみる――まずはそう考えたのである。

「東京参与会」はこの着想からスタートした。発足時の顔ぶれは平岩外四氏（経団連副会長）、亀井正夫氏（日本経営者団体連盟副会長）、瀬島龍三氏（日本商工会議所特別顧問）、細郷道一氏（横浜市長）、杉浦喬也氏（清算事業団理事長）、内田隆滋氏（鉄建公団総裁）、中川幸次氏（野村総合研究所社長）、牧野昇氏（三菱総合研究所会長）、加藤寛氏（慶応大学経済学部教授）、植草益氏（東京大学経済学部教授）の一〇人で、臨調や国鉄再建監理委員会など、国鉄分割民営化の経過に通じ、東海道新幹線のあり方について助言をいただけそうな人たちだった。

後に横浜市長は高秀秀信氏に、鉄建公団総裁は岡田宏氏に代わったが、それ以降は同一メンバーであった。JR東海側からは三宅重光会長、須田社長と総合企画本部長である私が定例出席し、事務局は総合企画本部経営管理部であった。

この会は五月に設置を決め、第一回を七月に、二回目を九月に開催した。第一回の議題には「新幹線保有機構について」、第二回には「リニア問題について～ルート・始発駅の検討、部分開業の是非、東海道新幹線との併存戦略」が諮られている。その後、平成五年一一月までの間に都合二一回開催され、新幹線保有機構問題、リニア中央新幹線問題、株式上場問題、新幹線品川新駅問題などさまざまな基本問題について理解と助言、支援をいただいた。

この「参与会」は三正面での初動展開に大変大きな力となった。今振り返ってみても、これ以上はないという最良の人々に参加して頂いた。国鉄分割民営化という大改革の熱が冷めやらず、国のためになんとか成功させなければ、という熱意が共有されていた時期だったからできたのだと思う。

「東京参与会」と同様に名古屋にも「参与会」と「顧問会」を設置した。基本戦略推進に当たって政策当局に直接影響力を持つのは「東京参与会」メンバーであるが、その前提として本社の地元である名古屋経済界の理解と支持は不可欠である。

ＪＲ東海の本社が名古屋に設置されたことを名古屋の財界、地域の人々は歓迎していたが、ＪＲ東海という会社をどのような形で名古屋財界に位置づけるかについては模索状態だった。多くの人々は中部電力を頂点とする中部経済連合会のどこかに位置づけるのだろうと思い、その中でどのような座標を占めるべきかに思案をめぐらせていた。

それは当社にとっても同じで、首都圏～近畿圏を結ぶ東海道新幹線を基幹事業とする当社が、中部・名古屋財界とどのようにつき合うかはすべてこれからの課題であった。たとえばＪＲ東日本とＪＲ東海の関係について、多くの人々は東京電力と中部電力の関係になぞらえていた。

だが、我々国鉄出身者にしてみれば、首都圏と近畿圏をむすぶ大動脈輸送という当社の使命と、首都圏の都市鉄道網の運営を基幹とするＪＲ東日本の役割は相互補完関係に立つもので、中部電力と東京電力のように同質のものがそれぞれの営業地域で機能するのとは性格が異なっている。

まずは地元の経済界や自治体との間に意見交換の場を作り、会社の性格や実態をより深く知ってもらう必要があった。

ＪＲ東海の初代会長は日本銀行理事から東海銀行頭取に迎えられ会長職にあった三宅氏が就任したが、彼は日銀の理事から東海銀行に転じ、長く名古屋に居ついて名古屋商工会議所の会頭もつとめた経歴があったことから、地元財界とＪＲ東海を結ぶパイプ役としては最適の人材であった。

そこで、「東京参与会」と時を同じくして、三宅会長の人選により名古屋に「参与会」と「顧問会」を立ち上げることにした。参与会の初代のメンバーは鈴木礼治氏（愛知県知事）、西尾武喜氏（名古屋市長）、豊田英二氏（トヨタ自動車会長）、飯島宗一氏（名古屋大学前総長）、加藤隆一氏（東海銀行頭取）、加藤巳一郎氏（中日新聞社長）、そして当社からは三宅会長、須田社長、総合企画本部長の私が加わった。

「顧問会」は須田社長が座長で総合企画本部長の私がメンバーとして加わり、副知事、助役と大企業の副社長クラス、地元主要企業のトップなど一四名から構成される会であった。「東京参与会」と同じテーマもあったが、地元にすみやかに溶け込み、受け入れられるための意見交換の場としても有効だった。

これらのアドバイザリー会議は平成五年度には所期の成果を挙げるとともに当初メンバーの引退などもあって解散した。

四　１００系新幹線車両の大量発注（昭和六二年六月）

分割民営化から一カ月あまりを経た時点で、東海道新幹線の収入が当初計画を大幅に上回ることが明らかになってきた。ＪＲ他社も同様、と聞こえてきた。日本経済がバブルの膨張期に入ったのである。地価の高騰、株価の上昇が進み、東海道新幹線の旅客も同じ傾向をたどった。東海道新幹線の輸送力不足、なかんずく「ひかり」の、その中でも特にグリーン座席の不足が話題になりだした。

この情勢を踏まえ、昭和六二年六月、赤字国鉄時代の車両投資ポリシーを一転させる決心をし、１００系車両の大量発注に踏みきった。できるだけ長く使って車両投資を抑えるという国鉄時代のポリシーを一転したのである。「新幹線保有機構」に東海道新幹線の車両以外の全設備を奪われてしまっているために、ＪＲ東海の減価償却費は営業収入対比で異様に低く、昭和六二年時点でＪＲ東日本が一五％、ＪＲ西日本が一一％、大手私鉄一四社の平均が一三％であるのに対しＪＲ東海はわずか六％であった。

収入が予定を大幅に上回り始め、その傾向が当分続くとすれば、収入が増えた分は経常利益の増加に直結し、拱手傍観すれば法人税が増加するばかりである。それよりは、これまで抑え続けてきた修繕費を手厚くし、劣化荒廃の淵《ふち》に立つ設備を強化した方が良い。さらに、乏しい内部留保を少しでも改善する手はないかと考えて行き着いたのが車両の大量発注であった。

発注から納入までは一年あまりかかるので、昭和六三年度には償却費が計上される。新幹線車両の法定耐用年数は一三年であるが、定率償却にすれば償却費の計上は前倒しできる。極端に少ないJR東海の償却費を速効的に改善する良策であった。100系は技術的な飛躍もなく、設計思想も不明確な車両であるが、0系の更新用車両は当面これしかないのだから、100系でいこうと割り切ったのである。

分割民営化後は車両発注が減少すると見込んだ車両メーカーは、どこも生産ラインを縮小してしまっていた。したがって早めに決断し、まっ先に発注しなければならない。この際、東海道新幹線の100系だけでなく、在来線の通勤型電車、急行型電車も含め、車齢の古い電車・気動車をすべて新車に置き換えるつもりで、全国の車両メーカーの製造能力すべてを、JR東海一社で買い切ってしまうくらいの意気込みでやるように指示を出したのである。JR他社が投資抑制という国鉄時代のドクトリンにとらわれている間に一気に発注する意気込みであった。発足時一〇編成しかなかった100系は平成三年までに五七編成に増加した。

余談になるが、高山線は地元の電化要望が強く、歴代の名古屋鉄道管理局長の約束事になっていた。それをこの際、新型の優等用気動車と通勤型気動車の投入により置き換え、時間短縮と快適性の向上を図ることで地元と合意したのである。

主要路線の電化が急速に普及した日本では、気動車の製造両数が少なかったため、鉄道車両用ディーゼルエンジンは性能不足のうえに故障が目立った。そこで高山線、武豊線、紀勢線用のディーゼルエンジンには、高性能で知られる英国カミンズ社製のものを搭載することにしたのだが、地元には大変好評であった。

食堂車を廃止

100系の大量投入計画を経営会議に諮り、決定を見たのが昭和六二年六月で、その後に着想した東海道新幹線車両戦略の重要な修正点が二点あった。その一つが食堂車の廃止である。

100系の一六両編成では八号車と九号車が二階建てとなっており、八号車は一階が調理室と売店で二階が食堂車、九号車は一階が個室で二階がグリーン車となっていた。旅客への供食サービスについては、当時「帝国ホテル列車食堂」、「都ホテル列車食堂」、「日本食堂」、「ビュフェとうきょう」の四社が駅弁の売店、車内の販売、食堂車営業を適宜分担していた。100系大量発注の決定を発表した直後の八月、ビュフェとうきょうの森茂社長から夕食懇談会に誘われたことがあった。国鉄OBで旅客営業畑の彼が言った。

「ビュフェとうきょうはご存じのとおり、東海道新幹線沿線の駅弁会社が共同出資してできた会社で、四社の中では一番弱小です。他の三社は駅構内やプラットホーム上に駅弁の売店を持っています。一番収益性の高いのが駅の売店で、次に車内販売です。食堂車はすべて赤字ですが特に100系の食堂車は最悪です。当社には駅弁の地上売店がないので車内販売で稼ぐしかありません。車内販売の売上げは時間帯で変動します。多客時間帯や食事時間帯でなければ儲かりません。この構造をわかってください。そして売上げの良い時間帯の列車を当社の受け持ちにしてください」

「食堂車はなぜ赤字なのですか」と聞くと、森氏はこう答えた。

「私たちの担当は東京～新大阪間で、新大阪以西はJR西日本が担当します。東京で乗り込んで営業開始の準備が整うのは新横浜を過ぎてからです。そして京都の手前で店じまいとなります。営業できるのは約二時間、四四座席で平均二回転します。一人当たりの平均売上げは二〇〇〇円程度ですから一列車当たりの売上げは一八万円弱ということになります。ところが食堂車を運営するのには0系でも車内販売を合わせて六人の乗り組みが必要です。100系だと調理場が一階ですからさらに効率が悪くなります」

「そうだとすると今発注作業に入っている100系の食堂車は廃止した方が良いのですか」

「そのとおりです。そうしていただければありがたいです」

森社長のこの言葉から思いいたったのが食堂車を廃止してグリーン座席にし、一階は弁当惣菜の売店とすることであった。東京～新大阪間のグリーン座席が一人二万円とすると収入は九〇万円弱になる。グリーン座席が取りにくいという声が強まっているのだからちょうど良いではないか。今なら来年完成予定の編成も含めてまだ仕様変更は可能だろう、さっそく問題提起しよう、と決心したのであった。

翌日確かめてみると、仕様変更は今なら十分間に合うという。さっそく経営会議に仕様変更を諮ったところ、営業系統の経験者から反対論が出た。「旅情が失われる」と言うのである。

「東海道新幹線の旅客にとって重要なのは機能である。旅客は食堂車の旅情などを求めてはいない」と言って決定したのであった。八号車二階の食堂車をなくす代わりにその一階は不要となる調理場も含めて弁当惣菜の売店を充実し、プラットホームにも同様の売店を設け、少量多品種の弁当惣菜を用意して自由に組み合わせて買い、自席でゆっくり楽しんでもらえば良いということにした。「カフェテリア方式」と称して実施し、それなりの好評を博したが、二階建ての100系が淘汰されるにつれて、今日では従来型の駅弁販売に回帰している。

食堂車に強くこだわったのがJR西日本であった。彼らはグリーン車も増席したいし食堂車もほしいということで、一六両編成の100系のモーターがつかない四両のすべてを七、八、九、一〇号車に集中して二階建てとしたのである。食堂車一両と、他三両は二階がグリーン車、階下は普通車指定席（2&2シート）にするという変則的な100系編成を作り、「グランドひかり」と称して直通運転「ひかり」に使っていたが、300系以降の車両はすべて一階建てに統一されたのでJR西日本でも食堂車は廃止となった。ちなみに食堂会社も今では四社とも手を引き、東京～新大阪間の車内販売は当社の一〇〇%子会社である「JR東海パッセンジャーズ」一社に集約されている。

「こだま」の一六両編成化

二つめは「こだま」の一六両編成化である。ここに思いいたったのは大量発注から一年ほど経ってからのことである。

線路容量の制約から、一時間当たり一〇列車、すなわち「ひかり」六本、「こだま」四本がほぼ限界というのが当時の常識であったが、東海道新幹線の輸送量が増加するにつれ、「ひかり」の座席予約が思うにまかせないという声が強くなってきていた。

そこで最初に考えたのが毎時四本ある「こだま」が空いているので「ひかり」の乗客の一部を「こだま」に誘導しようという案である。「ひかり」の乗客の大多数は目的地までの乗車時間が短く、正確で、安定的な列車運行を望んでいる。しかし、中には時間にはそれほどこだわらないが、安い方が良いとか、楽しい方が良いという旅客もいるはずである。後者を「こだま」に誘導し、その分だけ「ひかり」のビジネス客用の空席を増やしてはどうか、というのが最初の着想だった。

そこでサービスアップの手立てとして「こだま」用一二両編成の普通座席指定車を五列からグリーン車並みの四列に改造した。加えて、各駅で「ひかり」を待避する時間を楽しい時間に転換することで、「こだま」の魅力をアップさせようと試みた。たとえば、各「こだま」停車駅に特有の駅弁を作り、その土地特有のみやげ物などを停車中に販売する、といったことなど様々試みてみたのだが、結局はうまくいかなかった。

１００系車両は昭和六三年度には一二編成、以後逐年で一六編成、一四編成、五編成、合計四七編成が投入された。「ひかり」の旅客を「こだま」に誘導する試みが不成功と見えたのは昭和六三年度になってからだった。

そこで考えた次なる策は「こだま」の一六両化であった。東海道新幹線の車両編成は開業当初は一二両編成だったが、昭和四五年の大阪万博に際して需要の高い「ひかり」がまず一六両化された。そして昭和四七年からは「こだま」も一六両化された。その後、長年にわたって「ひかり」、「こだま」ともに一六両編成が続いたが、国鉄の末期、昭和五九年から「こだま」が再び一二両編

300系（平成４年〜平成24年）。最高速度時速270キロを実現した。

700系（平成11年〜）。JR東海とJR西日本が共同開発。300系から始まった新幹線第二世代は、700系の登場で一段と質が向上した。

N700系（平成19年～）。700系の持つ高いポテンシャルをベースに、快適性や環境性などをグレードアップした。

N700A（平成25年～）。N700系をさらにブラッシュアップ。定速走行装置などを搭載し、安全性と信頼性を向上した。

成となった。一車両当たりの走行距離（車両キロ）を減らし、走行距離に応じて嵩《かさ》む車両修繕費を節約した形に見せようという見せかけ合理化手法の一つであった。

100系の投入とともに0系の編成を順次廃車にするのだが、それをたね車《しゃ》に使ってすべての0系「こだま」編成を「ひかり」と同じ一六両編成にすることを着想した。この時点ではいまだ三一編成の100系が逐次納入される計画であったから、たね車の捻出にはこと欠かないはずであった。

すべてが100系または0系の一六両、グリーン車三両の編成になれば、「ひかり」「こだま」全列車編成の汎用化《はんようか》がまがりなりにも可能になる。車両編成の運用効率が高まり、車庫出入りの回送列車が減り、営業列車の増発に余力を生むと考えたのである。

「こだま」のグリーン車は一両でもがら空きで、「ひかり」並みの三両になったらどうなるだろうか、などとの心配もあったが、それでもかまわないと割り切って実施した。この発想転換はその後の車両政策の出発点となった。

ＪR東海になってから開発された車両は300系、700系、N700系、N700Aと性能的には進化してきたが、すべての編成は一六両一階建てで、各号車のドアの位置、座席数は統一されている。つまりどの編成でも「のぞみ」、「ひかり」、「こだま」に汎用できるようになっている。車両編成の運用効率を高めることで、運転本数の増加を可能にしているのだ。

五　リニア対策本部設置（昭和六二年七月）

会社発足から一カ月を経たゴールデンウィークの土曜日の午後、総合企画本部東京分室の懇親会が行われた。東京分室はすでに述べたように、総裁室原案にはなかったが、二月になってから急遽水面下で編成準備に入ったものであり、メンバー相互も初対面の者が多かったので、早期に一体感を醸成する必要性があった。会場は古い客車を利用した恵比寿のビアガーデンだった。

この日、五月晴れの爽やかな午後のひと時、室員たちは若い者が多く、うちとけてくると次第に談論が風発する。そのうちに若い土木技師が発言した。

「本部長、中央新幹線の経営主体は未定ですよね。本当は分割民営化の際にＪＲ東海が経営主体だと決めるべきだったと思います。中央新幹線は東海道新幹線のバイパスです。一元経営しなければ共倒れになります。北陸新幹線については決めたのに、中央新幹線が決まっていないのは不備ではありませんか」

なるほどと思いつつ答えた。経営主体は基本計画路線から整備計画路線に格上げする時に運輸大臣が指名することになっている。「北陸はすでに着工されているが、中央は未着工の基本計画路線だ。それに今は既着工の整備新幹線でさえ工事は無期限凍結状態だ。だから基本計画路線の経営主体を決める必要はないと考えたのだろう。将来、情勢が変わって着工ということになれば、東海道新幹線と同じ旅客流動を担うのだから当然ＪＲ東海が経営主体となるだろう」

すると彼は重ねて、「それは甘いと思います。今すぐにでも行動を起こすべきです。それでもJR東日本や西日本は横槍を入れるでしょう。時間が経てば経つほど創業の使命などは忘れ去られるでしょう」と言い、さらに続けた。

「私は宮崎の実験線にいたからわかるのですが、超電導リニアは技術的にはもう九〇%完成しています。東海道新幹線の開業前に鴨宮の先行建設区間で実証試験が行われましたが、あの段階の東海道新幹線よりも、今の超電導リニアの方が技術的完成度は高いのです。超電導リニアで中央新幹線を作るべきです」

開発に携わっている者の思い入れもあるだろう。しかしそれにしても、実用化への手ごたえ、自信のようなものが感じられる言いぶりだった。

今日、超電導リニアの技術が完成し中央新幹線の東京〜名古屋間が着工されているが、この日が発火点だった。

東京分室に集められた各系統の二二名は事務、土木・建築、車両、電力・信号通信、運行管理各系統の混成部隊で、初対面の者も多く組織の体をなしていなかった。それがかえって分割民営化後のすべてが混沌としていた時期に、横断的な若い人材集団として自由で枠にとらわれない意見交換の場となり、様々な着想を生み出したように思う。

分室発足時の束ね役であった河野氏の手元に、発足早々に分室でリストアップした東海道新幹線の課題が残っているが、そのうちリニア中央新幹線建設以外のすべてがすでに実現済みとなっている。

発足から約一年後の昭和六三年二月に組織改正が行われ、分室は東京企画部として組織化された。山田部長、河野副長、土井利明調査役のもとに総務、事業企画、新幹線、土木、リニアの五体系編成となった。

東京のアンテナ機能として、国鉄出身者だけでなく銀行からの人材をも迎え入れてJR東海の戦略的シンクタンクの役割を果たしたのである。

「中央新幹線」の一元経営に向けて

「新幹線保有機構」を発想した人々も「JR東日本ハブ会社」を構想した人々も共にJR体制がいったん発足してしまえばあとは切り取り自由のJR会社間競争あるのみと考えていたように思われる。その具体的な対象が中央新幹線であり、そのための技術としての超電導磁気浮上リニアシステムであった。分割民営化の際の創業の使命に縛られるつもりはなかったのである。

中央新幹線はいまだ基本計画路線とはいえ、第二東海道新幹線であり日本の大動脈である。「新幹線保有機構」を作り上げた人々にとってみれば、それは運輸省のプロジェクトであり、「新幹線保有機構」の重要な一部とならなければならない。一方「JR東日本ハブ会社」構想を考えた人々にとっては中央新幹線こそ「新幹線保有機構」に奪われた東海道新幹線という大動脈輸送をJR東日本が奪回する突破口と考えただろう。

首都圏・近畿圏を結ぶ旅客流動を担うJR東海にとってみれば、国の大動脈機能を持続的に強化していく、という創業の大義からしてそれは当然第二東海道新幹線であり、一元経営されるべきものである。したがって第一正面、第二正面の課題と表裏一体をなす第三正面の課題として位置づけるべきである、私たちはそう思っていた。

第一正面は東海道新幹線の強化であり、第二正面はその裏打ちとしての「新幹線保有機構」の無害化である。この二つの正面については、会社発足後すでに対策に着手していた。そして、この日を契機に中央新幹線の一元経営を第三正面の課題として位置づけることにしたのであった。

整備新幹線工事が凍結されている情勢下では中央新幹線がいつ着工され、いつ完成するか見当もつかない。着工は三〇年先、完成は五〇年先かもしれない。しかし、今動くからこそ三〇～五〇年先に実現するのであり、後で行動を起こせばそれだけ先送りになるだけだ、そう考えて他の二正面と並行して進めることにしたのである。

超電導リニアは東京～大阪間を一時間で結ぶことを目的に、国鉄時代の昭和三七年に開発が始まった。国内には東京～名古屋～大阪間以外にこのシステムを適用する回廊はない。昭和四九年に、日豊線電化の陳情に来た宮崎県が県側の貢献としてリニア実験線七キロメートルの建設用地提供を申し出た時、私は経理局主計二課の総括課長補佐で、設備投資予算の実務責任者として宮崎実験線の予算化を支持した経緯がある。

あれから一三年、分割民営化の渦の中でリニアの技術開発のことなど忘れ去っていた。それがすでに完成度九〇％までできていると聞き、少なからず驚き、かつＪＲ東海がそれを活用しようとしていることに奇縁を感じたのであった。実はこれはまったくの楽観論で、超電導リニアの要素技術はもちろん、超高速・大量輸送機関としてのトータルシステム設計のほとんどすべては、この後にJR東海が主導して開発、実用化しなければならなかったのである。

ゴールデンウィークが明けるとすぐに中央新幹線問題の検討に入った。まず、中央新幹線と超電導リニア技術開発の現況がどのようになっているかを知る必要がある。当時、鉄建公団副総裁は国鉄最後の技師長から転出した岡田宏氏で、早晩総裁に就任することが決まっていた。私より一〇年先輩であったが、経理局主計二課で工事予算の総括責任者だった時以来、仕事の場を超えて親交を結んできた国鉄土木技術者のドンであった。

全幹法により中央新幹線を建設する場合、その建設主体は鉄建公団が自然である。さっそく岡田副総裁と連絡をとり、非公式な勉強会を持つことにした。当方が、私と土井調査役と宇野護副長、鉄建公団側が岡田副総裁と峯本守理事という顔ぶれで、非公式の勉強会は始まった。

彼らもまた運輸省の反発、JR東日本、西日本の反対を直感して、最初は「難しいなあ」という反応であったが、とにかく一緒に考えてみようということになった。そして二回目からは鉄道総合技術研究所（鉄道総研）の渡邊偕年専務理事を加え、短時間のうちに論点が整理されていった。六月末までに「なぜ、今、JR東海が中央新幹線を推進するのか」の大義名分を以下のとおり整理した。
①JR東海の創業の使命である『首都圏と近畿圏をむすぶ都市間旅客流動』を担う東海道新幹線の輸送力が限界に近づいている。
②二三年にわたって酷使されてきた東海道新幹線の土木構造物が、今後二〇年以内にはいっせいに更新期を迎える可能性がある。

③予想される東海地震の際にも大動脈機能を維持するためには二重系化が必要である。

④過度の東京一極集中を改め、国土の均衡ある発展を達成するためには、発展的代替技術により東京～名古屋～大阪メガロポリス内の時間距離を大幅に短縮し、域内の機能的一体化を強化する必要がある。

⑤これらすべてを満足させるためには超電導リニアという新技術により中央新幹線を建設することが必要となる。

⑥リニア中央新幹線が建設されると東海道新幹線の輸送量の五〇％以上がシフトすることになるので、創業の使命からして、また三〇年に及ぶリース料支払いのためにもリニア中央新幹線はＪＲ東海による一元経営以外にはあり得ない。

⑦東海道新幹線の品川駅を建設し、リニア中央新幹線の東海道新幹線との接続を確保する。

以上の大義名分は必要十分であったが、分割民営化の最終段階以降の「宮廷革命」意識を考慮にいれておくことが必要であった。

国費で公共事業として建設し、ＪＲ東海が運営を行う整備新幹線方式をとるためには、すでに整備計画に格上げされている各線の後に着工しなければ各線の地元の人々がおさまらない、中央新幹線の整備計画への格上げなど論外、というのがその時点での関係者の常識であった。

中央新幹線の建設促進母体といえば、沿線の都府県知事で構成される「中央新幹線建設促進期成同盟会」と自民党の「中央新幹線建設促進議員連盟」が毎年予算要求の時期に建設促進を議決し、調査の促進を陳情している、という細々としたものだけであった。

ＪＲ東日本も西日本も将来のことは何も決まっていないという視点で当社の動きに反対するに違いない。国鉄債務の承継・返済と本州三社間の収益調整を口実に、「新幹線保有機構」を構想した人々も、鉄建公団が建設し新幹線保有機構が保有し、ＪＲ東海にリースする構図を思い浮かべるだろうことは目に見えていた。

したがって誰の了解を得られなくても、ＪＲ東海独自の意志だけで打てる一手を考えることが必要だった。結局、今すでに隘路《あいろ》化している東海道新幹線の輸送力逼迫《ひっぱく》を打開し、新時代にふさわしい飛躍を達成するための技術として「超電導リニアの技術開発に着手する」という旗印がよいだろうと考えたのである。

このテーマを突きつめていけば中央新幹線の経営主体問題に帰結するのだが、東海道新幹線の大動脈機能という創業の使命を持続的に果たすために、自らの資金と人材で超電導リニアの技術開発をすることに関しては、誰も異論を唱えようがないはずだった。

国鉄分割民営化の枠組みでは超電導リニアの研究開発は鉄道総研が引き継ぐことになっていたが、鉄道総研の予算はＪＲ各社の拠出によっており、研究テーマの予算配分には各社の同意を得る必要があった。一方、この技術を実用化する路線は中央新幹線だけであり、それは東海道新幹線のバイパスであった。

鉄道総研は国鉄の開発したリニア技術を引き継いでいるが、超電導リニアを統合された輸送システムとして完成させるためにはどうしても高速鉄道の運用経験が不可欠であり、それもＪＲ東海にしかなかった。そのためＪＲ東海が独自に資金を出して技術開発を進めることに異論を唱えようがないはずであった。この点に着目し、「リニア対策本部」を設置することにしたのである。東海道新幹線の軌道開発にたずさわった鉄道総研の渡邊専務理事もまた超電導リニアの要素技術はすでに開業一、二年前の東海道新幹線よりも完成度が高いことを明言していた。

まずは昭和六二年六月三〇日に上記の考え方を三塚自民党政調会長代行に説明、三塚氏は翌七月一日に安倍晋太郎総務会長に上げ、安倍総務会長が「リニア中央新幹線構想」を提起した。すばやい動きであった。

そのうえで運輸省国鉄改革推進部（昭和六二年四月に国有鉄道部から改称）に説明をしたが、彼らにとっては分割民営化が発足してまだ三カ月しか経っていない時点でのこの動きは、まったく予想外だったようである。国鉄改革推進部長も、担当の施設課長も無視黙殺の構えだった。施設課長などは「リニアなど玩具に過ぎない。それを政治力で押し込むのは遺憾である」と言ってはばからなかった。

しかしながら安倍総務会長と三塚政調会長代行が賛同し、リニア中央新幹線に強い関心を持つ金丸代議士には鉄建公団側が説明して支援をとりつけた。また「中央新幹線建設促進期成同盟会」の会長である鈴木礼治愛知県知事を七月一日に三宅会長、須田社長と三人で訪問し、「リニア対策本部」の設置について事前説明を行った。

これらを踏まえて七月一五日の経営会議で「リニア対策本部」の設置を決定し、七月二〇日に発足させた。これに先立ち鈴木知事は七月一七日に行われた期成同盟会の後に、ＪＲ東海本社を訪れて「JR東海が営業主体となる前提で中央新幹線の早期建設に取り組むこと、危機管理の観点から中央リニアのCTCセンターは名古屋に置くこと」を要請、これに応えて当社は七月二〇日に「リニア対策本部」を設置してその方向で取り組む旨を伝えた。そしてこの経過は県知事側から新聞発表され、JR東海による中央リニア計画が初めて新聞紙面に登場した。

次いで七月二八日「中央新幹線建設促進議員連盟」総会に私はオブザーバーとして出席した。その場で全幹法の中央新幹線を、超電導リニア方式で建設することが提唱され、翌日の朝刊に報道された。

議連は八月二〇日に「リニア中央エクスプレス建設促進議員連盟」と名称を改め、新幹線システムとは異なるリニアモーターシステムとして、他の整備新幹線路線と並列的に推進する旨の決議を行った。その中で「運営主体となることが予想されるJR東海」という表現で一定の認識が示された。

JR東海が名乗りをあげたことにより、これまで経営主体がまったく見えなかった中央新幹線建設促進運動が一定の具体性を持つにいたった、という意味で、この一連の動きは画期的だった。担当の運輸省国鉄改革推進部施設課長はメディアの報道を抑え込むとともに、冷笑的に無視黙殺していた。火のないところに煙を立てるようなもの、と彼らは思っていたのであろう。

昭和六二年六月の人事で、服部経治官房長が運輸事務次官に就任し、棚橋運輸政策局長が官房長に昇任した。林国鉄改革推進総括審議官（昭和六二年四月に国鉄再建総括審議官から改称）は航空局長に就任し、次官になる可能性はきびしくなったのではと噂された。杉浦清算事業団理事長とはＪＲ東海発足後も緊密に連絡を取り合っていたが、杉浦氏は必ずしも悲観してはいなかった。

一方、ＪＲ東海にとってはリニア中央新幹線完成までの間、東海道新幹線が安定的運行を続け、収益を上げ続けることが必要である。そこで「東海道新幹線土木構造物調査委員会」を設置し、東海道新幹線の設計施工に当たった松本嘉司東京大学教授を委員長に、学会の権威、鉄道総研の専門家、ＪＲ東海の土木技術者を糾合して、①延命工事と取り換え工事の平準化、②地震に対する抗堪力《こうたんりょく》強化を二大テーマとして研究を開始した。昭和六二年一〇月のことである。

狙いはリニア中央新幹線早期建設の必要性を明らかにするとともに、それまで東海道新幹線の土木構造物の健全性を保つための研究を期待したものであったが、結果として東海道新幹線の持続的使命達成に大きな効果をもたらした。

後述するが、３００系電車による軽量化などにより構造物への負担が軽減されるとともに、大規模改修工事による延命策が確立されることで、土木構造物は適切に保全さえすればリニア中央新幹線の完成まで十分健全性が保てる、ということがわかってきたのである。

また同じ昭和六二年一〇月、リニア車両の実物大模型を製作し、東京駅の八重洲口に展示して世間の関心と話題性を高めることにした。この車両は昭和六三年三月から六月まで八重洲口に展示の後、「ぎふ中部未来博」に貸し出されリニアモーターカーのイメージづくりに貢献した。リニア対策本部の設置で小さな種火がともされたリニア中央新幹線プロジェクトは、まだこのような小枝を薪としてくべ続け、世間にその存在をささやかにアピールする段階だったのである。

六 ドイツの〝常電導〟リニア実験線視察（昭和六二年一二月）

「リニア対策本部」が設置され、一部の新聞に報道されるとすぐにトランスラピッド社（ＴＲ社）の磁気浮上リニアシステムの売り込みで伊藤忠商事と三菱重工業が接触してきた。昭和六二年八月のことである。

ドイツが常電導磁気浮上式鉄道の開発に取り組んだのは国鉄が超電導磁気浮上式鉄道に取り組んだのと同じ頃である。私がその話を耳にしたのは昭和四六年、経営計画室の主任部員として第二次国鉄再建計画の長期収支試算にたずさわっていた頃だった。

ドイツでは「超電導磁気浮上方式」、「常電導磁気浮上反発方式」と「常電導磁気浮上吸引方式」の三種類を検討のうえ、常電導磁気浮上吸引方式にしぼったという情報を得ていた。超電導は技術的に困難という理由であきらめたらしい。

当時日本航空はこのドイツの技術を模した常電導磁気浮上システムによる成田空港〜東京都心間のアクセス輸送を検討しており、その検討チームが経営計画室に接触してきたのである。当時国鉄は成田新幹線計画を推進中であった。浮上して走行するので鉄道ではなく航空機の一種とも考えられる。だから日本航空が手を出す名分があるのだと彼らは言っていた。高速道路の路肩を使用して建設するモノレールのようなものなので、用地の確保が容易で、コストも安いというふれこみだった。

当時の我々の見方でも、常電導は磁力が弱く浮上間隙が一〇ミリしか得られないので長大編成にするのは不可能、高速安定走行も困難と考えていた。最高速度も超電導には及ばず、あえて浮上させる意味はない、という結論だった。成田新幹線計画は用地買収や資金調達の難航によって中止となり、日本航空の計画も立ち消えとなったのかその後耳にすることはなかった。

その後一六年を経てまだあの技術をドイツが推進している、と知って驚いたのが正直なところであった。伊藤忠商事の担当者は、「すでに技術的に完成しており、いつでも実用線の建設に使えるので、今さら超電導磁気浮上リニアの開発に資金と人材と時間を注ぎ込む必要はないのでは」などと言う。

「完成してもしょせん常電導の限界は超えられないでしょう。まず伺いたいのですが一六両編成で時速五〇〇キロを出すことはできるのですか」と尋ねると「出せると思うので一度TR社のクレッチマー副社長に直接聞いてください」ということになった。

ドイツからわざわざ訪れたクレッチマー副社長はもともと航空機の設計者で、いかにも技術者らしい好感の持てる人物であった。「百聞は一見に如かず、実用仕様の実験線に招待するから体験試乗してほしい」と言うので、一二月上旬に現地を訪問することになった。

実験線建設を着想

TR社の実験線はデュッセルドルフ北方二〇〇キロのエムスランドにあった。一二月七日の夕刻デュッセルドルフに着き、翌八日早朝、車で現地に向かった。

伊藤忠商事の担当副社長と三菱重工業の担当部長が案内役で同行し、当方は車両技師の松田和久氏、土木技師の土井氏の他数名が随行した。午前一一時頃に広大な森の中のみごとな実験施設に到着した。まず実験施設を一周し、オペレーションセンター、車庫に滞泊中の車両などを見学した。

実験線は全周約三二キロメートル、直線区間一二キロメートルのトラック型施設で、単線だったと記憶する。ガイドウェイと車両の形状は跨座《こざ》式のモノレールを連想させた。磁石が弱いので床一面に磁石を張ってある。そのため一車両の自重は六〇トンと、超電導磁気浮上リニアの三倍以上も重いと聞いて驚いた。

昼食をはさんでクレッチマー副社長のブリーフィング、TR社の技術陣と当社技術陣の意見交換が行われた。議論の詳細は覚えていないが、一六両編成で一列車一〇〇〇座席を提供し、時速五〇〇キロで長距離走行をするのは不可能だろうと結論したこと、跨座式の形状では異常時に車両から脱出するのが大変だろうと感じたことは記憶している。

午後のテスト走行に試乗する予定であったが、車両トラブルのためにそれが困難ということになった。土井氏がTR社の技師から聞いたところでは車体の温度が上がって冷却に時間がかかる、という説明だったらしい。おそらく午前中の走行で胴体を擦ったためだろう、と土井氏は推測していた。一八時頃に高速記録を出すための試験走行をするが、関係技術者以外の乗車は不可である。しかし走行を外で見学するのなら良いということなので、せっかくここまで来たのだから辞去する時間を遅らせて走行を視察することにし、直線区間の中間点あたりに立って待った。遮音のためかガイドウェイの直線部分は築堤《ちくてい》に守られるように位置しており、築堤の上は松並木になっていた。一八時といえば冬の日はとうに暮れて、濃紺の空に黒々と浮き立つ松林の上に月が明るく、日本の田舎にいるような気がした。

そのうち遠方に小さな光の点が見えた。それがどんどん近づいて来て、瞬く間に轟音《ごうおん》とともに走り去った。三両編成の試験車両であった。時速三九二キロというこれまでの最高速度を記録したということだった。キーンというハイピッチの音と、ゴーッというローピッチの音が入り混じったその巨大な騒音は、ジェット戦闘機の発進時の音を思い起こさせた。

跨座式の車体はガイドウェイとの間に狭い空隙《くうげき》を作り出す。車体が高速で走ることは、その空隙を空気が噴流するのと同じである。それはジェットエンジンが圧縮した空気を吐き出して推力を得る時の空気の流れと同じなのだと推測した。クレッチマー氏以下TR社の人々に謝してエムスランドを辞し、デュッセルドルフに戻った時は深夜に近い時間になっていた。

常電導のトランスラピッドは一六年前に断定したとおり実用可能性はゼロと確信した。後年ドイツ鉄道は使わない、と決定したと聞いたが、ドイツ鉄道のメードルンCEO兼会長からその理由を聞く機会があった。

広大な平地上に人口十数万人の中規模都市が点在するドイツの人口分布では、旅客専用の路線を必要とするほどに需要密度の高い回廊はどこにも存在しない。鉄道を有効に生かすためには客貨共用、高速列車とローカル列車の共用、そして新線と在来線の相互直通運転が必要条件となるが、トランスラピッドはそのすべてに当てはまらないからダメだ、ということであった。

需要密度的に高速旅客専用路線を必要とするのは世界中で日本の東海道回廊と米国の北東回廊（ワシントンDC～ニューヨーク間）くらいだろうが、需要はあってもトランスラピッドの性能ではその用をなさない、今すぐ開発を停止するべきだというのがいつわらざる感想であった。現在トランスラピッドの研究開発は中止となっている。

しかし、そのTR社がこのように立派な実験線を保有して、技術的完成をアピールしている。七キロメートルの宮崎実験線はどう見てもそのまま実用線になるとは言いがたいが、TR社の実験線と車両はそのまま実用となる仕様だと言って売り込んできた。三二キロメートルの総延長のうち高速走行可能な直線区間は一二キロメートルである。もしJR東海が中央新幹線の予定路線の一部、二〇キロメートルを自己資金で先行建設し、そこを用いて超電導リニアの実用システムを開発すれば、当社は中央新幹線の一元経営主体としての橋頭堡《きょうとうほ》と、実用システム技術の両方を手に入れることになる。

鉄道総研ができるのはせいぜい要素技術の試験までであり、その先は高速鉄道の運用実績とノウハウの蓄積を持つJR東海にしかできない。「これだ！」と閃《ひらめ》いたのであった。土井氏にどのくらいの値段で二〇キロメートルの実験線の建設ができるか、と聞くと「一〇〇〇億円くらいでしょう」ということなので、それならば、手が届くじゃないか、と思いながらデュッセルドルフを後にしたのである。

石原慎太郎運輸大臣の試乗

私たちが帰国の途についた後で、石原慎太郎運輸大臣がエムスランドを訪れることが急遽決まった。昭和六二年一一月六日に中曽根内閣が終了し、竹下登内閣が発足した。金丸氏は一一月四日に鉄建公団の峯本理事との打ち合わせで、「中央リニアは早くやらなければならない、運営主体はＪＲ東海がやれば良い、建設は整備新幹線の後からついていくのではなく、第三セクターでやれば良い、次の運輸大臣はリニア推進派だ」と漏らしたと聞いていたが、石原氏のことだったのである。

就任早々、急遽石原大臣のトランスラピッド視察を運輸省が計画したのは、超電導リニア技術の主導権を運輸省が掌握しておきたいという思いがあったからだろう。そしてＴＲ社は石原運輸大臣の視察までに何としても速度記録を出しておきたかったに違いない。記録に挑戦する時は何が起きるかわからない、午前中の走行では胴体を擦り、あわや火を出すところだったという。

翌日、私たちはデュッセルドルフからリヨンに飛び、翌々日にリヨン～パリ間をフランスの誇る高速列車ＴＧＶに乗車した。先頭と最後尾に配置した重い機関車に頑丈な客車がはさまれて走るプッシュ・プル方式というもので、最高速度時速二七〇キロで走行する。

リヨンの町を出れば後は見わたすかぎりの畑地で、軌道敷と畑地の境界は羊が越えなければ良い程度の低いフェンスで仕切られていた。このような簡易な構造は東海道新幹線とは比べものにならない。広々とした風景の中ではスピード感はあまり感じられなかった。車幅は日本の在来線と同程度で、ビジネスクラスは三列座席、普通クラスは四列座席である。気になったのは客車が薄汚れ、整備清掃がなおざりになっていることであった。

「時速二七〇キロってそんなに速く感じられないが、東海道新幹線ではなぜ時速二二〇キロしか出さないのだろうか」と感想を述べると、「フランスと日本では条件が大きく異なります。欧州では地震の心配がありません。線路は固い地盤の、人口希薄な原野の上に直線的に建設されます。振動や騒音訴訟の心配もないですし、盛土構造ですから日本のようにコンクリート構造物への荷重を気にする必要もない。制約条件は日本よりもはるかに少ないです。しかし、これらの要件を総合的に織り込んでも時速二七〇キロは東海道新幹線でも十分出せると思います」

と口々に言うので、「帰ったらすぐに時速二七〇キロ化に取り組もうではないか」と話しながらパリに着いたのである。この視察旅行は以上二つの重要な着想を得た、きわめて実り多い旅であった。

石原運輸大臣は、一二月一四日にエムスランドを訪れトランスラピッドに試乗した。帰国後大臣は宮崎のリニア実験線を訪れ試乗し、プレスを前に次のような趣旨の感想を述べた。

「ドイツのリニアは広大な敷地に近代的な実験施設が設けられ開発されているが、走っているのは常電導磁気浮上リニアであり既存の技術の組み合わせである。日本のリニアは超電導磁気浮上であり、まさに未来の技術である。しかし実験施設は豚小屋や鶏小屋の間を縫うようにして作られている」

地元の宮崎からはひんしゅくを買った発言だったが、石原大臣も本格的な実験線の必要性を看取していたのだった。

この時点で運輸省はまだ、超電導磁気浮上リニア鉄道の実用システムを鉄道総研主導で開発・

実用化し、将来における活用の主導権を省の手に握る意欲を持っていたようだ。宮崎実験線視察後の石原大臣の折衝によって、昭和六三年度予算では新実験線の調査費とリニア技術開発のための鉄道総研への補助金が、前年度予算から倍増の七・八億円となった。しかしそれを一〇〇〇億円規模の実験線建設予算につなげることは、バブル経済の時代でも不可能なことのように思われた。

七　「時速二七〇キロ化プロジェクト」発足（昭和六三年一月）

フランスから帰国して直ちに、TGV車中での着想を新幹線運行本部長の副島廣海氏に打診し、時速二七〇キロ化プロジェクトチーム作りの検討に入った。副島氏は国鉄車両技師の総帥的な存在で、こと新幹線車両に関するかぎり、その最先端を切り拓くのは東海道新幹線である、との判断から、副島氏の下には国鉄車両技術者の最精鋭が配置されていた。

TGV車中でも話題になったとおり、時速二二〇キロを時速二七〇キロに速度向上させるという目的を掘り下げていくと、騒音・振動、乗り心地、地震に対する安全性、電力供給能力、軌道の改良、構造物に対する負荷など、さまざまな問題が芋づる式に関わってくる。すなわち時速二七〇キロ化プロジェクトは東海道新幹線システムの刷新・飛躍を賭けた総合的な挑戦、と言っても良かった。

昭和六三年一月に「新幹線速度向上プロジェクト」が発足した。総合企画本部長でこのプロジェクトの提案者である私自身が主査となり、決意のほどを示したが、実際には技術陣の総帥である副島新幹線運行本部長が副主査としてすべての部門の技術者を掌握し検討が進められた。

時をほぼ同じくして、国鉄時代に着工していた新富士、掛川、三河安城の東海道新幹線三駅が昭和六三年三月に完成、開業した。いずれも地元が建設費を負担する「こだま」専用駅であった。三駅の開業を契機にダイヤ改正が行われた。新幹線運行本部の運輸部長から以下のダイヤ改正内容の報告が経営会議の席であった。

「三駅開業により『こだま』の停車駅が増え、所要時間が増えることになった。一駅停車すると最低五分所要時間が増え、『こだま』はその分だけ遅くなる。従来から『ひかり』の停車増を請願していた静岡や浜松などの主要中間駅について、請願に応える意味で浜松駅への『ひかり』の停車本数を一日九本増やすなどして対応する。これからもダイヤ改正ごとに三島、静岡、豊橋など中間主要駅の「ひかり」停車回数を少しずつ増やして地元にサービスする方針である」

との報告だった。まったく初耳のことだった。

今や時速二七〇キロ化プロジェクトが発足している。いずれ全車両編成が時速二七〇キロ化したあかつきには、ダイヤの白紙改正をすることになる。小田原、三島、静岡、浜松、豊橋など基幹的中間駅での「ひかり」の停車回数を今増やせば、将来東海道新幹線の列車ダイヤを白紙改正する際の制約条件になってしまう。

今後時速二七〇キロ化が完成し、将来の列車運行パターンが決まるまで「ひかり」の停車駅を増やすことは行わないよう念を押した。これ以降、平成一五年一〇月の品川駅開業・全列車時速二七〇キロ運転化に際しての白紙ダイヤ改正まで、東海道新幹線の「ひかり」停車駅は固定されることになった。

八　ＪＲ東海によるリニア実用実験線の建設提起（昭和六二年六月）

ＴＲ社の実験線の視察を終え、自己資金で実用線の一部を先行建設して実験線に用いる着想の具体化に着手したのは昭和六三年五月である。

宮崎の実験線七キロメートルは実用仕様とはほど遠い構造のもので、延長も不十分、平坦なので登坂試験ができない、単線のためすれ違いテストもできない、またトンネルがない、など実用走行の条件を試すには不十分な点が多かった。そのため要素技術の実験開発には有効だが、実用システムの実証運転には不適だった。

加えて国鉄最後の時点であわただしく設計製作された二代目車両ＭＬＵ００２は過度に野心的な経済設計のために性能が不十分で、しばしば走行中に超電導機能が失われるクエンチ現象を起こすありさまであり、超電導リニアの実用化は困難だという声が鉄道総研の中にも上り始めていた。

エムスランドから帰国後、直ちに東京企画部で検討を始め、実験線の建設費約一〇〇〇億円、建設場所は山梨県下の二〇キロメートル、勾配・トンネル・すれ違いなど試験項目の充足などの諸点について概要を定めたうえで、岡田鉄建公団副総裁、林航空局長に相談して賛同を得た。

ＪＲ東日本もＪＲ西日本も超電導リニアの技術を必要とする路線を持っていない。だから自ら資金を投入して実験線を建設することなど思いもよらなかっただろう。こうしてＪＲ東海の着想は、すべての関係者の意表をつき、超電導リニア開発をめぐる閉塞状況を打開するエポックとなったのである。

土木構造物については新幹線システムも超電導リニアシステムも同じで、変わるのは上部構造だけである。したがってＪＲ東海が建設する実験線は、リニア開発の成否いかんにかかわらず、実用線の一部として活用できる点がポイントだった。瀬島氏にも説明し支援要請を行った。瀬島氏は大賛成で、「ぜひやれ、山梨県に実験線を計画したのは卓見である。金丸さんの支援を得ることが成否を分けるカギだ。自分もできるかぎり応援する」と激励してくれた。

そのうえで岡田鉄建公団副総裁、渡邊鉄道総研専務理事と私の三人で金丸氏、三塚氏に構想を説明したのが昭和六三年五月一三日である。両氏は大いに賛同し、①実用実験線は早期建設が必要、②将来の中央リニアの建設は公共事業とするが、実験線建設はＪＲ東海負担で行う、③将来の営業主体は中央リニアが東海道新幹線の代替的路線であることを踏まえ、輸送実態に合わせ、必要な時期にＪＲ東海による一元経営で調整する、ということになった。

これらの下調整を済ませたうえで昭和六三年六月に入ってから吉田耕三運輸省国鉄改革推進部長に構想を提起したのである。運輸省は鉄道総研を通じて超電導磁気浮上式鉄道の技術を掌握するために、新実験線の調査費を予算要求しており、二年がかりで実験線の建設場所とその規模を決定しようとしていたが、それもせいぜい調査費までで、整備新幹線工事が凍結状態にある状況下で、一〇〇〇〇億円もの建設費を予算化することは不可能であった。

とは言うものの、運輸省はこの時点では、いずれかの時点で中央新幹線が建設されるのであれば、それは「新幹線保有機構」を事業主体として整備新幹線の建設フレームで建設されるべきだと考えており、そのためのキーテクノロジーである超電導リニアシステムの開発はその実現可能性にかかわらず自らの手中に収めておきたかったように思われる。

鉄道輸送網の機能を最大限発揮するという国鉄改革の本来的な視点で見れば、東海道新幹線と首都圏、近畿圏の都市鉄道網は相互に補完し合い、日本の大動脈輸送ネットワークを形成する存在でなければならない。ところが「宮廷革命」思考の人々にとってJR東海は、何よりもまず最も近接した競争相手であり、「新幹線保有機構」に奪われた東海道新幹線と競って東京〜大阪間の大動脈輸送にも自分たちの存在を確保することが目標であったように見える。

そしていつの日か、中央新幹線を手中に収めることによって首都圏・近畿圏間の旅客流動を自分たちのコントロール下に置こうと考え、そのために当面は東海道新幹線と競争関係にある航空会社と連携し、東海道新幹線を制することを基本戦略としたのであろう。発足から三〇年を経た今は、「宮廷革命」的思考や「JR東日本ハブ会社」構想などとは無縁の人々が経営のトップに立っており、本来の合理的な意味での協調関係に立っている。

ここで当時の動きをトレースしてみる。

昭和六二年七月、JR東海がリニア対策本部を発足させた時には、JR東日本の松田総合企画本部長、JR西日本の井手副社長も「リニア対策本部」など黙って見ていれば早晩消えてなくな

中央自動車道を横断する小形山架道橋を走るリニアL0系

るに決まっている、と見ていたようだ。
ところが昭和六三年五月にJR東海が一〇〇〇億円を投じて、中央新幹線の実用線の一部を先行建設し、実用システムの開発を進めるという計画が明らかになった時、蜃気楼が実像に一変した。
井手氏が吉田国鉄改革推進部長を訪ねて「JR東海がリニアについて勝手なことをしているので、JR東日本の松田氏と組んで抑えたいと思っている」と言ったと吉田氏が電話してきたのが七月半ばのことで、それと前後してJR東日本の松田氏も吉田氏を訪ね「みんなの技術をJR東海が相談なしに勝手に使おうとしているのは許せない。みんながウンと言わないかぎりリニアの技術は誰も使えないのだ」と申し入れたということであった。
しかし、超電導リニアシステムが適用可能な路線は東京〜名古屋〜大阪を結ぶ中央新幹線だけであり、中央新幹線は国鉄分割でＪＲ東海の創業の使命とされた首都圏〜近畿圏間の旅客流動を担う路線、すなわち東海道新幹線のバイパスである。ＪＲ東海が中央新幹線の経営主体として、実用システムの完成に取り組むのは理の当然であった。国鉄分割時点での役割分担などは会社が発足するまでの話で、それ以降は切り取り自由の世界になるのだという考え方もあり得ようが、それは「新幹線保有機構」のリース料調整を通じて、三〇年間にわたって東海道新幹線から東北・上越新幹線、山陽新幹線に毎年二〇〇〇億円あまりの内部補助がなされる仕組みとなっていること、また民営化されたとはいえＪＲは株式の一〇〇％を国が保有する特殊会社であることを考え合わせれば、自家撞着していると言わざるを得なかった。

いずれにせよ一〇〇〇億円を自己負担して実験線を建設するという提案のインパクトは止めようもなかった。七月一八日には鉄建公団から説明を聞いた金丸氏が運輸省国鉄改革推進総括審議官以下を呼び「このまま非協力を続けるのであれば来年の運輸省人事で大ナタをふるわなければならなくなる。七月二六日に再度説明に来てもらうが、その時までにリニアの実験線についてはっきりした考え方を整理して説明してもらいたい。三塚さんにもいっしょに聞いてもらう」と指示したため、運輸省は態度を一変させたのであった。

金丸氏への説明に先立ち、鉄建公団の岡田副総裁と国鉄改革推進総括審議官・国鉄改革推進部長の打ち合わせが行われ、建設は鉄建公団とＪＲ東海、実験は鉄道総研とＪＲ東海が共同で実施する、建設した施設は将来実用線の一部になるが、鉄道施設として法的に位置づけられるのは全幹法によって中央新幹線が整備計画路線になり営業線の工事が認可されるタイミングになるため、当面は「工作物」とする、ＪＲ東海が実験線を建設するに先立って、運輸省は東海道新幹線と中央新幹線の一元経営をＪＲ東日本とＪＲ西日本に合意させる、という点について合意した。

ＪＲ東海は七月二五日の取締役会で、一〇〇〇億円を投じて超電導リニアの実験線を建設することを正式決定した。一方、運輸省首脳は、七月二六日の金丸氏、三塚氏との打ち合わせで、平成元年秋までに実験線の建設場所を山梨に決め、平成二年度予算で着工することを約束したと耳に入ってきた。

昭和六三年九月四日、金丸氏は地元山梨の勉強会で講演し、「ＪＲ東海が一〇〇〇億円を投じて超電導リニアの実験線を建設する計画を持っている」「中央リニア新幹線の経営主体はＪＲ東海であると思っている」と語った記事が新聞に載った。

実用実験線の自己資金建設を提起した結果、それまでは抽象的な夢の世界にあった超電導リニア技術は、ＪＲ東海という事業主体と、二〇キロメートルの実用仕様の実験線という具体的プロジェクトと、リニア中央新幹線という未来図を持つことによって、現実的構想に向かって一歩を踏み出したのである。

九　東海道新幹線時速二七〇キロ化計画決定

昭和六三年一月に発足した「新幹線速度向上プロジェクト」は七カ月間にわたって鋭意検討作

業を進めた結果、最高営業速度時速二七〇キロは可能であると結論し、九月二一日の経営会議で速度向上の実施が決まった。その概要は、

①時速二七〇キロ運転は１００系でも可能であるが、速度向上にともなう環境対策の必要性から新形式車両（３００系）を開発して対処する。

②新型車両は一階建てとし、輸送力の必要上から従来の車両と同じ幅員《ふくいん》で普通車は五列座席とし、１００系と同程度の座席定員を確保する。

③環境対策のうち、振動対策のカギは軽量化であり、現在約六〇トン（軸重一五・一トン）ある一両当たり重量を約四五トン（軸重一一・三トン）以下に軽減すれば時速二七〇キロ走行をしても振動は現状以内におさまる。アルミ車体、交流モーター、軽量台車などを採用すれば必要な軽量化は可能である。

④騒音の環境基準は車体の流線型化と平滑化、パンタグラフ数の削減などで達成できる。

⑤最高時速二七〇キロで東京～新大阪間を二・五時間以内にするためには半径二五〇〇メートルのカーブの通過速度は時速二五五キロとする必要がある。そのためにカーブ部分における線路の内側と外側の傾斜角度（カント）を強め、車両の空調機器を床下に置くなどして車体の重心を下げるための対策をほどこす。

⑥速度向上に必要な地上設備（軌道・電力・信号設備等）の改良を行う。

⑦平成四年春から早朝・深夜上下各一本、平成五年春から一時間上下各一本の運行を実施する。

⑧実施に向けて新幹線鉄道事業本部（昭和六三年一月に新幹線運行本部から改称）内に「新幹線速

度向上推進チーム」を設置する。

などの骨子を決めて、時速二七〇キロ運転は実施の一歩を踏み出した。

車両は東海道新幹線開業以来初のフルモデルチェンジであり、高速化、軽量化のために、交流モーターの採用、電力回生ブレーキの採用、ボルスタレス台車の採用などエポックメーキングな技術的挑戦が総動員され、車体はアルミ車体とすることになった。

交流モーターとボルスタレス台車については国鉄時代から調査研究がなされておりその蓄積が役に立ったが、それ以外の技術革新要素については、一月から集中的な検討に入り、経営会議決定を見た九月時点ではコンセプト設計は終了していた。二カ月あまりの間に発注作業を終え、一二月には量産先行車一編成（一六両）が発注された。ＪＲ東海の車両系統をはじめとする技術陣の総力を挙げた成果であった。

この３００系の飛躍を土台にして堰《せき》を切ったように新幹線車両の技術的刷新が始まり、東海道新幹線では７００系、Ｎ７００系、Ｎ７００Ａと一連の進化を遂げた現在、究極の車両Ｎ７００Ｓの設計が最終段階にある。３００系こそが一連の進化の扉を開けた車両だった、と言っても過言ではない。

３００系以降東海道新幹線に投入された各車種はすべて車長、車幅、扉位置、座席数が号車ごとに統一されているため、互換運用ができるようになっている。東海道新幹線の車両政策はこの時に確立したのである。

第四部

三正面作戦の到達点

一　リース料負担の見直しが「新幹線保有機構」解体の突破口に

東海道新幹線の競争力強化、新幹線保有機構の無害化、中央新幹線との一元経営の三正面で一連の布石を打ち、しばらくは情勢の変化を見きわめつつ次の主動に備える体制に入ったのが昭和六三年秋のことであった。

それから平成二年度予算編成までの一年間は、大きな動きがないであろうと予測していたが、思いのほか早く事態が動いた。ＪＲ東日本とＪＲ東海が早ければ二年後（平成二年度）に上場基準をクリアする見通しとなったことを受けて、ＪＲ西日本が遅れまいとする動きを強めたのである。

「増税なき財政再建」が叫ばれ臨時行政調査会が設置されたのは第二次オイルショック不況下の昭和五六年であった。国鉄の分割民営化はその具体策の目玉として政府・国鉄一体となった努力の結果、昭和六二年四月に発足した。

この間、昭和六〇年九月の「プラザ合意」による円高不況を受けて、実施された金融緩和が日本経済のバブル化を進行させていった。株価と地価が高騰《こうとう》し、経済的なブーム状態を呈するにいたったのである。

その反映としてＪＲ各社の輸送量も著しく増加した。ＪＲ各社は累積債務の切り離しと要員数のドラスティックな削減で、輸送量が横這いでも赤字が出ないように制度設計されていたが、バブル経済による輸送量の急増はＪＲ各社に予想外の収益改善をもたらした。
その結果、誰もが一〇年以内には不可能とみていた株式上場が、ＪＲ東日本とＪＲ東海では早々に実現する見通しとなった。本州三社のうち、ＪＲ西日本だけが取り残される形となったため、ＪＲ西日本は新幹線保有機構に支払うリース料を大幅に引き下げてもらい収支を改善する方向へ動き出した。

当社はすでに四〇〇〇億円を超えるリース料を支払い、東北・上越・山陽新幹線の肩代わりをしている。そのうえさらにＪＲ西日本の削減分まで上乗せされたらたまらない。しかしこの動きが新幹線保有機構の解体、中央新幹線と東海道新幹線の一元経営、東海道新幹線の品川駅建設など、東海道新幹線にとって死活的な課題を動かす契機になったのである。

昭和六三年一二月九日、吉田国鉄改革推進部長から電話があった。

「先刻ご存じのとおり、新幹線保有機構に関する法律では、昭和六二年度と六三年度の二年間の輸送実績に基づき、所定の算式により来年度（平成元年度）からのＪＲ本州三社のリース料を見直すことになっている。今年度の輸送実績が出れば自動的に来年度からの新しい負担額が決定される。

しかし昭和六二年度決算を見るとＪＲ東日本の場合は事前の政府見通しで経常利益一三八億円となっていたのが七六六億円に増加し、ＪＲ東海は七八億円が六〇七億円に増えている。ところがＪＲ西日本は七一億円の予定が八〇億円とほとんど増加していない。営業収入の一％程度の経常利益という当初の目論見からするとJR東日本が五％、JR東海が七％に飛躍したのに対し、JR西日本は一％のままにとどまった。

この傾向は昭和六三年度になっても継続している。このままでいくと、JR東日本とJR東海は早々に上場基準をクリアするのに、JR西日本だけが取り残されてしまう。それでは国鉄改革の趣旨に添わない。この格差は私の作ったリース料配分方式で修正可能な範囲を超えている。JR西日本は当初の目論見が間違っていたのだとして、リース料配分の見直しを求めてきている。その件についてJR東日本の松田さん、JR東海の葛西さん、JR西日本の井手さんと私吉田の四人で相談をしたい。一二月一四日の夕刻は都合がつかないだろうか」という趣旨であった。

JR西日本の首脳が「政府は羊羹《ようかん》の切り方を間違えたのだ」といたるところでアピールしていることは耳にしていた。JR西日本の角田社長は運輸省の官房長、海上保安庁長官を歴任して退官した元運輸官僚であり、橋本運輸大臣の肝煎《きもい》りでJR西日本の社長に転じた経歴の持ち主である。橋本大臣も、後輩の運輸官僚たちも、彼から請願されれば弱かったのだろう。運輸省はJR西日本の要請に応える腹を決めているものと思われた。

当初の新幹線保有機構法は、吉田氏が作った「輸送人キロ×新幹線設備の一キロ当たり再調達価格＝収益力指数」という算式で比例配分して、各社のリース料負担を決めることになっていた。昭和六三年度の決算実績が出ればこの算式により自動的に負担額が決定する。しかし収益力指数は全く論理的法則性を持たないものでありこの不合理な収益力指数による見直しが一回でも行われてしまえば、結果は「配分式の機能不全」を証明してしまう。作った当人がそのことを一番よく知っていたのではないか。

だから彼は一度も使われた実績を残さず、算式を消滅させてしまいたい。自分の作った式ではなく三社の合意によってリース料配分を変更できれば、吉田氏の説明責任は解消し、後はどうなろうとその責任は三社に移る。

ＪＲ西日本のリース料を引き下げてもらいたいとする要望は実は渡りに船だっただろう。一二月九日といえば、次年度予算編成も大詰めの段階にある。この予算編成の急場に乗じて収益力配分式を消滅させてしまわなければならない。吉田国鉄改革推進部長は急いでいるに違いない。一二月一四日の会合はすでに三人で合意に達した内容でＪＲ東海を説得するための場だ、出席すると返事をしながらそう思った。

「リース料」固定へ

昭和六三年一二月一四日の午後六時半、私たち四人はＪＲ東日本の松田総合企画本部長が手配してくれた神田のふぐ料理屋に集まった。

吉田氏が切り出した。

「ＪＲ東日本もＪＲ東海も昭和六二年度決算、六三年度決算見込みを見ると、早期に上場基準を達成する見込みである。ところがＪＲ西日本はこのままでは上場の見通しが立ちがたい。そこで新幹線保有機構に支払うリース料配分を見直して、三社同じようなタイミングで上場基準を達成できるようにすることを考えた。

この際、例の計算式のことは忘れて、目的に沿うよう端的に考えたい。そこで私の提案を申し上げる。今現在支払っているリース料はＪＲ東海四二〇〇億円、東日本二〇〇〇億円、西日本九〇〇億円であるが、ＪＲ東日本は一五〇億円、ＪＲ東海は五〇億円を増負担し、その分二〇〇億円をＪＲ西日本から減ずる、ということではいかがだろうか」

と、いきなり結論を述べた。何の理屈も根拠もない提案であったが、まずＪＲ東日本の松田氏が、「私はそれで異論ない」と賛同し、次いでＪＲ西日本の井手氏が「そうしていただけるならありがたい」と言って三人で私の顔色を伺った。

予想どおりの展開だった。すでに東北・上越新幹線と山陽新幹線のリース料を二〇〇〇億円以上も肩代わりしている東海道新幹線にさらなる追加を求められるいわれはない。本来であれば東海道新幹線のリース料を大幅に削減しＪＲ東日本につけ替え、そのうえで山陽新幹線の削減分も上乗せする、というのが筋だろう。

しかし運輸官僚である吉田氏にとってみるとＪＲ東日本社長は元運輸次官でいわば御三家筆頭の住田氏、西日本は元海上保安庁長官で同じく御三家の角田氏、東海は新幹線保有機構で自家薬籠に収めたいわば「天領」の「代官」である須田氏、という位置づけだった。吉田老中としては、できるかぎり住田氏を押し込んで角田氏を助け、残りは天領の代官に押しつける、という図式しかあり得なかったのだろう。筋論など言っても聞きおくのみ、ということにしかならない。今は無理筋が通ったと見せて代わりに大きな得点となる何かを取るほかない、と考えた。

出席に先立ち、私は二つのことだけ準備して会合にのぞんだ。一つは現行の配分式で計算するとJR東海の負担は来年度からいくら増加することになるかを計算させたのである。現行負担額は四二〇〇億円、リース料総額七一〇〇億円の五九％であるが、それが三三億円増加となる計算だった。そして二つ目には、須田社長と相談のうえで、三三億円を大幅に上回らない範囲であれば、「リース料の固定」と、「中央新幹線の一元経営」を条件にその場で了解することを意見統一したのである。

それを踏まえて思うに、今の方式のままでも三三億円の増加となるから、吉田調整案による純増は一七億円ということになる。もし今の不合理な計算式がそのままであれば、あと二年後の二度目のリース料調整時には東海道新幹線のリース料負担の増加は今回の三三億円も含めて五〇億円を超えるに違いない。

吉田氏はまず井手氏と事前に調整して、JR西日本のリース料を二〇〇億円減ずることで了解をとりつけ、次に松田氏と交渉してJR東日本が一五〇億円負担することで了解をとったに違いなかった。JR東日本を一五〇億円とするために吉田氏は松田氏を相当強く説得しなければならなかったはずだ。

従来の配分式でいけばJR東日本のリース料アップは東海道新幹線の三三億円を下回ることになる。それを一五〇億円まで引き上げたのは、吉田氏自身はもちろん、松田氏もJR東海の既定のリース料負担が過重であることを十分認識していた、ということになる。

JR東海としてはいかに対処すべきだろうか。「今頃突然言われてもすぐに返事はできない。じっくり議論したうえで判断させてもらう」と言えば予算編成作業に間に合わず、議論は再来年度の予算編成時期に持ち越されそうにもみえる。

しかし、彼ら三人は事前に打ち合わせ、東海が難色を示したらＪＲ東日本が西日本の二〇〇億円切下げ分をすべて肩代りする、ＪＲ東海は今までどおりの額を払ってくれれば良い、ということで実施する腹を固めている可能性が高かった。そうなると運輸省もＪＲ東日本も目いっぱいＪＲ東海に配慮したという形になり、我々が考えている新幹線保有機構そのものの解体や中央新幹線と東海道新幹線の一元経営はかえって遠ざかることになるかもしれない。

それではさらに一歩踏み込んで、「西日本がリース料を二〇〇億円減らすのなら東海も同じように減らしてもらいたい」という正論を展開したらどうなるか、そこまで踏み込めばリース制度を根っこから再検討する発火点になるだろうかと考えてみたが、予算案づくりの最終段階でそれは不可能であると判断した。分割民営化の際の収益力調整論を原点からやり直すことは、中曽根行政改革最大の成果である国鉄分割民営化に傷をつけることになるので政府を挙げて反対であり、大蔵省も与党も反対するだろうから東海は孤立し、思いは無視されるだけだろう、と考えた。

そこでここは三人の提案を丸呑みにする代わりに、彼らの意表を突いた条件を提起して大局を制する方が得策だと考え、こう切り出した。

「当社はすでに過重なリース料を負担している。ＪＲ西日本のリース料を減らすために当社の負担をさらに重くするなどもってのほかだ。会社としてそのような決断をするためには取締役会に諮らなければならない。諮ればきびしい反対を受けるだろう。ことに三宅会長や地元財界の重鎮である非常勤役員たちは、新幹線保有機構が地上設備を保有してＪＲにリースするという現行制度そのものが欠陥制度であるうえに、ＪＲ東海のリース料分担額は不当に高いと考えている。もしＪＲ西日本のリース料を既定ルール以下に削減するのなら当社も同時に削減してもらうべきで、さらに増加するなど論外、と言うに決まっている。とても今月内にリース料加重の社内合意を得ることはできない。

しかし、吉田さんも井手さんも来年度予算からＪＲ西日本のリース料を二〇〇億円削減したいと思っており、そのために残された時間はわずかだ。そこで、私が自分自身を納得させ、社内を説得するための材料として、今ここで二つのことを決めてもらいたい。そうすれば私は独断で吉田さんの案に合意し、目先の論理を超えた大局・長期的視点から承認してくれるように、責任をもって社内を説得する。貴職ら三人も同じように責任をもって社内をまとめてもらいたい。

それができないというのならすべてを白紙に戻し、そもそも現在のリース料配分方式と、その結果としてのリース料負担が合理性のあるものなのか否か、ＪＲ西日本の言うように、キッチリと検討のうえで新たな負担ルールを決めるほかない。これまでの収益力指数も今日呈示の吉田さんのＪＲ西日本二〇〇億円削減案もとても論理的に説明可能なものとは思えない。再来年度予算までにはまだ一年、時間は十分ある。とりあえず来年度一年間は既定の算定方式で算出されるリース料を払えば良い。どちらが良いかここで決断してもらいたい」

「二つの条件とは何ですか？」と尋ねる吉田氏に対して、「その一は、今回のような恣意的なリース料改定をまたやられたのではたまらない。したがって今回のリース料改定を最後にして、これ以降は各社の支払うリース料を固定することにしてもらいたい。そうすれば各社の負担債務が確定し、新幹線保有機構を解体して、新幹線地上設備とそれに見合う債務を各社につけ替えることが可能になる。住田さんは『新幹線の買い取り』と言っているが、そう言いかえても良い。

その二は、リース料を固定するためには中央新幹線が建設された場合、それが東海道新幹線と一元経営されなければならない。中央新幹線はまさに東京・名古屋・大阪を結ぶ路線であり、建設されると東海道新幹線の旅客流動の五〇％以上が中央新幹線に移転する。一元経営でなければとてもリース料は支払えなくなる。リース料の固定と一元経営は表裏一体のものと考えなければならない。したがってこの席で東海道新幹線と中央新幹線の一元経営を確認してもらいたい」

私が言い終わると吉田氏は間髪を入れずに言った。「わかりました。それでいきましょう。それで良いですよね」と井手、松田両氏にたたみかけ、二人が「了解しました」と言ってうなずいた。

吉田氏は自らが考案した配分式を来年度予算の時点で消してしまいたいと思っていたのだと思う。そこで吉田氏が「第一の点は来年度の予算関連法案として新幹線保有機構法を改定し、まず固定を明確にする。それに基づいて新幹線保有機構の解体を検討する。第二の点については、中央新幹線の営業主体は法的には整備新幹線格上げの時に運輸大臣が指名することになるので、当面やれることとしては一元経営に合意する文書を当方で用意し、四者がそれに署名捺印して確認するということだと思う。それでよろしいですか」と言い、「それで結構です」と三人が応じ、当日の議論は終了した。

リース料を固定するということは、ＪＲ東海が五兆円余の国鉄債務を負担することを意味する。そんなに膨大な債務負担を条件にするのは賢明ではない。ＪＲ東海はいったい何を考えているのか、彼ら三人はそう考えたに違いない。

しかし、輸送実績に基づき二年ごとに見直しをかけながら時間が経過すれば、東海道新幹線の輸送量よりも東北・上越新幹線の輸送量が増加して、将来的にはリース料配分が修正されるという住田氏の表向きの説明は現実にはあり得ない。むしろ現状より東海道新幹線の負担は増加するだろう、そう思ったのである。その後三〇年近くが経つがこの間の実績はこの時の直感が正しかったことを裏付けている。

さらに負担債務額が決定するということは新幹線保有機構が不必要になることを意味する、すなわち新幹線保有機構はいつ解体しても良い、ということになる。私はその点を重視したのである。まずリース料を固定化し、次に新幹線保有機構の解体を決め、それと表裏一体で債務負担額を適正化する、という進め方が最も現実的だと考えたのである。

その後の推移と現実を見れば、あのタイミングでリース料を固定し、それを足掛かりに新幹線保有機構を解体してしまわなければ、解体のタイミングがつかめず、いまだに解消できなかった可能性が高い。今日のようなきびしい財政状況のもとで、新幹線保有機構が残っていれば、JR本州三社、特にJR東日本とJR東海に対する追加的な負担増要求がなされたであろうことは確実である。あの時点では苦しくとも運輸省のくびきから逃れて独立し、自律的経営を手にすることと以上の価値はなかった。

私が出したこの二つの条件は、一見すると、私が今すぐ食べられる「おにぎり」を渡し、代わりにいつ実るかわからない「柿の種」をもらうという猿蟹合戦の昔話に似ている。三人はそう思ったかもしれない。しかしこの時のやりとりが中央新幹線の一元経営、新幹線保有機構の解体、東海道新幹線品川駅建設など、すべての課題解決に大きな布石となったことをその後の経過が示している。

一月に昭和天皇が崩御され、年号が平成に変わった。そして、平成元年三月に「新幹線貸付料の負担比率の固定に関連する覚書」がＪＲ本州三社総合企画本部長間で署名捺印され、立会人として吉田国鉄改革推進部長が署名捺印した。

それは、①将来、東京～名古屋～大阪間の超電導磁気浮上式鉄道（「以下リニア中央エクスプレス」と略す）が営業を開始する場合には、東海道新幹線の収入が大幅に減少するため、東海道新幹線とリニア中央エクスプレスを一元的に経営し、その収入により東海旅客鉄道負担の新幹線貸付料を負担することとする、②リニア中央エクスプレスの収入のうち、リニア中央エクスプレスが存在しなければ東日本旅客鉄道、西日本旅客鉄道の路線に帰属したであろうと判断される部分については、対応する経費と共に両社に配分する、という二項目の確認からなるものであった。

これで中央新幹線ルートの一部、二〇キロメートルをＪＲ東海が先行建設して超電導磁気浮上リニアの実用実験線とすることに、ＪＲ東日本とＪＲ西日本が反対する理由がなくなったことの意味は大きかった。運輸省はすでに実用実験線を山梨県に建設することを平成元年の秋までに決定し平成二年度予算で要求する、と金丸氏に約束しており、絶対反対のＪＲ東日本、西日本との間で板挟みとなっていた。その板挟みを解消するこの確認文書は運輸省にとっても歓迎すべきものだったと思われる。

また、上記の確認を踏まえて、平成元年六月に「新幹線鉄道保有機構法の一部を改正する法律」が成立し、リース料支払比率が固定された。「当分の間」固定するという条文となっており、今後必要があれば再改正により比率を変える余地を残していること、三〇年間で国鉄債務を返済し終わってＪＲ会社に「譲渡」される時の条件は依然として不明であることなど、不十分な点はあったが、新幹線保有機構解体に向かって次なる一手を講ずるための踏切台ができた、という意味では大きな前進であった。

二　中央新幹線の一元経営を公文書で確認

平成元年六月に服部運輸事務次官が退任し、その後任に林航空局長が就任した。本命と見られていた棚橋官房長は鉄建公団副総裁に転出した。林次官は平成三年六月まで在任し、平成二年三月まで在任した杉浦清算事業団理事長と呼吸を合わせて株式上場の条件整備を行った。

清算事業団による余剰人員雇用対策の幕引き、清算事業団用地の売却などのほか、東海道新幹線と中央新幹線の一元経営の公文書確認、新幹線保有機構の解体による自律的経営体制の確立、東海道新幹線品川駅建設による輸送力増強対策の決定など、分割民営化発足後に残されたいくつもの課題の解決はいずれをとっても林次官の存在なしにはなし得なかっただろう。

また同時に杉浦氏がＪＲ東日本の社長ではなく、株式上場を進める清算事業団の理事長職にあったことが幸いした。私は杉浦ＪＲ東日本社長を実現すべく林氏の意を受けて全力を尽くしたのだが、結果は敗北であった。「人間万事塞翁が馬」というがまさにその敗北がこの局面に幸いしたのである。

この二年間に国鉄分割民営化実施の難局をともに切り拓き、固い信頼関係にあった林氏が運輸事務次官、杉浦氏が清算事業団理事長の座にあって国鉄改革第二ラウンドの重要問題を仕切ってくれたのは天の配剤であった。私は林氏、杉浦氏とは、まさにその時その時において裏表なく誠実に協力してきた。林氏は一本気な人であり、杉浦氏は大らかな人であったが、共に至誠の人であった。国鉄改革実現の過程に培われた信頼関係はこの重要な局面で決定的な力となった。

林事務次官の人事を初めて耳にしたのは六月のはじめだった。杉浦清算事業団理事長とは民営化発足後も引き続き緊密に情報交換し、連携を保っていたが、ある日杉浦氏が運輸事務次官は林氏に決まったという朗報を教えてくれたのである。橋本大蔵大臣が林氏を推しており、その理由は、「運輸省が政策官庁に脱皮するためには林氏に次官になってもらうしかない」という実力課長グループの意見を容《い》れたのだ、ということであった。

事務次官以下の幹部人事が行われるとすぐに平成二年度予算案作りが始まった。平成元年七月一四日、吉田国鉄改革推進部長からの電話が、山梨リニア実験線をめぐる予算折衝の始まりであった。「リニア実験線の建設は平成二年度予算要求の目玉である。その地上設備はJR東海保有とするのでその建設費一三〇〇億円あまりを負担してもらいたい。新幹線保有機構の解体は来年度の要求には間に合わないので、平成三年度予算要求案に盛り込むように準備をしたい。この方針でご理解願いたい」ということであった。

「地上設備はＪＲ東海保有」という言い方に彼の真意がにじんでいた。ＪＲ東海はリニアでも新幹線でも共通に使用できる「地上設備」を保有するだけで「コアシステム」の技術開発とその成果は東海の保有ではない、という思いがにじんでいた。

超電導磁気浮上システムは新幹線システム以上に上下一体の垂直統合されたシステムである。コアシステムと地上設備の水平分離は事実上不可能で、地上設備の建設を負担することはトータルシステムを統合することと同じだった。

大蔵省の考え方

それから二日後の七月一六日、第一勧業銀行のＪＲ担当者の設営で大蔵省主計局の運輸担当主計官と懇談の機会を持った。二人は高校の同級生、入省・入行年次はともに昭和四三年とのこと、気のおけないいつき合いのように見えた。

主計官が語る。「新幹線保有機構を解体するだけならば来年度予算要求に間に合わないはずはない。運輸省は新幹線保有機構をつぶすだけでなく、別に整備新幹線建設のための特別会計を作るつもりで、そのための準備期間がほしいのだ。今年、吉田さんはリニアで頭がいっぱいだから」

さらに続けて株式の上場について「大蔵省としても早くやりたい、タイミングを計って準備しなければならないと考えている。国とＪＲ本州三社の国鉄債務承継額は分割民営化の際にはっきりと決めたのだから、清算事業団が承継した債務の返済はＪＲ本州三社には関係ない、とＪＲ東日本の松田氏が盛んに言っているがあれは問題だ。一刻も早い上場を運輸省も、ＪＲ本州三社も目指している。だから今のタイミングは上場の条件整備と清算事業団債務の処理を組み合わせて論議する好機だと思っている。

ＪＲ東日本の債務負担は上乗せするべきだ。これまでのＪＲ本州三社の経営はいわば試験運転であり、その結果でみると新幹線保有機構を通じてＪＲ東海がＪＲ東日本の東北・上越新幹線の資本費を毎年二〇〇〇億円肩代わりしているが、あれはまったく必要ない。だからＪＲ東日本にはリース料二〇〇〇億円に相当する清算事業団債務を上乗せすべきである。もちろんＪＲ東海には今までどおり四二〇〇億円のリース料を払い続けてもらう」とも言った。私としては、そこまでわかっているのならＪＲ東海の過重な承継債務を見直すことも可能かもしれないと内心思って聞いていた。

山梨リニア実験線、運輸省の財源フレーム

平成元年七月二六日に運輸省国鉄改革推進部に出向き、大塚秀夫国鉄改革推進総括審議官、吉田国鉄改革推進部長から平成二年度予算要求に向けての運輸省の方針を聞いた。

「上場のための条件整備として新幹線保有機構を解体しなければならないことはわかっているが、平成二年度には間に合わないので、平成三年度予算の中で解決するつもりだ。その際に現在の新幹線債務八・五兆円を再々評価して増額し、その分を整備新幹線の財源とするつもりである。

ところで平成二年度予算の目玉であるリニア実験線についてであるが、実験線の規模は約四〇キロメートルで総事業費三一七三億円である。そのうち将来実用線の一部として使える構造物の

山梨リニア実験線の財源（運輸省案）（億円）

	財源手当		
実験基盤施設投資（土木構造物等）	JR東海（構造物等）		1,360
	地元協力（関連工事）		37
	JR総研（用地）		90
実用化技術開発費	JR総研	国庫補助金	421
		地元協力	160
		開銀融資	500
		JR東海特別負担	605
	合計		3,173

計1,965億円

建設費一三六〇億円と、実用技術開発費の特別負担分六〇五億円を合わせた一九六五億円をＪＲ東海で負担してもらいたい。

　鉄道総研の実用技術開発費負担は五〇〇億円、残りは政府の補助金と地元負担あわせて五〇〇億円あまりである。鉄道総研の五〇〇億円は資金的にはすべて日本開発銀行（開銀）融資であり、一般負担（ＪＲ各社が鉄道運輸収入に応じて、五〇億円あまりを拠出）で返済することになるが、連帯保証はＪＲ東海にやってもらうほかない」ということで、全事業費の五分の四をＪＲ東海が責任を持つというに等しい案であった。

　当社の提案は二〇キロメートルを上下一体として当社資金で建設することであったのになぜ四〇キロメートルにもなったのかを質《ただ》したが、時速五〇〇キロで走行する距離が二〇キロメートルでは十分とれないというのが答えであった。この際だからできるだけ多く鉄建公団の仕事を確保しておこうという意図のように見えた。

この一年間、当社の技術陣が実用実験線の設計に従事する中で、二〇キロメートル分の工事費が当初想定の一〇〇〇億円の二倍以上かかることが明らかになってきていた。浮上コイルをガイドウェイ底面に並べる方式から、新実験線では両側の側壁に設置する方式に変えたこと、また宮崎実験線でのクエンチ多発の原因が超電導磁石の振動にあることが解明され、振動を少なくするために地上側の側壁の推進コイル数を増やして二層化したことなどが原因であった。

このように実用化を見据えた新方式が導入され、まずは余裕を持たせた仕様として安定的高速走行を達成し、しかる後にコスト削減を追求する、という手順を踏んだ。当社の松田和久技術本部長の方針であった。

振り返ってみるとこのＪＲ東海技術陣のポリシーは正解で、山梨実験線では建設区間一八・四キロメートルで一四年にわたり実験が繰り返されたがクエンチは一度も起こらなかった。加えて実用線仕様で四二・八キロメートルに延伸された後もいっそう安定度を増している。また平成二六年一〇月に建設認可されたリニア中央新幹線のコアシステムでは、実験線に比べて地上コイルの単価が下がり大幅にコストダウンされた。

話を元に戻すと、運輸省の予算要求案約四〇キロメートル、三一七三億円は、鉄道総研と鉄建公団の試算だというが、明らかに過少見積りであった。実験費も含めれば恐らくその予算額では約二〇キロメートルで使い切ると思われた。

大塚国鉄改革推進総括審議官が危惧していたのはＪＲ東海が約二〇〇〇億円を負担し、試験設備の償却年数七年で償却しても上場に支障ないかということであり、大丈夫であると答えた。同時に、予算要求は約四〇キロメートル分を一括要求とすることで良いが、施工は先行区間約二〇キロメートルと残りの一般区間とに分け、まず先行区間の大半をJR東海の資金で建設し実験をする、しかる後に全線建設の資金フレームが決まったら、その一部として一般区間を建設することを提案し合意した。

その際、

①実験線は中央新幹線の実用線の一部であり、JR東海が自己資金で建設するのは中央新幹線の経営主体だからである、という点についてJR東日本、JR西日本も含めて公文書確認をすること

②超電導リニア技術は上下設備を一体保有・運営して初めて機能する垂直統合的技術である。また実験費用の過半はJR東海の特別負担である。したがって実験の主体は鉄道総研とJR東海の共同とすること

③中央新幹線全線の地質地形調査の運輸大臣指示は鉄建公団とJR東海双方にも出すことを求めた。

これに対して大塚国鉄改革推進総括審議官から、「三社の公式協定は当然である。実験主体については助成金の対象となるのは鉄道総研のみなので、実態として実験開発の共同主体となることを明確化すれば良いのではないか。調査指示は出す方向で検討する」と返事があった。当社も了承の方向で検討する旨を伝えた。

その数日後の八月二日、運輸省内での新事務次官説明が済んだ直後に林氏、杉浦氏と昼食をとる機会があり、実験線負担の前提条件について改めて要請した。林氏は「新聞記者が来て、中央新幹線の事業主体が決まらないのに実験線のJR東海負担を決めるのはおかしいのではないかというので、事業主体がJR東海であることは理の当然、決まっていると言っておいた。JR三社間で一元経営を公式文書確認するのは当然である。中央新幹線の全線調査指示は全幹法に基づいて鉄建公団とJR東海に出す。実験の主体はJR東海と鉄道総研とする」と答えたという。きわめて明快で、あいまいさは一切なかった。

また自民党のリニア中央エクスプレス議連は八月二三日、例年のごとく予算に向けての決議を行ったが、その中で「将来リニア中央エクスプレスの営業主体となることが予定されているJR東海」という一歩踏み込んだ表現が用いられることになった。

当社も八月の取締役会で運輸省の枠組みを了承とする決定を行い、運輸省の予算要求を裏打ちした。

八月七日、超電導リニアの本格的実験線の場所をどこにするか、その選定について検討を続けていた「超電導磁気浮上式鉄道検討委員会」が、実験線建設の最適地は山梨県であると答申し、そのように決定された。他に北海道の千歳空港～札幌、宮崎県の既存の短距離実験線の延長などが検討課題にのぼっていたが、実験すべき地形上の特徴を備えていること、将来実用線の一部として活用可能なこと、地元の協力が得られることなどが理由として、山梨に決めたのである。

中央新幹線の経営主体を公文書確認

鉄道総研の尾関雅則理事長が超電導リニア実験線での開発体制について当社東京本社を訪れた。当社は松田和久技術本部長、土井調査役と私の三人で対応した。まず尾関理事長が口火を切った。

「超電導磁気浮上システムの技術開発はJR全体のものだから技術開発最高会議を設け、これを実験推進の意思決定機関とする。ここにはJR東日本の代表も入れる。推進事務局は私がトップとなる。この体制でいきたい」

超電導リニアの開発主体は鉄道総研であり、成果物はJR各社のものである、という実験線運用フレームを作り上げようとする意図を受けた言いぶりだった。

国鉄分割にともなう業務承継の仕分けで、超電導リニアの技術開発は分割民営化後に鉄道総研が継承する、ということになっていたので、そこに足がかりを求めたのである。

しかしそれはJR各社が拠出し合って鉄道総研の運営に充当するという一般負担財源、年間約一五〇億円あまりの範囲内の話であり、当社が約二〇〇〇億円という膨大な資金を投入して実用システムの開発に取り組む以上、実験の進め方を当社が主導し、実験で得られた成果が当社に帰属するのは当然のことであった。

「地上設備だけでなくリニアシステムも含めた必要資金の三分の二は当社の特別負担である。鉄道総研の一般財源負担とされる五〇〇億円も当面は開銀からの借入となるが、その連帯保証をJR東海が行うのであるから全体で五分の四のリスクは当社負担である。さらに、運輸省のフレームに加えて当社独自で開発を進めることも考えている。当社の一般負担を超える資金の使い方や成果の帰属について他社に発言させる気はない。これだけの経営リスクをとって実用システムの開発をやるのであるから、ことは要素技術開発をはるかに超える経営戦略問題であり、その判断は当社の経営判断によらなければならない。尾関さんをトップにすることなどあり得べくもないではないか」と筋論を述べ、以下のようなやりとりとなった。


「それではJR東海がどのように進めようと思っているのか、考えを聞かせてもらいたい」

「リニアの開発はプロジェクトチーム方式とし、チームは一カ所に集める」

「賛成である。私も机を置きたい。人数は一〇〇人近くになるだろう」

「要員はJR東海と鉄道総研を主体とし、少数の鉄建公団技術者を加えて構成する」

「JR他社を入れざるを得ない。しかしごく少数である」

「プロジェクトチームの仕事は当社の特別負担で建設された実験線のうえでの実用システムの開発であり、プロジェクトのまとめ役は当社である。特別負担をしていないJRを入れる気はない。鉄道総研が国立でやる基礎研究の中に入れるなら止めはしない」

「発注は一括して私にやらせてもらう。土木構造物は良いが、リニアシステムはそうする。あなたの印判が要るようでは困る」

「認められない」

「絶対に困る。そうでなければ技術開発に責任を持てない」

「本件についてはＪＲ東海が国鉄本社であり、鉄道総研は国鉄時代の鉄道技術研究所と同様に国鉄本社の決定にしたがうものである」

「鉄道総研は国鉄本社建設局と鉄道技術研究所の両方を兼ねているのだ」

「高速列車の運行現場を持たない鉄道総研が国鉄本社とは言いがたい。それにリニアシステム開発に対する当社の特別負担金は六〇〇億円以上であり、この資金を経営責任のない者に一括してあずけるわけにはいかない。開銀融資の連帯保証分五〇〇億円をも加えれば一一〇〇億円となり、リニアシステムの開発費は政府補助金以外のほとんどすべてがＪＲ東海のリスクマネーではないか。税法上も経営責任上も当然のことを私は言っているのだ」

「私を信用できないのならば他の人に頼んでくれ」

「わかった。他の人に頼むから辞表を出してください。今ここで」

「あなたに言われて辞表を出す立場にはない」

「あなた自身が他の人に頼んでくれと言うから辞表を出せと言っている。自家撞着したことを言わないでほしい」

「鉄道総研の分は私の発注なら良い」

「はじめからそう言っているではないか。しかし連帯保証をする以上、開銀融資の分の使い方についても勝手なことはさせない」

「まったく同じものを区間ごとに分担することになるのかな」

「そうかもしれない。尾関、須田・葛西・松田和久・土井等で委員会を開こう。一〇月に一回目を開こう」

鉄道総研尾関理事長は、超電導リニアの研究開発は分割民営化の業務承継仕訳によって鉄道総研の分担であるという論理で超電導リニア開発のイニシアティブを取ろうとしていた。しかし、約二〇〇〇億円を投じて実用線の一部となる地上設備をJR東海が建設するという案件は、すでに研究開発という領域をはるかに超えており、経営の大戦略問題である。矮小化は許せるものではなかった。

プロジェクトチームの事務所はJR東海が手配し、JR東海の管理のもとに実験線の諸元が決められる体制を固めた。鉄道総研の超電導リニアチームは車両系が主力であり、数は少ないが超電導リニア一筋の若い優秀な人材が育っていた。

幸いこれらの人々はチームに参加してきた。平成二年二月、彼らに加えて、三菱電機、東芝、日立製作所の三社から超電導磁石、浮上コイル、推進案内コイルなどの技術者、さらに三菱重工業、川崎重工業、日本車輌製造から航空・鉄道車両技術者、合わせて一四名がJR東海に出向し当社の戦力を増強することになった。

彼らは高速鉄道の実用システムを設計運用してきたJR東海の技術陣と一体となって仕様策定を進めていった。鉄建公団の土木技術陣は岡田総裁、峯本理事の統制がよく効いており、これまたよく折り合ってことが進んだ。

先行区間は一八・四キロとし、都留市に実験センターが置かれた。超電導リニアはその高速性から曲線半径八〇〇〇メートル以上を確保する必要があった。しかし登坂性能は鉄レール・鉄車輪システムをはるかに超えて、六〇‰《パーミル》（一〇〇〇メートルで六〇メートル上がる勾配《こうばい》）は可能とされてきた。

超電導リニアの実用システムを開発することが山梨実験線の目的だが、土木構造物の基幹部分は汎用である。最悪の場合は鉄輪系でいかざるを得ないことも考慮し、その際、実用線の一部としても使えるよう勾配を四〇‰に抑えることにした。運輸省が鉄道総研および鉄建公団に依頼して試算した約四〇キロメートル分の予算枠は、先行区間だけで使い切ってしまうことが予想されたが、一般区間は先行区間の実験結果を見たうえで、さらに中央新幹線全線の建設財源フレームが決まった時に建設すれば良いと考えていた。

平成二年度予算案の決定とともに懸案が次々と決着していった。

まず平成二年二月六日付で中央新幹線東京都〜大阪市間の地形、地質調査指示が当社に下された。同じ調査指示を受けた鉄建公団と協力して七年間を目処に調査報告書を提出せよという内容だった。全線に対する地質地形調査指示がJR東海に出されたことは中央新幹線の建設主体、経営主体としての位置づけを裏書きするものとして大きな意義があった。

次に六月八日付の運輸大臣通達で「技術開発の基本計画」と「山梨実験線の建設計画」の作成指示があり、前者は鉄道総研とJR東海の二者で、後者は鉄建公団を加えた三者で策定した。

また山梨実験線四二・八キロメートルのうち一八・四キロメートルを早期建設する旨をJR東海、鉄道総研、鉄建公団で決め運輸大臣に提出、了解された。この一八・四キロメートルが平成九年に稼働し、超電導リニア実用技術完成までのすべてを担うことになる。ドイツのエムスランドのTR実験線で着眼したとおりの効果を挙げ得たと思う。

これら一連の手続きは超電導リニアの技術開発について、JR東海が主導的に進める立場に立ったこと、すなわちリニア中央新幹線の経営主体となったことを裏書きするものであった。

もともと超高速大量輸送の実用システムを完成させるためには、実際の高速鉄道運用経験の蓄積が不可欠で、東海道新幹線の運行経験から得られた知見と当社の組織力なしには不可能であった。鉄道総研の技術者たちはそれを十分心得ており、プロジェクトチームが編成されると全員が東海の統御の下によく各々の役割を果たした。後日談になるが、彼らは後にJR東海に移籍し、コアシステムの実用仕様完成にたずさわることになる。

そのうえで、平成二年六月一五日、東海道新幹線と中央新幹線の一元経営について運輸省の大塚国鉄改革推進総括審議官とJR東海の須田社長の間で次のような公文書確認がなされた。

①首都圏と近畿圏の二大都市圏を結ぶ鉄道は、国鉄改革における分割の考え方によりJR東海の経営責任分野であること

②中央新幹線は東海道新幹線の役割を代替するものであり、上記二大都市圏を結ぶ、旅客流動を担う鉄道に該当すること、中央新幹線をリニアで建設した場合もその性格は変わらないこと

③JR東海が山梨リニア実験線のために特別負担を行うのはこの考え方に基づくこと

④中央新幹線の営業主体は、全幹法に基づき、整備計画を決定する時点までに運輸大臣が指定することとなっているが、中央新幹線は現在の東海道新幹線の輸送力が将来限界に達するので、

第二の東海道新幹線として建設運営されること
などを内容とする往復文書確認であった。
同じ六月一五日、鉄道総研の理事会があり、「平成二年度の浮上式鉄道開発計画について」が議題となった。この中でJR東海の特別負担は、「中央新幹線と東海道新幹線は、将来一元的に経営されることが前提となっている」と説明され了承された。こうして昭和六二年五月に萌芽《ほうが》した、第三正面の課題である中央新幹線の一元経営は、三年がかりで決着をみたのである。

三　東北新幹線の東京駅乗り入れと直通運転の是非

東北新幹線が東京駅に乗り入れたのは平成三年六月、一二番、一三番ホームが完成した時であった。昭和五七年に盛岡〜大宮間で部分開業し、昭和六〇年三月に上野駅まで開業、平成三年六月、ついに東京駅に乗り入れたのである。

これに先立ち東北新幹線と東海道新幹線の直通運転を将来行う余地を残すか否かが検討の俎上にのった。この件は国鉄時代に検討され、直通運転は行わないことで決着がついていた。それがここにきて蒸し返されたのである。国鉄の路線・資産分割を取り仕切った総裁室長腹心の若手は、この時点ではJR東日本の投資計画部長であった。彼は将来的には東海道新幹線の一四番ホームを東北新幹線で使おうと考えていたように思われる。そのため東海道新幹線の一四、一五番ホームの用地はJR東日本の所有とし、東海道新幹線はその上空の一部空間を使用貸借でプラットホームとして使っているのだという扱いにしてあった。そして東北新幹線の東京乗入れに際して直通運転を提起して巻き返しを図ったのである。

すなわち、直通運転の可能性温存のために、とりあえず東海道新幹線の一四番ホームだけは東北新幹線とつなぐことを主張した。そして盛んに直通運転の利便性をメディアに解説した。直通運転は俗耳に入りやすい議論で、記者会見などでよくそのことについて質問を受けた。

当社側にもその「こころ」は見えていたので、直通運転が不適切で、不可能であるという、国鉄時代にすでに決着のついた議論を再度繰り返すことになった。

まず第一に、直通運転は大多数の旅客の利便を損なうがゆえに不可である。

東海道新幹線の大多数の旅客は東京駅で下車して東京圏で用事を済ませる。直通列車があったとしてもそれを利用して東北方面に直行するものはわずかである。東北新幹線の旅客にとっても事情は同じである。

一方、列車の運行形態という点から見ると、東海道と東北では大きな相違がある。東海道新幹線は輸送力の限界まで列車を走らせ、需要に対応しなければならないため全編成が一六両編成、車種は極力統一し、仕様諸元は各車種完全に統一して運用の互換性を持たせている。

東北新幹線は路線が枝分かれし、細い流動が合流して大宮・東京間に流れ込む形態である。したがって、車種は多様、列車の編成両数も多様、停車駅パターンも多様であった。ごく少数の旅客のために短編成の東北新幹線列車と一六両編成の東海道新幹線列車が一部区間で直通運転すれば、効率の悪い線路の使い方となり、大多数の旅客の利便を損なうことになる、そんなことはできない。

第二に、東海道・山陽新幹線と東北・上越新幹線の直通運転を行うことは東北・上越新幹線のあらゆる箇所で起こったトラブルが東海道・山陽新幹線全線に影響を与えることを意味し、逆もまた真である。特に在来線である山形新幹線が東北新幹線に乗り入れることにより、その可能性は高まっている。

ゆえに列車の安定運行を守るという観点からいえばリスクを東京駅で遮断・限定するのが常識で、直通運転よりも東京駅での乗り換えを便利にすることこそ旅客サービスのうえからも好ましい。私たちはそう指摘して直通案の蒸し返しを退けたのである。

平成元年一一月にJR東海、東日本、運輸省間で協議し、当面は接続しないという整理で先送りし、平成二年三月、東北新幹線の東京駅開業を一年後にひかえ、一四～一九番ホームは従来どおり東海道新幹線が使用し、一二、一三番ホームは東北新幹線の専用とする。線路の接続は行わない、ということで最終的な決着をみた。

四　株式上場準備始動

東海道新幹線と中央新幹線の一元経営問題が一段落した後に残る課題は「新幹線保有機構の解体」と「東海道新幹線の輸送力増強策」であった。時あたかも国鉄分割民営化から三年目、日本経済のバブルがふくらみつつあったことも手伝って、JR各社とも輸送量・収入が大幅に予想を上回り、ＪＲ本州三社の株式上場が現実の課題となりつつあった。

そして株式上場の前提条件整備こそ「新幹線保有機構」という欠陥制度の解消と、積年の課題である「品川駅建設」による東海道新幹線の輸送力増強を一挙に解決する絶好の機会であった。

国鉄改革関連法ではおよそ一〇年以内の上場を予定していたが、それは清算事業団債務を処理することと表裏一体のものである。まず国鉄の遊休地を、次にＪＲの株式を売却して債務返済に充当し、なお不足する分を国民負担として処理するものと定められていた。

しかし分割民営化時にはＪＲ本州三社の株式上場が一〇年以内に実現する、と信じた者は政府にも、国鉄にもいなかった。だからこそ発足後三〇年間にわたって、四新幹線の維持更新資金がどこにも内部留保されないような欠陥制度が法制化されたのである。

しかも「新幹線保有機構」の下では三〇年の間は各社のリース料が二年おきに見直されるため、それぞれの会社の資産・債務額が確定できない。三〇年かけて承継債務を払い切ってもその時点の状況を総合的に判断して譲渡価格を決めることとされていたので三〇年間は資産も債務も不確定であった。このような企業の株式を一〇年以内に上場する、というのは自家撞着としか言いようがない。

他方、ＪＲ東海発足以来、日本の好景気と経営施策がもたらした東海道新幹線の輸送量・収入の急増は、輸送力増強の必要性という宿年の課題を急浮上させた。一時間に運行可能な列車本数は、東京駅のプラットホームを発車した列車がポイントを渡り本線に入り切るのに要する時間によって制約される。当時はそれが四分で、片道一時間当たり一五列車というのが運転可能な列車本数の限界だった。

そのうち四本は東京〜品川間で分岐する大井車両基地への回送列車用に留保しなければならない。したがって東京駅から旅客を乗せて運行できる列車本数の限界は一一本となる。すでに一時間に一〇本が運行されていて、最頻時の増発余力はわずかに一本という状況にあった。事実上輸送能力は限界に達していたのである。

この事態にいかに対処するか。

品川に東海道新幹線の新駅と電車留置線を建設し、品川折り返し列車を運行する、というのが従来より考えられてきた有効な解決策であった。東京・品川間で本線から分岐し大井車両基地に出入りする回送列車に取られた毎時四本を品川から発車させれば、品川以西では毎時一五本の営業列車運転が可能となる。ピーク時において五〇％の増発余力はきわめて大きな輸送力増強であった。この新幹線品川駅構想は国鉄時代にも何度か提起されたが、悲しいかな当時の国鉄は大赤字で、そこまで手が回らないという理由で実現しなかった。

分割民営化に際し、国鉄用地を仕分け・線引きする作業に当たっては日本経済の大動脈である東海道新幹線の長期持続的な使命達成に当然配慮しなければならなかったはずである。とすれば東海道新幹線品川駅の建設用地を何らかの形で手当てしておくべきだった。

しかし担当の経営計画主幹は、「新幹線保有機構」によって運輸官僚の手に堕ちた東海道新幹線を封じ込めてハブ会社で制御することに関心を集中していたように思われる。

その一方で分割民営化発足時にはいまだ着工されていない東北新幹線上野〜東京間の想定工事

経費一四〇〇億円あまりがいつの間にか新幹線保有機構の承継債務に含められ、新幹線保有機構による会社間収益調整制度に便乗して、その六〇％を東海道新幹線に支払わせるように仕組んであった。

平成元年に上場が現実的な視野に入り、そのための前提条件整備として「新幹線保有機構」が解体されることとなった時、その影絵である「ＪＲ東日本ハブ会社」構想がもたらした用地境界のゆがみを修正し、国鉄時代以来の懸案に戻ることもできたはずである。国鉄総裁として全体を見てきた杉浦氏が東日本のトップにあればそうなったと思う。しかし、住田体制の下では期待すべくもなかった。となれば次善の策として株式上場までの間、すなわち政府の意思でいかようにも修正を加えることができる「国有民営企業」である間に、国益にとって何が必要かを明らかにし、国民的な支持を背景にゆがみを修正するしかない。そう考えて、まずはＪＲ東海社内に「東海道新幹線輸送力増強委員会」を発足させたのが平成元年六月二六日のことであった。

八月上旬には品川駅建設プランがまとまった。国鉄時代からの検討経緯があったため、それを下敷きにして短期間でまとめることができたのである。品川に二面四線の新駅と留置線一二線を確保するという案であった。この案の留置線一二線というのは、いわば最大限度案で、大きく打ち出し世間を瞠目《どうもく》させる効果を狙ったのである。国有民営が民有民営に変化する、すなわち株式が上場される前に決着する以外ないと考えてのことだった。

まずは「東京参与会」に名を連ねる人々をはじめとして、有識者に理解と支援を要請すべく問題提起を始めたのが平成元年の夏頃からであった。

平成元年八月二日、杉浦氏、林氏と私で昼食を共にした。その際、林氏から、「内部留保対策としての新幹線の買取りは上場前にやる考えである。平成二年の通常国会には間に合わないだろうが平成三年度予算要求には織り込む。したがって中身が決まるのは平成二年秋、実施は平成三年の一〇月一日ということになるだろう。上場は早くて平成四年度だ。ＪＲ東海はこれまでどおり、内部留保に問題があると大いに言ってもらいたい。しかし、新幹線保有機構の解体とは言わないでもらいたい。特に臨時行政改革推進審議会には言うな」

という内意表明があった。林氏は新幹線の地上設備の買い取り価格を上乗せして、その分で整備新幹線を建設するための「新幹線整備基金」のようなものを作ろうと考えている、だから「解体とは言うな」ということになるのだと感じた。今のままでは将来東海道新幹線の収益力のすべてが「新幹線整備基金」化することになり得る。今わずかな上乗せ分で保有機構を解体できるのならそれもやむを得ないだろうと思った。

会社発足以来、重要な経営問題について説明し、助言や支援を頂いていた東京、名古屋の参与会のメンバーに、東海道新幹線品川駅建設の必要性とその概要を説明したのは平成元年八〜九月にかけてであった。

「東海道新幹線の品川新駅には①東海道新幹線の輸送力増強、②自然災害による列車遅れの早期回復、③東海道新幹線旅客のための利便性向上、④リニア中央新幹線と東海道新幹線の首都圏における結節駅の確保、という四つの大義があります。

在来東海道本線の品川ヤード用地の鉄道利用は希薄で、ＪＲ東日本はいずれこれを集約して開発することになると思います。用地面積一三ヘクタールで時価は一・二兆円ともいわれていますが、それをJR東日本は簿価七・五億円で国鉄から引き継ぎました。新駅の用地などは現有品川ヤードの一部を揺さぶれば生み出せます。国の大動脈輸送の利便向上という視点で考えるなら、品川新幹線駅建設は最優先の案件としてすみやかに実現すべきです。

しかも新幹線の品川駅は大きな開発利益をもたらし、品川地区全体の価値を高めることになります。その最大の受益者はJR東日本です。国鉄時代にも何回か構想は浮上したのですが、悲しいかな当時は赤字経営のため実現しませんでした。ここで株式の上場が行われてしまえば国益、公益に関係なく現状のまま民有化されてしまいます。国家百年の計を考えるなら上場の前、すなわち国有民営である間に最低限度、品川駅の建設に必要な用地を確保しておかなければなりません。

さらに鉄道輸送の公益性という観点からいえば、首都圏〜近畿圏を結ぶ日本経済の大動脈と首都圏内・近畿圏内の鉄道網は相互に補完し合い、ネットワークを形成し、日本経済に貢献することを第一義とすべきだと思います。

しかし一部には、首都圏、近畿圏の都市内鉄道が東京〜大阪間の航空輸送と提携して東海道新幹線と競争を展開することが分割民営化の趣旨にかなう、そのため東海道新幹線を封じ込めようと考える者もおります。国鉄時代であれば国益として当然であったことが分割民営になって逆さまになった、というのでは分割反対論に理を与えることになるでしょう。公益から見た合理性と大義こそが我々の指針でなければなりません」

と説明して共感を得た。

有識者の意見は要約すれば以下のようなものであった。

・国鉄の鉄道用地の処理問題は国家政策次元の問題であり、民間企業であるJRの自由な処分にまかせるべきではない。したがって公共の用に供しうる鉄道用地の軽々しい処分を許すわけにはいかない。

・上場は第二国鉄改革である。一～二年上場が遅れても事前に整理すべき課題は整理すべきであり、新幹線の品川駅問題はまさにその典型である。

・林運輸事務次官も大塚国鉄改革推進総括審議官も私たちと同意見である。橋本大蔵大臣も理解している。この問題は整備新幹線の財源問題も含めて総合的に解決する。橋本、林、大塚の各氏と私たちで話を進めていく。

平成元年一二月一九日の閣議で、政府はJR本州三社の株式を平成三年度の上場を目標に準備を進めることを閣議決定した。それを受けて、上場に向けての運輸大臣の諮問機関として「JR株式基本問題検討懇談会」が設けられることになった。

運輸省と大蔵省で調整して決まった顔ぶれは、平岩外四、岡野行秀、江頭憲二郎、加藤寛、杉浦喬也、中川順の各氏など旧知の顔ぶれを含む一〇名の委員で、平成二年三月三〇日に第一回の会合が開催され、夏頃までに方向づけを行うことになった。

懇談会メンバーの中で平岩、加藤寛、杉浦の各氏はみな東京参与会のメンバーであり、東海道新幹線輸送力増強の必要性を深く理解し、品川駅の建設については株式上場の前にぜひやるべきである、という意見だった。

二月八日午後四時半、杉浦氏は「林君と会って話し、考え方を統一した。新幹線の買い取り価格は見直しをする、土地問題全体の見直しは無理である。しかし品川駅問題だけはやる、弾着点はそうだとしてもＪＲ東海の作戦としてはもっと大がかりな提起をする方が良い。自分が発言して、会議を誘導するタイミングは林君からサインを送ってもらう」という意見だった。

東海道新幹線の品川駅計画はメディアの大きな話題となり、広く世間の関心を呼んだ。平成二年四月二九日には、フジテレビの『竹村健一の世相を斬る』で東海道新幹線品川駅の必要性を、五月八日には天野光三京都大学教授が『週刊エコノミスト』誌で鉄道用地の全国的な使用法の検討を論じ、五月二五日には読売新聞、二七日には毎日新聞、三一日に朝日新聞が大きく報道した。六月一日には大野明運輸大臣が、運輸省としても品川新駅の実現性を検討している、と記者会見で答えている。

新幹線の内部留保対策が既定路線化したこと、新幹線品川駅建設が合理性、大義名分ともに強いプロジェクトとして世論の支持と期待を得たことによって新幹線品川駅実現の可能性が高まったことは確かであった。しかし同時に、住田氏と後輩の運輸官僚や、宮廷革命派の人々の反発が激しくなるであろうことも予想された。

その動きがまさに聞こえてきたのが、同じ平成二年六月一日であった。林次官から電話があり、「ＪＲ東日本首脳に品川駅問題を投げてみたら猛反発であった。新聞の論説にまで手を回すとは何ごとか。まずその点についての釈明が先だと言っている。ＪＲの社長会でＪＲ内部の話はＪＲ

間でやろうと申し合わせたのに何だ、と言っていた。しばらくほとぼりを冷ます方が良いのではないか」と少し弱気になっているように聞こえた。国鉄改革推進部内の空気がそうなっているに違いなかった。

「彼らが怒って猛反発していることが手法の正しさを証明しているのです。彼らが追い込まれたと感じている証左でしょう。住田さんの言うようにJRの内輪で議論していたら品川駅の問題は誰の目にも耳にも入らずに引きのばされ、葬られ、永久に世論の関心を集めることすらなかったでしょう。今や、いかに反発しようともこの問題を黙殺することはできなくなりました。議論をすれば大義のある提案を葬り去ることはできない。このやり方しかなかった、と私は思います」

と言うと、林氏も「確かにそうだ」と賛同した。

五　「新幹線保有機構」ついに解体

平成二年六月五日に第三回のJR株式基本問題検討懇談会が行われ、JR本州三社と東京証券取引所からのヒアリングが行われた。新幹線保有機構の解体を決定的にした懇談会だったのでその要点をなぞってみる。

まずJR東日本の住田社長が意見陳述をした。彼の説明は、①株式の早期・一括売却をのぞむ、②新幹線リース制度は国鉄改革の基本スキームの一つであり、これを前提に株式の早期上場・売却を目指すのが国鉄改革のシナリオである、③一般論として、買い取った方がJR東日本の経営にとってメリットが大きいのであれば具体的に対応する、④なお、買取りにより上場が遅れるようであれば上場を先行する、というものであった。

これに対して吉瀬維哉氏（元国鉄再建監理委員会委員）から「買取りによって上場が遅れるような場合には上場の方を優先するというのはどういうことか」と質問があり、住田社長は「閣議決定で遅くとも平成三年度に上場するということになっている。新幹線買取りは法律改正をともなうものであり、これから準備すると法律が成立するのが平成三年の通常国会ということになる。買取りは平成三年九月、新しい仕組みのもとでの経営成績を一～二年度見るとすると上場は平成五年度になってしまう。上場が遅れるようであれば買い取らずに上場する、ということだ」と答えた。

さらに杉浦委員が「国鉄再建監理委員会で検討がなされた際に、新幹線については減価償却が計上できない、ということについて企業会計上何か問題とされなかったのか。東海道新幹線にとっては特に大きな問題となっているのだが……」と質問すると、住田氏は「当時でもJR東海は償却資産がないということで、将来問題になることは予想されてはいたが、そうと知ったうえでやむを得ないと割り切った経緯がある。JR東海にとってそれが問題になることは前々からわかっていたことです」と答弁した。

次にJR東海の須田社長が立ち、①国鉄改革のプロセスはいまだ進行中である、②上場までは国有民営であり、フレーム変更について国の意思が反映可能だが、上場により民有民営化すれば変更は不可能になる、③上場前に新幹線資産を買い取り、減価償却不足を解消する必要がある、④この二年間の試験運転で東海道新幹線に過大な収益調整負担がかかっていることが判明した。買取りの前に買取り価格の適正化が必要である、⑤東海道新幹線の輸送力不足が問題化しており、品川駅を建設して折り返し運転を可能にする必要がある。国鉄であれば自ずからそうなったと思うが、今では国の政策的調整しかない」と意見を述べた。

杉浦委員が「上場に先立ってフレームの修正が必要とのことだが、この点について運輸省の見解はどうか」と質問、吉田国鉄改革推進部長が「新幹線の輸送力が限界であり、増強の必要性があるとは認識している。品川駅建設問題も含めて考えたい」と答弁した。

杉浦委員がさらに「JR東日本にもメリットのあるやり方はないのか。清算事業団用地の活用は考えられないか」と質問したのに対して、須田社長が「東海道新幹線の品川駅用地は品川ヤードのほんの一部であり、駅ができることにより巨大な開発利益が東日本にもたらされる。大きなメリットではないか」と答弁した。

続いてJR西日本の陳述をはさんだ後に、東京証券取引所で常務理事をつとめた飯田博氏が見解を表明した。飯田氏は投資家保護の立場からJR株式の上場を見た場合の問題点として新幹線リース制度を取り上げて明快な判断を示したので、そのくだりを引用する。

「今の制度のもとでは、国鉄が運営していた新幹線の鉄道施設については新幹線保有機構がこれを所有し、JR本州三社がそれぞれリース料を払って運営している。このリース制度は、これまでも事例があるとおり、リース料の変更によりJR本州三社の収益を調整することを目的に作られている。

それと政府答弁からも明らかなように、リース期間が終了し承継債務を払い終わった後に新幹線施設はJR本州三社に譲渡されるが、価格はその時点での総合的判断により決まるとされている。すなわち、当該施設の権利関係が制度的に不明確なのである。ここに大きな問題がある。

リース料については昨年の六月に当面は固定された形になっている。しかしながら、そもそも新幹線保有機構は運営事業に関わる経営基盤の均衡化を図ることを目的として設置されたものなので、常に収益調整弁としてリース料が変更される可能性を持っている点は否定できない。

また前回の改定に際しても、金利差益を利用して整備新幹線の高崎～軽井沢間の建設資金を捻出している。これは投資面からの収益調整が行われたものといえるだろう。このように第三者により恣意的に収益基盤に変化がもたらされるようでは独立した企業とはいえず、投資家の信頼を得ることは難しい、と言わざるを得ない。

これまでの経緯から考えると、調整に際して政治的な経営干渉が行われる可能性も否定できない。加えてリース期間終了後の権利関係が不明確では、投資者の的確な投資判断が困難であるばかりか、JR各社の長期的な投資計画に支障を及ぼしかねず、この点も投資者保護の観点から問題がある。

このような不確定要素を極力排除してJR各社の独立性を担保するために、新幹線については、新聞報道にもあるようだが、上場前に該当するJR各社に譲渡されることが適当、と考えている。

この点が不明確なまま上場を進め、上場後に譲渡が行われるようなことになると、八兆円を超える資産・負債の移動であるからして、株価をはじめ市場に与える影響は非常に大きなものとなる。したがって新幹線を譲渡した後、さらに一事業年度以上の経営実績を見きわめて上場を進めることが適当であると考える」

と、きわめて明快で説得力のある説明をしたので、住田社長の上場先行説は否定され、新幹線資産の買取り、すなわち新幹線保有機構の解体はこれで確定したと言って良かった。

収益調整・負担債務の見直しは不発に

八月三一日の第四回ＪＲ株式基本問題検討懇談会で平成三年度予算概算要求案が説明された。新幹線保有機構は平成三年九月三〇日をもって解体されること、買取り価格は平成三年九月末日での承継資産の再々評価額九・一兆円とすること、分割民営化時に新幹線保有機構が承継した債務八・五兆円の平成三年九月末時点での残額八・一兆円との差額一・一兆円を原資とし、「鉄道整備基金」を設立して整備新幹線などの工事費に充てること、などが含まれていた。

そこでこの九・一兆円の買取り価格をＪＲ本州三社でそれぞれいくらにするか、が予算折衝の裏側での鍔迫り合いとなったのである。

林氏や杉浦氏が既定の部分の負担比率をも見直そうと考えていたのは確かである。しかし、そうすると住田氏が買取りを拒否する恐れが強かった。もし住田氏が買取りを拒否すれば、応諾したＪＲ会社には譲渡のうえ先行上場させ、応諾しない会社は応諾するまで上場を延ばせば良い――そうすれば政府の威信と見識が保てる。理念的にはそうであったが、その場合は平成三年度における新幹線保有機構の解体が流れることになる。概算要求した枠組みが要求側の都合で壊れれば問題は運輸省の手に収まらなくなる。運輸省の事務方は、結局ことを荒立てない範囲で話を進めるほかなかった。

ＪＲ東海は、新幹線だけの収益力のみによって、在来線も含めた会社全体としての収益調整をやることの非合理性を一貫して主張し、八・一兆円の三社間の負担比率も見直すべきであるとしてきたが、既成事実には勝てなかった。

吉田氏の後任の黒野匡彦国鉄改革推進部長は有能・怜悧な調整型官僚らしく、既存部分は従来どおりとし、上乗せ分一・一兆円だけを変更する方針で臨んだ。予算の大詰めが迫っており、ＪＲ東日本の住田社長の強硬な姿勢なども併せ考慮すると、その選択もやむを得ないところであり、当社としてもきびしい決断を迫られることになった。

結局は一二月上旬に、追加一・一兆円をＪＲ東日本〇・七、東海〇・三、西日本〇・一ずつ負担することで予算案が決着した。その結果、平成四年度におけるＪＲ東海の収支諸元は、営業収入一・一兆円、減価償却費〇・一九兆円、支払利息〇・三五兆円、また、平成三年度末の長期債務は五・一兆円（在来線分も含めて五・五兆円）ということになった。

しかし、ここで負担債務額の見直しを求めても実現可能性はなく、むしろ我々が孤立するだけに終わったであろう。ここは新幹線保有機構が解体され、自律的な経営体制ができることを諒《りょう》として、次の戦略はそのうえに立って展開するしかなかった。それでも減価償却費の計上による内部留保が可能となった意義は大きかったといえる。

人生がまたそうであるように、会社の経営も計画どおりに進展することはほとんどない。国鉄分割民営化自体がそうであったように、すべては妥協と不徹底の連鎖の中で転がっていく。何が合理的であるか、何が大義にかなうかを唯一の指針に、大局を見定め、日々全力を尽くし、捨て身でことに当たる以外にはない。矜持《きょうじ》とするところは首都圏と近畿圏の間の旅客流動という当社創業の使命、すなわち東海道新幹線の役割は必須かつ代替不能であるということだった。

以上のような経緯をたどって第二正面の「新幹線保有機構」の解体は達成され、平成三年一〇月一日からは減価償却費の計上も可能となった。しかし新幹線保有機構のもとでの不合理な収益調整がもたらした過剰な債務負担は修正されないまま残った。

減価償却費は計上できるようになったが、償却対象資産は再々評価された東海道新幹線設備の再調達価格三兆円と見合うものであり、東北・上越新幹線に対する内部補助として上乗せされた二・一兆円分の債務は土地価額に含まれるとされ、この部分については債務返還財源を内部留保する手段がない形で残された。

この部分については、本来は「のれん代」として無形資産の償却を認めるのが企業会計上至当である。法律上無形資産の償却年数は五年以内であったが当社の場合は特別法によって類例のない巨額の負担を義務づけられたケースなので、特別立法措置によって二〇年間（平成三年度買取りとすれば残り二六年間）の期間内に一定の償却を認めてもらうのが筋であると考え、そのように打診したが不首尾に終わった。達成感と挫折感がない交ぜになった出来映えだった。

JR東海の創業において最もきびしい現実に直面した場面ではあったが、新幹線保有機構が解体されたことは企業としての独立を勝ち取ったという意味において、質的には無限の価値があった。あとは肉を切らせて骨を断つ覚悟、捨て身で経営に臨む覚悟をあらためて胸にきざんだ。

六　東海道新幹線品川駅設置への曲折

新幹線保有機構の解体と並んで、上場の条件整備として解決を図ってきたのがすでにふれている東海道新幹線の品川駅建設の問題である。新幹線保有機構の解体が、平成三年度予算というデッドラインの中で進められたのに対し、品川駅問題は東海道新幹線の輸送力増強という長期的な計画に関わる問題であった。

そのうえ駅・留置線の設計と工事計画の作成、都市計画の修正など複雑な作業があって、平成三年度予算と同じタイミングでは片づかない要素を含んでいた。そのため品川駅問題は新幹線保有機構解体と同時決着を目指したものの、結局、取り残されることとなった。

品川駅プロジェクトは、

①すでに限界に近づいた東海道新幹線の輸送力を増強するための、また自然災害などによる列車の遅れを早期に収束させるための唯一の実効的な対策であり、

②運輸省との公文書確認で第二東海道新幹線と定義された中央新幹線と東海道新幹線の唯一の現実的接続駅であり、

③さらに品川で東海道新幹線に乗降できることは東京の西南部に在住する利用者にとって大きな利便向上をもたらし、

④地域の開発可能性を飛躍的に高めるものであった。

したがって、国の交通政策上の大義名分と合理性は十分にあった。あとは運輸省の強い決意と世論の後押しを背に事を進めていくしかなかった。

この件については、すでに紹介したように、林運輸事務次官、杉浦清算事業団理事長、平岩経団連会長、亀井元国鉄再建監理委員長、瀬島臨時行政改革推進審議会委員、橋本大蔵大臣などの国鉄改革関係有識者全員が交通政策の最優先の課題であると認識し、国の判断が反映できる上場前の解決が必要であるとの見解を共有していた。

また東海道新幹線品川駅設置計画は、新聞や雑誌等で平成二年春以降、たびたび報道され、多くの人々の注目を集めていた。記事の書きぶりには「ＪＲ東日本とＪＲ東海がまた兄弟喧嘩をしている」という調子の冷やかしも見られたが、それらも含めてすべては品川駅の設置を待望するものであり、プロジェクトの大義と合理性、それに人々の期待を考えれば、運輸省にとっても建設せずという選択肢はあり得なかった。

その進め方は国の交通政策の視点に立って、鉄道輸送の役割とは何か、その役割を果たすうえで何が必要なのか、運輸省が大所高所から判断すべきものであった。「民有民営化」への移行、すなわち「上場」の前提条件として、品川駅設置を運輸省主導で決定するのが最も現実的であった。

それでは運輸省の事務方、すなわち国鉄改革推進部は、ＪＲ本州三社上場の前提条件として東海道新幹線品川駅問題を決着させる、とする林次官の方針で一本にまとまっていたかというと、さにあらず。林次官はその微妙な雰囲気を敏感に感じとっていたのではないかと思う。

国民の財産をどう使うのかが問題の本質

平成二年六月二五日、杉浦氏の後を引き継いだ石月昭二清算事業団理事長が記者会見で、「品川駅問題は当事者であるＪＲ東海とＪＲ東日本の間で話し合うべき問題である。清算事業団の用地を使用する部分は当然実勢価格である」との見解を述べた。

彼は国の交通政策として、大所高所から運輸省が判断するという立場ではなく、問題はＪＲ東日本とＪＲ東海二社間の取引問題であると表明したのである。瀬島氏、亀井氏、平岩氏などの有識者だけでなく、前任の杉浦理事長や、現職の林事務次官、橋本大蔵大臣とも異なる立場に立った発言であった。

平成二年七月四日の夕刻、私は黒野国鉄改革推進部長とこれからの諸問題の進め方について、差しで意見交換する機会を持った。彼は林次官の信頼も厚く、運輸省の次世代を背負うと衆目の一致する人材であった。三時間にわたる意見交換の話題は多岐に及んだが、品川駅用地に言及したくだりでは品川駅問題についての基本スタンスを知ることができた。彼は「東海道新幹線の輸送力増強の必要性はわかる。しかし強権発動はできない。運輸省がＪＲ東日本から一方的に用地を取るのは不可能だ。東日本にも取り分のある案でいかねばならない。土地境界の部分修正をやってもまた将来同じ問題が生ずる。フレームの見直しをやり出したら切りがない」という認識を述べ、石月理事長の見解を裏書きしていた。

石月理事長の見解表明は国鉄改革推進部長と打ち合わせたうえでのものだったに違いない、と直感した。と同時に、林次官の孤独が伝わってくるような気がした。国鉄改革推進部長は明らかに「品川ヤードの土地はＪＲ東日本の所有であり、それを政府が東日本から取り上げて、東海道新幹線の品川駅用地としてＪＲ東海につけ替えるのは無理だ」と考えていた。

それは「上場まではＪＲ東日本もＪＲ東海も国有民営であり、株式はもちろん、用地もすべて国の所有、すなわち国民の財産である。したがって国の所有、国民の財産である品川用地の使い方は運輸省が交通政策の視点、公共の利便向上という視点に立って判断しなければならない。そして東海道新幹線の輸送力増強は国の交通政策上最優先の課題であることは疑いない」という国鉄改革関係有識者や橋本大蔵大臣の認識とは異なっていた。

「ＪＲ東日本の土地を取る」のではなく、「国の土地」、「国民の財産」をどう使うのか、何のために使わせるのか、ということこそが問題の本質であり、それを決める責任は運輸省国鉄改革推進部にある、というのが有識者の共通認識であった。

品川ヤード用地を「ＪＲ東日本の土地」と性格づけた時点で、国鉄改革推進部長は住田社長と同じ立脚点に立ち、そのうえで東日本と東海二つの会社の困難な折衝の調停者としての役割を果たすことを選んだのである。

新幹線品川駅の設置は、地域経済に巨大な外部経済効果をもたらし、その最大の受益者は品川ヤード用地の保有者であるＪＲ東日本である。ＪＲ東日本の取り分が計り知れないくらい大きいのは誰の目にも明らかだった。

今や東海道新幹線の品川駅実現は交通政策の必要性と国民的待望を背にしている。「国民の土地」を交通政策の見地から生かして使うという切り札は捨てても、品川駅問題を投げ出すわけにはいかない。責任官庁である運輸省が出口を見出さなければならない立場に変わりはなかった。世論は品川駅の実現を要求するだろう。しかし、交渉は難航するだろう。我々は終始一貫それにつき合うほかない。そう覚悟したのであった。

運輸省の切り札 上場時期の決定と社長の人事

上場時期の決定権とJR東日本社長の人事権という切り札は、株式の大半を売却し終えるまでは省の掌中《しょうちゅう》に残されており、それが運輸省の手に残された最後の「実力」であった。

石月氏の発言以降、JR東日本の住田社長の姿勢はいっそう強硬になり、一切の相談に応じないという閉塞状態に陥ったまま時間だけが過ぎていった。平成二年一〇月、事態打開のために国鉄改革推進総括審議官のインフォーマルな諮問機関として「東海道新幹線輸送力問題懇談会」が設置され、一一月末までに中間意見をまとめることになった。

一一月半ばの第二回会合、一二月上旬の第三回会合で、輸送力増強について、「一時間一五本運転が必要、そのためには品川に新駅と、折り返し設備を作る必要がある」との結論に達した。いずれの会合も住田・松田両氏は出席を拒《こば》んだ。

平成二年一二月一四日、懸案であった東海道新幹線譲渡価格が運輸省から提示された。東海道新幹線の価格は五兆八〇〇〇億円であった。これに対してＪＲ東海としては、五兆八〇〇〇億円はきわめてきびしい価格であり、一時間一五本運転の実現を前提として初めて負担が可能であること、つまり品川新駅と折り返し設備の設置が、東海道新幹線地上設備買取りの前提条件であることを国鉄改革推進部長と私との間の文書交換で確認したうえで、三宅会長から大野運輸大臣に了解の回答をした。

平成三年二月、国鉄改革推進部長が輸送力増強は増発しかない、ＪＲ東日本の用地ではなく清算事業団用地を使うという方向を打ち出した。ＪＲ東日本の山之内秀一郎副社長が輸送力増強の代案として出していた東海道新幹線の一七両編成化と、オール二階建て車両の投入という現実性も効果もない提案はこの時点で却下されることになり、第四回会合でそのとおり決まった。

その数日後の運輸事務次官プレスレク（記者への説明）で林次官が「輸送力増強の見通しは上場前に見きわめる必要がある」と説明し、この問題の方向が決まらないかぎり株式の上場はしない旨のサインを送った。

平成三年六月三日、運輸政策審議会が「東海道新幹線輸送容量逼迫《ひっぱく》への対応として有効な施策を推進する」旨の答申を出した。六月七日午前一一時、橋本大蔵大臣を訪問し、近況報告を行った。橋本大臣からは「住田社長の最近の早期上場に対する執念は誰が見ても自分の定年延長策としか見えない。住田を代えよという声が日増しに強まっている。私が住田と心中するなと心配していた、と松田君に伝えてくれ」と伝言を託された。

同日午後二時、林次官を訪問した。林氏は「住田社長は来年必ず代える。橋本大蔵大臣は応援してくれると思う。カギをにぎるのは三塚さんと鹿野道彦さんだ。品川（駅問題）は長期戦で戦ってくれ」とのことであった。

林次官の任期は間もなく終わりになる。任期が終わりに近づくと官僚たちの関心は次なる権力者に移り、去り行く人への対応は儀礼的な匂いを帯びたものになる。「品川は長期戦で戦ってくれ」という最後の言葉は運輸省内における林氏の孤独をにじませていた。

平成三年七月二六日の日経産業新聞が「運輸省、ＪＲ東日本の住田社長に退任を迫る」という記事を載せた。七〇歳定年という内規によるもので、「後任は林前次官」という内容であった。住田氏に対する運輸省のメッセージと思われた。

運輸省は硬直的に拒否する住田社長に省の意向を伝え、もう一方では清算事業団用地と貨物用地の中でおさまるようにギリギリまで縮小する検討を進めていた。ＪＲ東海はそれに対応して具体的な案を作成、新駅二面四線＋本線抱き込み型の留置線三線案をまとめ上げた。まさに最小限度ギリギリの案であった。

この案を懐に、奥田敬和運輸大臣がＪＲ東日本の住田社長と、ＪＲ東海の須田社長をそれぞれ呼んで運輸省案で合意するよう働きかけたのが平成四年二月四日のことである。

奥田運輸相はこの個別会談から一カ月後の三月一三日、閣議後の記者会見で、「東海道新幹線の輸送力増強は利用者のために解決を急ぐ必要がある」と発言する一方、住田社長は一九日の会見で「話し合えば難しいことではない」と軟化、二三日の運輸事務次官定例会見で中村徹次官が四月二日に三者会談を行うことを発表した。

中村次官、住田、須田両社長の三者の会談では、ＪＲ東日本が品川新駅に協力すること、清算事業団、ＪＲ東日本、貨物、東海四社の実務者委員会を設置し、早期に計画を固めることになった。基本合意は平成四年七月に締結され、品川駅問題は三年がかりで一応の決着をみた。

駅と折り返し設備ができるようになったことは東海道新幹線の機能を高めるうえで画期的だった。国鉄改革推進部長は困難な調停者の立場を粘り強く達成してくれたと思う。そしてこの件も新幹線保有機構の解体と同様、林次官の存在なしには決して実現しなかっただろう。

こうしてＪＲ東日本の用地は新幹線駅や留置線には基本的に使わないことになったのだが、それで万事解決というわけにはいかなかった。「新幹線保有機構」に奪われた東海道新幹線は「ハブ会社」の薄皮一枚の用地で包囲し、動きを封じられるように用地境界が線引きしてあった。そのためわずかではあるがＪＲ東日本の用地を利用する必要があり、そのための交渉で用地の買収がさらに遅れることになったのである。

品川新駅の設備、配線が決定したのが平成四年、清算事業団用地、貨物用地、ＪＲ東日本用地の買収が完了したのがそれから四年後の平成八年一〇月、着工は平成九年五月となった。

平成八年は分割民営化発足から一〇年目に当たる。翌年度中には清算事業団は用地売却を終え、残る国鉄債務を大蔵省一般会計に引き渡すことになっていた。品川駅の建設用地のほとんどはこの清算事業団用地であったが、ごくわずかのＪＲ東日本用地の買収ができなければ駅の建設はできない。当社としてはすべてを同時に買えるのでなければ清算事業団用地の買収は無意味である。

我々は用地購入の条件として、ＪＲ東日本の用地も同時に入手できるように運輸省、清算事業団がすみやかな条件整備を行うことを求めた。

運輸省、清算事業団は粘り強く交渉を重ね、法律の年限をデッドラインにしてようやく駅用地の買収が可能になった。買収価格は当初時価一五〇〇億円と見られていたが平成三年にバブル経済が崩壊、交渉が難渋するうちに地価が急速に下落し、買収価格は三〇〇億円あまりで入手できた。計画が遅れたために、用地の時価が新駅計画提案時の約五分の一で済んだのは幸運であった。

東海道新幹線と東京圏鉄道網は相互補完関係にあるのか、ライバルなのか

住田、松田氏らＪＲ東日本の第一世代首脳陣は東海道新幹線の品川駅設置に合理性も大義も関係ないかのように反対を続けたが、いったいなぜだったのだろうか。

大義という視点に立てば、国鉄分割民営化の本来的意義は、日本の大動脈である東海道新幹線と首都圏、近畿圏の都市交通鉄道網が相互に機能補完し合って、日本の人口の約六割が生活し、ＧＤＰの約六割を生み出すこの回廊の鉄道輸送を、国鉄時を上回る効率をもって実現することだったはずである。

また経済合理性という点で言えば、国鉄品川ヤード用地の一部を使って新幹線の品川駅を建設することは東海道新幹線の利便性向上、輸送力増強にとどまらず、地域住民にとって、またＪＲ東日本にとっても巨大な開発利益をもたらすプロジェクトである。通常なら「この街にぜひとも新幹線の新駅を作っていただきたい」と地元が請願し、用地と建設費は地元負担になるケースで

もある。

それならば放っておいて機が熟すのを待てば良かったかというと、さにあらず、一方ではJR本州三社の上場が急がれており、もう一方では周辺地区の都市計画決定が大詰めを迎えていた。この時期にすみやかに問題提起することなしには東海道新幹線品川駅の実現はなかった。

そして今、東海道新幹線品川駅開業による地域の発展を目にする時、強硬な反対を続けた「宮廷革命」グループの心の裡が見えてくる。「品川」だからこそ阻止し、時間を先延ばしし、高い買い物をさせようとする理由が彼らにはあったはずである。以下のような理由が考えられる。

そもそも隣接するJR東日本とJR東海は相互補完関係にあるのか、ライバルなのか。

この点について、国鉄再建監理委員会の答申では、首都圏と近畿圏の問の都市間旅客流動を担うJR東海、首都圏の都市交通鉄道を担うJR東日本と基本的な役割を挙げて分割を定めているので、明らかに相互補完の考え方が基本である。

ところが住田氏と一部の運輸官僚が「新幹線保有機構」を打ち出して東海道新幹線の収益力を自家薬籠に収め、それに対抗して国鉄の「宮廷革命」グループが「JR東日本ハブ会社」を構想した。そのため本来は相互補完・協調関係であるはずの首都圏の都市鉄道と日本の大動脈である東海道新幹線の位置づけが、ライバル関係へと変位してしまったのである。

思いのほか早期に株式上場が射程に入って、その条件整備という観点から「新幹線保有機構」が解体されることになり、東海道新幹線が運輸省の薬籠から抜け出して自立した存在となった時、

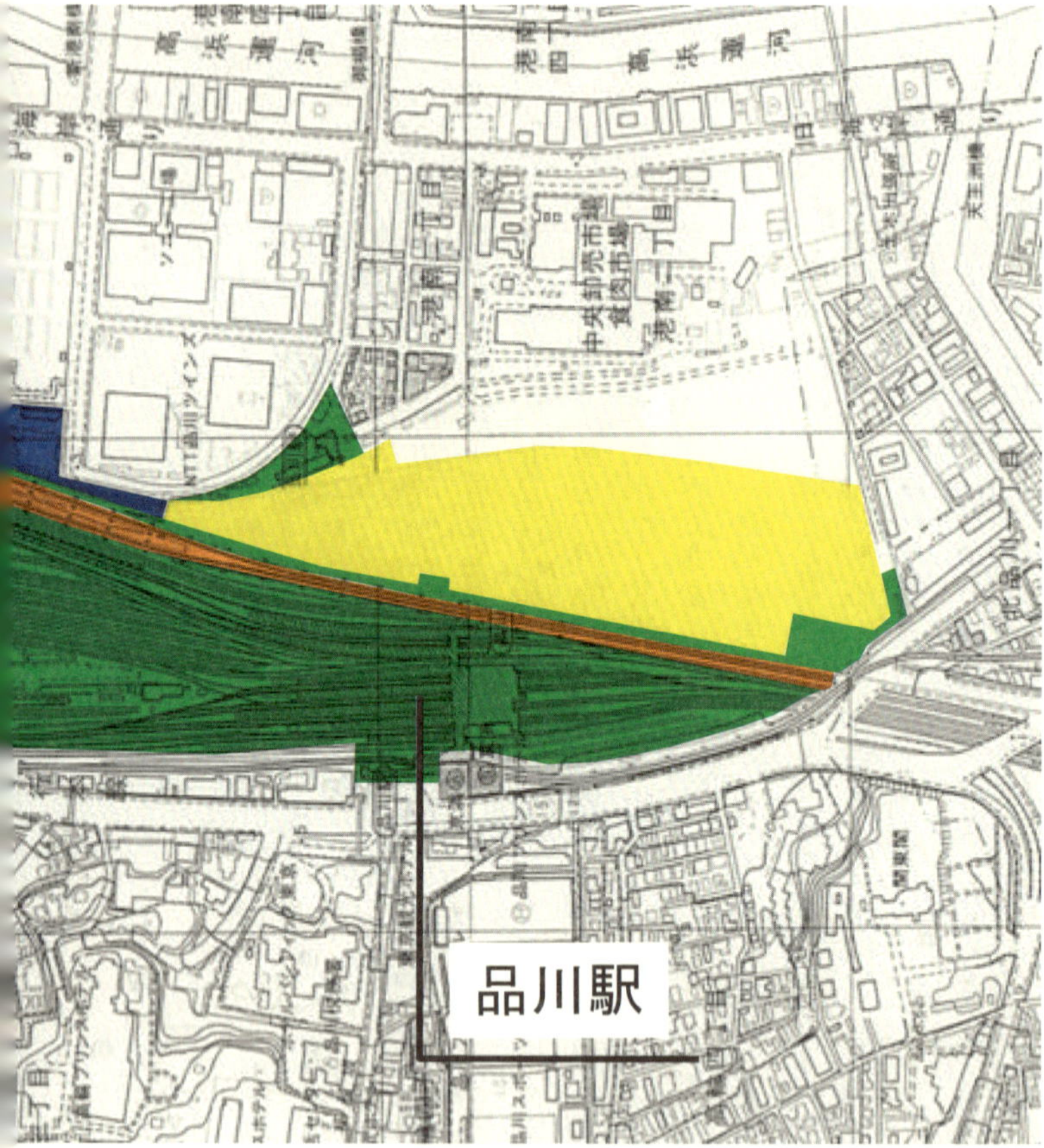
高浜運河
中央卸売市場
食肉市場
品川駅

品川地区用地帰属区分

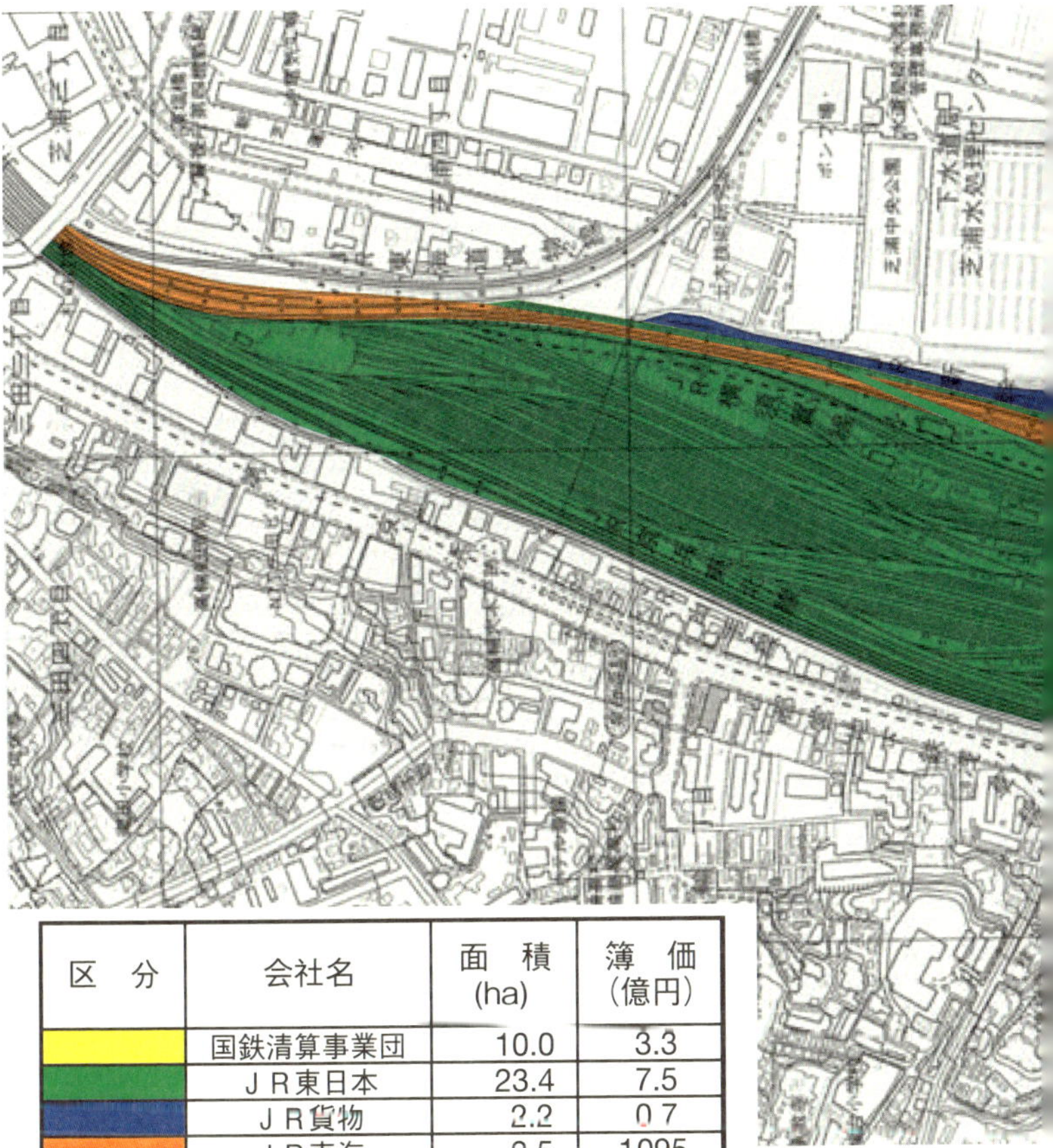

区　分	会社名	面　積 (ha)	簿　価 (億円)
	国鉄清算事業団	10.0	3.3
	ＪＲ東日本	23.4	7.5
	ＪＲ貨物	2.2	0.7
	ＪＲ東海	2.5	1,095

（注）ＪＲ東海は当該用地を平成３年１０月に新幹線保有機構より再調達価額にて承継。
他社は昭和６２年４月に国鉄より簿価にて承継。

本来の相互補完関係に戻れたはずであった。ところが隣接するJR東海と競うことが分割民営化の本義だといったん思い込んだ「宮廷革命」グループの人々には、JR東日本の首都圏鉄道網と、進行中の羽田空港拡張と関西新空港建設により輸送力が大幅に増える東京〜大阪間の航空輸送を結びつけ、さらにはJR西日本の近畿圏鉄道網と結んで東海道新幹線と競争し、日本の大動脈輸送に一定の存在感を確保することこそが活性化の道だと思えたのだろうか。

航空会社側の立場で見た場合、品川に東海道新幹線の駅が設置されると、東京西南部から大阪・岡山・広島方面に出向く旅客にとって、東海道新幹線駅へのアクセス時間が大幅に減り、利便性が飛躍的に向上する。その結果東海道新幹線の対航空競争力は輸送力的にだけでなくサービス的にも著しく強化される。

航空会社にとって東海道新幹線の品川駅設置はなんとしても阻止したいプロジェクトであったであろうし、航空と提携して東京〜大阪間の旅客輸送に一定の存在感を持ちたいと考える「宮廷革命」グループにとっても思いは同じであった。

用地問題は丁寧に話せばわかってもらえる、という次元のものではなかった。ちなみに東海道新幹線の側が、自らのアクセスネットワークであるJR東日本の首都圏鉄道網をライバル視したことはなかった。

そして「宮廷革命」世代が一線を去った現在では、両社の関係は本来あるべき相互補完関係に回帰している。

さて東海道新幹線の品川駅は輸送力増強の決め手ではあるが、それだけではない。東海道新幹線のバイパスとしてＪＲ東海が将来一元経営することになった中央新幹線と、東海道新幹線の唯一現実的な接続駅が品川なのである。東京駅周辺はすでに地上地下ともに高密度に使われており、ルート構成も駅の設置も不可能である。品川駅での接続ができなければ中央新幹線の起点は新宿という案が浮上する。在来中央線の起点は新宿であるからこの考え方には自然な響きがある。

新宿はＪＲ東日本の本社所在地であり、東海道新幹線との結節がここに断たれることになる。そうなれば第二東海道新幹線という色合いが薄くなり、中央新幹線に対するＪＲ東日本の発言力が増してくる。「ハブ会社」という視点で見れば、品川新駅阻止は中央新幹線一元経営阻止の延長戦という側面があったのではないかと思われる。

七　二分したＪＲの労使関係

ＪＲ発足後の労使関係は、私たちが職員局時代にイメージしていた方向から外れ、再び混迷に向かっていた。まず発足直後、鉄労の志摩組合長と歩調を合わせて動労との決別を図った松田氏の動きが不発に終り、住田・松田両首脳のＪＲ東労組に対する立場が弱体化した。松田氏は「すべての経営問題は、それが重要であればあるほど、『労使協議会』で侃々諤々《かんかんかくがく》の議論を行い、主力労組の合意を得てから実施する。だからＪＲ東日本の労使関係は盤石《ばんじやく》なのだ」と一八〇度方向転換した発言を繰り返すようになった。

一方ＪＲ西日本は井手副社長の指導のもとに独自の道をたどり、旧動労勢力を封じ込める方向で動いた。山陽新幹線を全線一括の「新幹線総局方式」から、地域ごとに在来線と一体管理する「輪切り方式」に切り替えたのもそのためで、列車運行管理重視から労務管理重視に転換し、経営側の現場掌握力を強化しようと考えたのである。

その中間にあって当社は、国鉄職員局時代以来の各労組融合路線を維持しようとした。すなわち主力労組を構成する現場管理者、旧鉄労、旧動労、国労脱退組のそれぞれが、互いに気をつかい、尊重し合っているうちに新規採用が再開され、過去のしがらみのない社員が増えていく。その過程で自ずと気持ちが一つになっていくだろうと考えたのである。その前提は、「経営責任をとる者が経営の意思決定をする」という労使関係の原則を経営側が堅持することであった。

この三社三様の路線は、清算事業団による特別雇用対策が三年間で終了し、昭和五八年度以来、八年間停止されていた高卒の新規採用が再開される時点で分岐点を迎えた、と言える。

高卒採用再開

八年間の採用停止期間に、国鉄末期の労使関係は一新されたが、新入社員の入社時教育については時間が停止したままであった。採用停止直前の各鉄道管理局の鉄道学園では当時の管理体制の弱体化を反映して、すべての基本である鉄道人としての心構え、礼節、規律などの躾すらままならない状態のところが多かった。

そんなところでは、夜間になると労組がわが物顔で寮内に出入りし、学園は国労、動労の組織拡大の草刈り場と化していた。入社式では純真な顔をしていた新入社員が、一カ月半の初任教育を終える頃になると、目付きの険しい、尖った労組員の顔になるケースが多々見られたのである。

空白の八年間を経た今こそ、すべてを白地に書き直す絶好の機会であった。ＪＲ東海では平成二年度早々から、翌年の新入社員受け入れに備え、入社後研修体制の整備に入った。

新入社員の初任研修は研修センターで泊まり込みで行われる。夜間の管理要員不足のため研修寮が労組のオルグの場となってしまった国鉄時代の失敗に学び、昭和六三年より採用が始まっていた大学・大学院卒の社員を高卒の新入社員二〇人程度に対して一人ずつインストラクターとして配置する。受持ちの新入社員と起居を共にしながら、よろず相談指導に当たらせるのだ。これが新たに導入された「インストラクター制度」である。

また現場配属後六年間にわたって一人の大学・大学院卒が兄貴分として五人程度の新入社員の相談相手となる「アドバイザリー制度」も整えた。昔ながらのオルグを通じて新入社員への影響力を拡大しようとしていた主力労組内の一部グループにとって、インストラクターとアドバイザーの両制度は容認しがたかったと思われる。

この時点で、ＪＲ東労組では旧東京動労が主導する体制が確立し、彼らは首都圏の列車運行を制する力を持つことになった。東海道新幹線の運行を制する力を持つことができれば、全ＪＲの労使関係は自ずから制することができる。旧動労がそう考えるであろうことは自然であった。

こうして平成三年は労組分裂の年となった。まず五月にＪＲ西日本主力労組（ＪＲ西労組）内の旧動労の一部が分裂してＪＲ西日本労働組合を結成、ＪＲ総連に加入した。この動きに対して七月にＪＲ西労組がＪＲ総連を脱退した。ＪＲ西労組の委員長は鉄労出身であり、ＪＲ西日本経営陣と腹を合わせたうえでの行動であった。

ＪＲ東海では主力労組（ＪＲ東海労組）の委員長は出身母体である旧東京動労の意向と会社との板挟みになった感があったが、結局は主力労組から分裂し、平成三年八月に通称「東海労」という少数労組を組織することになった。

東海労は、東海道新幹線の安定的な運行を制するに足る人数の結集を目指したと思われる。しかし、ＪＲ東海の旧動労出身者のうち、名古屋、大阪が東京にしたがうことを嫌い、袂《たもと》を分かったため、東海労は運転士の四〇％程度しか組織化できなかった。

状況打開のためか東海労はストライキに訴える構えを示すにいたった。このような情勢の中で安全安定輸送確保に対する各部門の意識共有を期して、現場実習中の平成三年度採用大学・大学院卒全員に東海道新幹線の運転免許を取らせることにし、直ちに実施に移した。

免許取得には四カ月の座学と運転実習四カ月を要する。当初は実習期間の長期化に戸惑った者もいたが、ほどなく免許保持を誇りとする気風が確立した。鉄道のすべての業務は列車の安全・安定運行に帰結する。その現実を体感することは事務・技術を問わずすべての幹部候補生にとって貴重な経験であった。

東海労がＪＲ総連に加入申請を行い、ＪＲ総連が承認したため、ＪＲ東海から二労組がＪＲ総連に加入するという異常事態となった。すでにＪＲ総連傘下の基幹組合として存在するＪＲ東海労組を飛び出した分派の加入をＪＲ総連が認めるというのでは、妥協の余地はなかったであろう。

当然のこととしてＪＲ東海労組はＪＲ総連を脱退し、続いてＪＲ九州とＪＲ四国の労組もＪＲ総連を脱退し、ＪＲ西労組および鉄産総連傘下の各労組と合流して平成四年五月に「ＪＲ連合」が結成された。ＪＲ東海労組が鉄産総連傘下にあった東海鉄産労と合併してＪＲ東海ユニオンを結成したのはその翌年の三月である。

ＪＲ総連はＪＲ東日本、北海道、貨物の主力労組を中心とする約七万人、ＪＲ連合はＪＲ東海、西日本、九州の主力労組と四国を合わせた約七万人。ほぼ勢力の拮抗する二つの産別組織が対峙する形となった。

このような情勢の中で苦慮したのがナショナルセンター「連合」への加入問題であった。旧国鉄関連の産別組織としては修善寺大会で分割民営化への方向転換を図って敗れ、国労を脱退した旧国労主流派が結成した鉄産総連が、これまでの国労の席を引き継いでいた。それにＪＲ総連が加わり、ＪＲグループからはすでに二つの産別組織が連合のメンバーになっている。さらにもう一つＪＲ連合の加入を求めるのは、どうみても至難と思われた。

そこで大学同期の縁で従来から交誼をむすび、特に分割民営化後のＪＲ東海労組の指南役を依頼していた「連合」副会長の鷲尾悦也氏にアドバイスを求めたのである。

「ＪＲ総連は『連合』加入に徹底的に反対するだろう。ＪＲ総連は『連合』の中で好かれていないとはいうものの、『連合』も彼らを無視して新規加入を受け入れるわけにはいかない。ＪＲ各社から三つの産別組織が『連合』に加入するというのも無理だ。鉄産総連と主力労組を合併させ、鉄産総連の席を使うのが最も現実的だ。鉄産総連を束ねているのは修善寺大会で国労が分裂した際に山崎俊一委員長の下で企画部長をつとめていた秋山謙佑だ。彼は生真面目で大局観もある。葛西君とは静岡時代以来旧知の仲である。説得してみたらどうだろうか。鉄産総連側にしても状況が変わった今、将来のためにはその手が良いと考えるのではないだろうか。私からも話しておくから誘ってみてはいかが？」と言う。

最後に会ってからはや五年近くが経っていただろうか。中村滿勤労課長は依然として接点を持っていたので、彼を通じて秋山氏と連絡をとり、三人で会うことになった。

彼は鉄産総連が将来への展望を持つ手立てはそれしかないことを理解し、仲間たちに諮って、その方向で労組内をまとめるよう努力すると言って帰ったが、ほどなく解散、合併を決めたという連絡があった。直ちにJR西日本の井手氏に連絡すると、鉄産総連が解散し、JR連合に合併される形なら良いということで急速にことが運んだ。こうしてJR連合が結成された。

「連合」の主要産別という座標をナショナルセンターに得たことはJR連合にとっては大きな一歩であった。「連合」の中においてJR連合が好意的に迎えられることは、東海道新幹線の安定運行を守るための無言の抑止力となった。

私は秋山氏のあの時の決断は、国労という大組織を取り仕切った彼にしてはじめてできた離業だったと思う。鷲尾副会長がピッチャー、秋山氏がキャッチャーという両者の大局観がなければ、鉄産総連がすみやかに解散してJR連合に合体することもなかっただろう。

そうでなければ鉄産総連は地域ごとにバラバラにJRの各主力労組に吸収されるか、さもなくばJR総連の草刈り場となり、JR連合のナショナルセンター加入も遅れた可能性が高い。秋山氏の決断と鷲尾副会長の柔軟な見識はさすがだと思った。本稿で述べた一連の施策が、まさにすれすれのタイミングで実施に移されたことによって、東海道新幹線の安全・安定運行は、会社の経営力がまだ脆弱《ぜいじゃく》だった状況下にあっても、すべての攻撃に耐え抜き、揺らぐことがなかった。

八　「のぞみ」運転開始

「のぞみ」の初列車が営業運転を開始したのは平成四年三月のダイヤ改正からである。その時は早朝・深夜それぞれ一往復、一日四本の「のぞみ」が運行された。ダイヤ改正の日、副島新幹線鉄道事業本部長が東京、須田社長が名古屋、私が新大阪で初列車の出発式を行った。着想・検討開始から四年、決断から三年半という張りつめたスケジュールであったが、ＪＲ東海の技術陣は国鉄時代からの経験と研究の蓄積に創意工夫を凝らし、よく飛躍を達成したと思う。時速二七〇キロ運転、東京〜大阪間二時間半時代の幕開けであった。

名称「のぞみ」に決定

それまでの経緯をたどってみる。

３００系量産先行試作車一個編成（一六両）が発注されたのは昭和六二年一二月、納入されたのが平成二年三月であった。すみやかに確認走行が開始され、基本走行性能と環境性能が確認され、営業開始までに改善すべき事項の対策を反映して実用四個編成が発注されたのが平成二年一二月である。平成四年三月のダイヤ改正で早朝・最終の各一往復を「のぞみ」化するための発注であった。

それ以降も確認走行は続けられ、平成二、三年度の二年間で二七万キロの耐久試験運転を行って運転開始となった。その間、平成五年三月から毎時一本の「のぞみ」を運転するために必要な300系車両一五編成の発注がなされた。

多くの新技術を取り入れ、一気に時速五〇キロの速度向上を実現した画期的な車両であったにもかかわらず、300系は量産先行車両による確認運転中に解決すべき問題点のきわめて少ない車両であった。試験走行の一環として平成三年二月に京都〜米原間で時速三二五・七キロを記録、当時の日本記録を打ち立てている。

「のぞみ」の運行計画を詰める中で、その停車パターンが課題となった。東京始発は六時発であり、最終列車は二一時一八分発である。いずれも先行列車を気にする必要が少なく、自由に性能を発揮できる時間帯であった。最高速度は二七〇キロ、曲線半径最短の二五〇〇メートルを時速二五五キロで走行することで東京〜新大阪間を二時間半で結ぶ。その条件で停車パターンを検討した結果、「のぞみ」の早朝下りは東京発、新横浜停車で大阪直行、上りは新大阪発、京都・名古屋停車で東京駅直行というパターンとなった。

いずれも朝一番列車に乗れば八時三〇分過ぎには終着駅に着き、九時の出勤に間に合うというコンセプトであった。最終列車下りは二一時一八分東京発、名古屋・京都停車で新大阪、上りは新大阪発、京都・名古屋停車で東京行きというパターンであった。

「のぞみ」の愛称が決まったのは平成三年一一月である。

　運行開始を前に愛称を決めなければならない。それまではとりあえず「スーパーひかり」と呼んできていたが、「こだま」、「ひかり」よりも速い列車にふさわしい愛称を選ぶのは容易ではなさそうだった。JR東海にとっては最大の目玉商品なので公募はせず、自社で名称を決めるという基本方針を立て、新幹線鉄道事業本部が中心になって七月から選考作業に入った。

　二一世紀を展望する未来志向でかつ日本を代表するのにふさわしいものを、というコンセプトで愛称名候補をリストアップした結果、八月には二六七九個の候補名が挙がった。これを社内検討委員会、一般モニター、有識者のヒアリングなどを経て二〇案に絞り込み選考委員会が開催された。部外選考委員は斉藤茂太氏（日本旅行作家協会会長）、牧野昇氏（三菱総合研究所取締役相談役）、阿川佐和子氏（エッセイスト）の三名、部内委員は、須田社長、副社長の私、副島新幹線鉄道事業本部長と広報担当、営業本部担当の役員計八名であった。

　候補は、すばる、ぺガサス、あすか、みらい、きぼう、コスモ、にっぽん、エース、つばめ、たいよう、の他に一〇案あったが、一見してこれだと思えるものはなく、意見は堂々めぐりするばかりであった。この閉塞状態を破ったのが阿川氏だった。

「こんな大切なことを決めるのは私自身だけの判断には余ります。ですからまず父に相談し、父のアドバイスを求めました。父は言いました。日本を代表する列車の愛称名である以上、日本古来の『やまと』言葉でなければならない。漢語はだめだ、欧米語もだめだ。列車の愛称であるから速さをイメージするものが良い。そうすると『つばめ』しかない。私は『つばめ』が良いと思うと。したがって私も同じ意見です」

「音速より早い光速という意味で、『こだま』、『ひかり』は納得がいきます。でもそれより速い列車が『つばめ』ではバランスがとれないのでは」

「そんなことは本質ではありません。『やまと言葉』であることが大切だと思います」

「『ひかり』より速いものはないのですから、その愛称は速度を超越した、上位概念が良いのかもしれませんね。たとえば『みらい』のように」

「しかし未来は漢語だからいけません」

「それでは『きぼう』をやまと言葉に置き換えて『のぞみ』とすればいかがですか。これなら阿川先生の御趣旨にも添い、ひかりを超えるスーパーひかりという雰囲気も出ますから」

「それなら良いと思います」という展開で「のぞみ」は決まったのだった。阿川弘之・佐和子父子の命名だったと言って良い。最初はまあそれで良いか程度にしか感じなかったのであるが、慣れ親しんだ今、振り返ってみると絶妙の命名だったと思う。

九　三正面作戦の成果

ＪＲ東海発足とともに、東海道新幹線の時速二七〇キロ化、新幹線保有機構など国鉄改革の欠陥制度の修正、中央新幹線の一元経営を三正面として取り組んできた努力は五年間で一定の成果をあげて終焉した。一口で言えば質的には満点、量的には五〇点、併せて六〇点とでもいう出来であったが、それでも望外の成果であった。ＪＲ東海の分割民営化は本州の他の二社に五年遅れて、この時に開幕したと言っても良い。この章のまとめとして成果を概括してみる。

「新幹線保有機構」は発足から三年半で解体が決まった。それには政府の作った欠陥制度を、天与の条件として受け入れず、直ちにその修正に取り組んだこと、それに加えてバブル経済のブームにより、誰もが予想していなかった早期の株式上場が現実のものとなり、国有民営化を民有民営化に展開するための条件整備が必要になったこと、などが天の佑《たす》けとなった。

上場の障害となる「新幹線保有機構」が解消され、東海道新幹線はくびきから解き放たれた。しかし、新幹線保有機構による本州三社間の収益調整の結果として東海道新幹線が背負った過大な国鉄債務までは修正できなかった。

また、「新幹線保有機構」により運輸官僚の手に堕ちた東海道新幹線を封じ込めねばならないという理由で、「宮廷革命」グループの国鉄官僚が線引きした用地境界は新幹線保有機構が解体されたこの時に、あわせて修正されるべきだった。

少なくとも国鉄時代から必要性を認識されていた東海道新幹線の品川駅建設に必要な用地は株式上場前、すなわちすべてが「国民の財産」である間に、公共の利益という見地に立って手当てされるべきだ、と我々は考え、有識者も同じ意見であったが既成事実をくつがえすことはできなかった。

国民的な期待を背景に駅の建設は決まったが、用地は時価で清算事業団、ＪＲ東日本、ＪＲ貨物からＪＲ東海が購入すること、とされたのである。三年前までは東海道新幹線の運転車両基地として使われていた広大な用地を国鉄債務の返済用に清算事業団に渡した後に、同じ地区の用地を坪単価数千倍の値段で買い戻すことになったのである。

「国鉄改革は宮廷革命である」と定義し、「JR東日本ハブ会社」を構想した数名の人々は新幹線保有機構解体にともなう過大な債務負担と品川駅用地費の負担がJR東海の経営を圧迫し、破綻させるだろうと見ていた。しかし彼らがそのことを口にすれば、彼ら自身が新幹線債務の修正と品川駅用地境界の微修正に反対したこととの不条理を認めてしまうことになる。

そこで彼らは、品川駅・名古屋セントラルタワーズ・中央リニアの過大な設備投資がJR東海の経営危機の原因となるだろうと解説した。

財務的にきびしい経営環境であることは私たち自身が一番よく知っていた。それでも新幹線保有機構というくびきから解放され、自律的戦略設定が可能になったこと、約二〇〇〇億円の減価償却費を計上できるようになったことは、何にも代えがたい成果であった。たのむところは「日本の大動脈」という東海道新幹線の使命と、他に代替を許さぬ機能の不可欠性・不滅性である。

したがって、改善された内部留保はこの機能を強化するために優先的に投入する戦略をとった。債務返済優先の戦略も、債務返済と設備投資のバランスをとる戦略も、共に当面を繕《つくろ》いつつ本質的問題を先送りする手でしかない。その間に東海道新幹線の機能は衰退し、劣化し、最後には破綻を迎えてしまう。これでは単なる引きのばし戦術に過ぎない。

それよりはまず大動脈の機能を磨き、使命を万全に果たした方が良い。そのうえで金利の高騰など他動的理由で経営が破綻したのなら、それはまさに制度設計の誤りを証明したことになるので、経営者は責任をとり、政府に設計修正を求めれば良い。政府は誤りを正し、大動脈を守るしかない。そう割り切ったのである。

加えて新幹線が時速二七〇キロという新時代に入ったこと、東海道新幹線品川駅の建設が決まったこと、中央新幹線が東海道新幹線のバイパスであり東海道新幹線と一元経営すべきものである、という運輸省の考え方を公文書確認できたことは大きな成果であった。

第五部

東海道新幹線システムの完成

一　時速二七〇キロ時代の開幕

最高時速を二二〇キロから二七〇キロに上げ、東京〜新大阪間を二時間半で結ぶために開発された300系は、0系デビュー以来の画期的車両だった。それを中核にして組み立てられた「のぞみ」システムは、その後の新幹線システムのあらゆる分野に飛躍的技術革新の連鎖を引き起こした。

世間の注目を浴び、期待を背にして平成四年三月、早朝・深夜二往復の「のぞみ」の運転が開始された。そして翌平成五年三月からは毎時一往復の「のぞみ」が東海道・山陽を直通して東京〜博多間に運行されることが決まっていた。

JR東海もJR西日本も車両の発注をすでに終えていた。あとはさらに300系を投入して0系、100系の取換えを進め、すべての編成が時速二七〇キロ走行可能になった時点で、一気に「のぞみ」中心の体制に移行すれば良い。

「のぞみ」は敵だ

東京〜大阪間が二時間半に短縮される「のぞみ」時代の開幕は、民営化の成果として期待と歓迎をもって迎えられた。だが、羽田空港の拡張と関西新空港の建設を機に東京〜大阪間のシェアを拡大しようと期していた航空会社にとっては、まさに脅威であった。

当時、乞われてANAの会長になっていた杉浦元国鉄総裁がある時「『のぞみ』は敵だと社内では言っているよ」と私に漏らしたことがある。杉浦氏特有の冗談めかした言い方だったので、深刻には受けとらなかったのだが、東海道新幹線の品川駅開業の際の航空会社の反応などともあわせ考えると、きわめて真剣だったようだ。

当時、JR東日本は「山形新幹線」の計画を進めていた。それは奥羽線の線形改良と広軌化を行い、福島から東北新幹線に直通乗り入れするという計画で、山形新幹線（福島〜山形間）が完成して「つばさ」が東北新幹線に乗り入れたのが「のぞみ」運行開始から三カ月半を経た平成四年七月一日であった。「つばさ」は福島駅で東北新幹線の列車と併結し東京駅に乗り入れたのである。

輸送密度が巨大な運河のように大量で均等な流れになっている「運河型」の東海道・山陽新幹線と、細い流れが合流しつつ次第に太い流れを形成し、大宮でようやく新大阪口と同じ程度の輸送密度となる「利根川型」の東北・上越新幹線。それぞれの旅客流動に適したそれぞれの列車形態があり得ることの好例であった。

二　労組が「のぞみ」不安全キャンペーンを展開

300系は二年間の試運転を通じ、顕在化した問題点をすべてつぶして営業運転を開始した。多くの新技術を採用した画期的な車両であり、かつ初期の問題点がきわめて少ない車両だった。ところが運行開始から二カ月後の平成四年五月に、名古屋駅〜三河安城駅間でモーターと歯車装置をつなぐ部品を固定している四本のボルトのうち、上部の二本が緩んで脱落し、部品が落下するという故障が発生した。

その際、落下した部品がブレーキ用の空気管を破損したため、空気圧が下がり緊急ブレーキが作動して「のぞみ」が急停止したのである。空気圧を復元して緊急ブレーキを緩め、運転を再開しようとしたが、空気管が破損しているため空気圧が上がらず、当該編成を車庫に収容するまで、およそ四時間にわたって列車の運行が停止状態となってしまった。

原因は車両メーカー側の組み立て作業上のミスであった。部品をボルトで締める際には、締め付け部の塗料が乾いてから行わなければならない。塗料が乾いて縮まり、ほんの少しのすき間ができ、振動でボルトが緩んでしまうからだ。それは車両を組み立てる作業の常識だったが、作業員は塗料が乾かないままボルトを締めつけてしまったのである。

この故障は組立工程上のミスに起因するものであり、３００系車両の構造上・設計上の問題が原因ではなかった。またモーターには設計上の配慮がなされていたので、脱落した部品は台車に懸垂《けんすい》して止まり、線路に落下しなかったため床下機器の損傷もなかった。

分割民営化後初めての減速闘争

しかし、時あたかも主力労組から分裂した東海労が、会社の主要な施策に反対行動をとっていた。「『のぞみ』は不安全である」とする会社攻撃の口実として、この事故も利用された。

この事故を契機に、月刊誌や週刊誌などが「のぞみ」の安全問題を時の話題に取り上げたその背後には、単に労組の運動論だけではなく、二七〇キロ化時代の開幕に対するさまざまな思惑がからんでいたように思う。

また翌平成五年四月には、「のぞみ」が豊橋駅を通過する際に路盤の砕石《さいせき》が飛ぶという事象が発生した。線路内に投げ込まれた幼児の靴を列車が巻き込み、それが落下した際に砕石が跳ねたのである。

ケガ人は出なかった。二二〇キロ運転でも起こり得る、きわめて異例のケースであったが、東海労はこれまた時速二七〇キロ運転が原因だと主張し、「のぞみ」が時速二七〇キロで通過する新富士駅・三河安城駅・岐阜羽島駅の三駅を時速二三〇キロに減速して運転する、という「減速闘争」を平成五年五月一七日に会社側に通告してきた。

なんとかして「のぞみ」を葬り、会社を追い込もうという意図が感じられた。駅部の道床に乳剤を注ぎ、砕石のハネ返りを防止する措置を講じたが、分割民営化後初めての減速闘争でもあり、確固とした対処策を講ずる必要があった。

三　「減速闘争」封じ込め

「減速闘争」とは国鉄時代に国労、動労が多用した戦術で、「順法闘争」とも言われたものである。ごく少数の確信犯的な組合員が減速運転すると、後続列車は減速を余儀なくされ、全列車の運行を混乱させることができる。一方で、処分対象になるのは少数の活動家だけという巧妙な戦術で、国鉄時代のように労使関係が政治問題に直結する公共企業体のもとでは、経営側には打つ手がなかった。

分割民営化で労使関係が一新された今こそ、このアンフェアな戦術を押さえこまなければならない。行き着いたのが「不完全履行労務の受領拒否」である。

出発点呼の際に、各人に乗務行路の指示が与えられる。その際に当直助役が「君は会社の指示どおり運転するか、それとも組合の減速指令にしたがうのか」と確認する。そして「組合の指令にしたがいます」と答えた運転士には「労働契約上果たすべき労務提供を不完全にしか履行しないと君は宣言した。不完全履行労務を会社が受領するわけにはいかない。したがって君を乗務させるわけにはいかない」と言って交代要員を乗務させるのだ。

当然のこととして、当該行路の賃金はカットされ、帰りの乗務のために出先へ移動する交通費は自己負担となる。出先に移動しなければ帰りの行路も乗務できず、賃金カットとなる。「会社の指示どおり運転します」と応えて、組合の指令どおり減速するというのは筋金入りの活動家である。

そういう者は日常の勤務態度で予測できるので、管理者を同乗させて現認させ、必要あれば交代させることになった。分割民営化してすべてが刷新《さっしん》されたことを契機に、新たな労使のルールを作らなければならないという覚悟で、人事部が顧問弁護士と検討したうえで打ち出した実効的な抑止策であった。

会社側のこの対抗策に東海労の運転士は動揺した。東海労は減額された賃金等の支払いを求め提訴するとともに、不当労働行為のための救済申立を行ったが、いずれも東京高裁の判決により、会社側の主張が全面的に認められるという画期的な判例となった。国鉄という政治のくびきにしばられた経営体においては、究極の戦術であった「減速闘争」も、この時をかぎりに封じられたのであった。

四　社内の一部に「100系」回帰論

国鉄時代のように、一歩退いて労組との正面対決を避けようとする経営内部の動きも皆無ではなかった。それは車両の新規発注を100系に戻してはどうかという提案となって表れた。平成三年七月のことである。

300系の価格は当時一六両一編成で四三億円、100系の三一億円に対して一〇億円以上高かった。

「現有五編成に加えて、一時間一本運転に必要な追加一五編成はすでに発注されている。これから300系を作り続けても、全編成が置き換わるまで一〇年以上にわたって『のぞみ』の運転本数は増やせない。当社が保有する一〇〇編成のうち300系は毎時一本運転のために必要な二〇編成で十分である。残る八〇編成のほとんどは0系であるが、これを300系でなく、100系で置き換えれば一〇〇〇億円近い設備投資を節約できる。次期発注分から100系に戻した方が良いのではないか」という提案であった。

300系を葬ろうとする東海労に一歩譲るようなこの対応は、彼らに達成感を与え、事態をいっそう混乱させてしまう。また300系二〇編成と100系八〇編成を混用することは車両のスペックを統一し、全編成の互換性を高めるという車両運用の基本戦略にも反する。それどころか、最新技術の結晶である300系を途中で放棄し、すでに陳腐化している100系に戻ることは、将来の対航空競争力を失うだけでなく、コスト的にもかえって高くつく選択であった。

100系を作り続け、使い続けようとしても、早晩部品調達すら不可能になり新車購入、保守ともに困難になる。しかも一見調達コスト高のように見えるが、300系は100系に比較して軽量で、車両や軌道などのメンテナンスコストが少ない。

300系の車体は耐用年数が100系より長く、調達コストアップは寿命の長さで相殺《そうさい》される。それだけではない。省エネルギーであるためランニングコストが低くてすむ。こうした理由から、副島新幹線鉄道事業本部長と相計って、100系回帰論を一蹴《いっしゅう》したのである。

対航空競争力の強化による増収や、加減速性能の向上による運転列車本数の増加など、その時点ではまだ実現していないプラス要素は計算に入れなくても十分だった。

調達価格差も長期一括契約化、毎年の納入編成数平準化、習熟効果などを合わせて大幅に圧縮されることは明らかだったが、この時点では未契約だったので加味しなかった。実際に300系の調達価格は一編成三九億円まで下がったのであるが、これらを加味する必要すらなかった。問題回避が評価につながった国鉄時代の残滓《ざんし》であった。

平成五年三月に、毎時一往復の「のぞみ」が東京～博多間に運行される頃には、さらなる

300系編成の発注が行われ、「のぞみ」不安全論は収束していった。300系の投入数が逐次増えていく中で、早期に毎時二本の「のぞみ」を運行するプランが浮かび上がった。300系を作り続けるのならば、その効果を少しでも早めに回収したいという発想からであった。

基本となる列車ダイヤを傷《いた》めないでできるのであれば、早期の毎時二本運転は望ましい。しかし高頻度運転の東海道新幹線において、他の列車への影響は不可避に思えた。聞いてみるとやはり「ひかり」や「こだま」の運行計画に影響があり、停車駅パターン、停車時間と列車の配列にゆがみが出てしまう。

時速二二〇キロで走行する0系、100系が残っている中で、「のぞみ」を二本運転すれば、「ひかり」の待避停車を増やし、停車駅での旅客扱いを認めざるを得なくなる。それでは「ひかり」の停車本数増加が既得権益化し、全列車が時速二七〇キロ運転可能となった際に、最適な列車体系や停車駅パターンを実現するうえでの支障になってしまう。拙速な効果の追求は、かえって「列車群」としての長期的サービスレベルを損なうことになるため、このプランも退けた。

このように小さな紆余曲折はあったものの、事実が安全・安定性と先進性を証明し、「のぞみ」システムは定着した。

五　新大阪駅プラットホームの利用調整

東海道新幹線と山陽新幹線は国鉄時代には一体のものとして新幹線総局が管理・運行してきた。

分割民営化によって東海道新幹線がＪＲ東海に、山陽新幹線がＪＲ西日本に別れたため、一元的に優先順位を決めることができなくなった。分割民営化発足当初において、ＪＲ東海と西日本の両社間で調整しなければならなかった問題の一つに新大阪駅のプラットホーム利用問題があった。

ＪＲ東海創業の使命は「首都圏と近畿圏の間の旅客流動」を担うことであり、当社は東海道新幹線の収入が営業収入の約八五％を占める〝東海道新幹線会社〟である。したがって東海道新幹線の運行に必須の設備は、ＪＲ東海が国鉄から一括して承継することになり、東京駅のプラットホームと新大阪駅のプラットホームはすべてＪＲ東海の保有・運営とされていた。

一方ＪＲ西日本は、「近畿圏内の都市鉄道」を主たる使命とする会社である。しかし近畿圏の都市鉄道網は伝統的に私鉄の存在が大きく、ＪＲ東日本の首都圏内都市鉄道網のような大黒柱とまでは言いがたかった。都市鉄道の収入は山陽新幹線の収入を下回り、会社全体の営業収益の三〇％程度のウェイトだったのである。

新大阪に到着した東海道新幹線の下り列車は新大阪で折り返すものと、一六両のままで岡山、広島、博多各駅まで直通運転されるものに分かれる。

山陽新幹線の輸送量事情からいえば、一六両編成は長大に過ぎるのでＪＲ西日本としては新大阪で八両に分割してほしい。しかし東海道新幹線の輸送力はＪＲ東海発足時すでに限界に近く、新大阪駅プラットホームでの列車の分割併合は車両運用を非効率にし、高頻度・安定運行を阻害するので論外であった。

発足以来のＪＲ西日本の経営戦略を牽引したのは井手副社長の強力な個性と指導力であるが、

彼がまず取り組んだのは、東海道・山陽直通列車の本数を極力抑えて山陽新幹線内に発着する列車の編成を八両にし、同時に頻度を増やす戦略であった。

ＪＲ東海は許容限界までは協力し、分割民営化直前のダイヤ改正で、それまで三〇本に満たなかった新大阪発着・山陽新幹線内運行の列車本数を四〇本程度に増やし、平成四年にはそのまた二倍の八〇本に増やした。もはや限界だった。この間に東海道新幹線から山陽新幹線に直通する一六両編成の列車は分割民営化時の一〇〇本が一〇二本に増えただけである。

東海道・山陽新幹線の旅客流動を輸送人キロで見ると、東海道新幹線内発着が最大、東海道区間・山陽区間相互間の発着がそれに次ぎ、山陽新幹線内発着が三番目である。そのため新大阪発着の八両編成列車を増やした結果は、東海道新幹線区間と山陽新幹線区間相互間に発着する少なからぬ旅客に対し、新大阪駅での乗換えを強いるという不便さを生むことになった。結果として新大阪発着の山陽新幹線列車は期待ほどの効果を生まず、輸送量が低迷した。

平成一五年一〇月の東海道新幹線品川駅開業・全列車時速二七〇キロ運転化以降は、ＪＲ東海とＪＲ西日本は新大阪駅発着の八両編成列車の本数は抑え、代わりに一六両編成の直通運転列車を増加させる戦略に転換し、平成二八年には直通列車は毎日一三七本に増加、大きな増収効果を上げている。

ＪＲ西日本の経営的弱点を抜本的に解決する方策として、いずれかの時期にＪＲ西日本が主導してＪＲ東海と合併し、東海道・山陽新幹線を一元経営とすること、すなわち本州のＪＲを東西二社体制に改編することを井手氏は胸に秘めていたと言われる。

東海道新幹線と山陽新幹線が一体化すれば、東海道・山陽を合わせた新幹線収入の極大化を図れば良いことになるので、両者間の調整は不要となる。経営上の難点は克服される。井手氏は近しい新聞記者に本州三分割は誤りで、東西二社体制にすべきだったという説を説いており、そのことが折にふれて記者の口から私の耳にも入ってきていた。

また、国鉄本社の経理局時代に私の部下であったJR西日本の財務部長が、「JR東海は生まれてはいけない子供が生まれてしまったようなものです。いずれ西日本が合併してあげますよ」と冗談めかしながら語った本音も記憶に鮮やかである。

いずれにせよ本州二社体制をJR西日本主導のもとで実現するためには、①経営面ではJR西日本が先行して株式を上場すること、②JR西日本の株価が、できればJR東海以上の水準、少なくとも同等の水準を維持すること、③技術面ではJR西日本が東海道・山陽新幹線直通運転の標準車両を開発・制式化し、新幹線車両技術の主導権を手中に収めること、これら三つが重要と考えたのであろう。その夢を背負って登場したのが500系車両である。

六　JR西日本の戦略車両「500系」

JR東海の300系先行試作車が完成し、実証運転に入ったのが平成二年三月のことだ。テスト運転では時速三二五キロ走行までを確認し、距離にしておよそ三〇万キロメートルを走り、時速二七〇キロ走行の安定・安全性を確認した。そして平成四年三月、いよいよ運行が開始された。

東京〜福岡間の対航空競争力を強化する必要性については、JR西日本も問題認識を共有していた。平成五年三月から東京〜博多間に直通「のぞみ」毎時一往復を運行すること、そのうち三往復半はJR西日本保有の車両で運行することに合意し、JR西日本は300系九編成の発注を行った。

一方、それと並行してJR西日本は車両メーカーの協力を得てWIN350試験電車一編成（六両）を製作、平成四年六月から走行試験を開始した。WIN350の基本コンセプトは300系の技術的飛躍を取り入れ、パワーアップしたものであり、八月には時速三五〇・四キロを記録し山陽新幹線内での時速三〇〇キロ実用運転に目処《めど》をつけた。

WIN350の成果を踏まえてJR西日本が500系の開発を決定したのが平成六年九月末である。それと同時に大々的に報道発表を行い、時速三〇〇キロ走行の最速車両を広く世間にアピールした。

500系開発投入の狙いは、時速三〇〇キロによりJR西日本の新幹線車両技術の優秀性をアピールし、できれば500系を東海道・山陽新幹線直通運転の標準車両として制式化し、JR東海にも採用させることにあった。予想どおり、新聞発表後まもなく直通運転の協議申し入れがあり、当社にも500系を採用するよう要請してきた。

JR西日本は、東京〜博多間の直通運転電車の技術的な主導権を握ることを意図していたのだろう。そのカギはJR東海の300系をしのぐ性能、具体的には時速三〇〇キロ運行だと考えたのである。新大阪〜博多間での500系の300系に対する時間短縮優位は一三分である。この要請を受けてＪＲ東海としても５００系の東海道新幹線乗り入れを認めるか否か、５００系を当社でも採用するか否かの二点について検討を行った。

直通運転問題についての結論は、①５００系編成は時速三〇〇キロ実現のために無理をした仕様になっており、また３００系とは仕様そのものが異なるため、特定の列車を指定した運用にならざるを得ず、車両運用効率を悪化させる。②また指定運用は、すでに限界に達している東京駅でのホーム発着容量に余分な負担をかけてしまう。それは災害などによるダイヤの乱れをいっそう悪化させ、収束を長引かせてしまうので、輸送の観点からすると不可である。

しかし、ＪＲ西日本が東海道・山陽直通「のぞみ」のうちＪＲ西日本持ちの三・五往復分だけでも５００系にしたい、とこだわることも目に見えている。ＪＲ総連系の東海労が「のぞみ」に対して不安全闘争を仕掛けてきているその最中に、ＪＲ東海とＪＲ西日本の両社が「のぞみ」の車両問題で対立する、という構図はどうあっても避けたい。ゆえに３００系と同じ一列車一三二三座席を確保し、列車ダイヤ混乱時には３００系との互換的運用をすることを条件に、５００系について山陽直通の「のぞみ」上下計三〇本のうち、三往復分だけは乗り入れを認めることになった。

また５００系をＪＲ東海も採用するか否かについて言えば、曲線半径の短い東海道新幹線区間では５００系も時速二七〇キロ運行にならざるを得ず、導入してもメリットは何ひとつない。それなのに一編成当たりのコストが高過ぎる、ということで不採用となった。

当社の車両技術陣は様々な設計諸元を検討し、５００系は３００系に対して少なくとも二〇％以上の原価高であると判定していた。３００系は当時一編成当たり四三億円であったから、二割高であれば五一〜五二億円ということになる。それは五〇億円を上回るという車両メーカーからの情報や、五〇億円にかぎりなく近いというJR西日本の内部情報とも符合していた。

山陽新幹線区間で時速三〇〇キロを出しても、東海道新幹線区間では二七〇キロ以上は出せない。新大阪〜博多間で一三分短縮しても、東京〜大阪間では効果なし、東京〜岡山間や東京〜広島間での効果は少ない。しかも東京〜博多間で新幹線を利用する旅客は総数の一〇％に満たない。九〇％は航空機利用であった。要はコスト高に見合うメリットはなかったのである。

結局500系はJR西日本の東海道新幹線乗り入れ分九編成をJR西日本が発注しただけで製造中止となった。平成九年三月に新大阪〜博多間で営業運行を開始した500系は、一一月からJR西日本持ち「のぞみ」三往復に充当されて東京まで乗り入れを開始した。

ジェット戦闘機を思わせる流線型で長く尖った先頭形状、円筒形の車体、銀灰色の地に、銀青色の帯をあしらった塗装も、JR西日本を強調するための演出であった。時速三〇〇キロの性能と、このユニークな車体形状・塗装は鉄道愛好家や子供たちには根強い人気をもたらしたが、互換性がもたらす運用の効率化という点で実利にはなじまない存在であった。

七　700系を共通制式車両化

500系はあえて評価すれば、時速三〇〇キロ運転という一点に狙いを絞り、あわただしく製作された実験車両の域を出なかった。技術的には300系と同じだが、モーターをパワーアップし車体形状を変えただけの車両であった。

時速三〇〇キロでトンネルに突入する際に発生する微気圧波《びきあつは》振動音を防ぐため、先頭車が非常に長く尖った形状となっている。その結果、一号車と一六号車は座席空間が狭くなり、先頭車のデッキと扉をなくして座席数を確保しなければならなかった。先頭車と最後尾車のドアが一つないことは、乗降に余分な時間を要する結果となり、５００系「のぞみ」は列車遅延を起こすという声が現場では強かった。

また座席数を確保しつつ微気圧波振動音を防ぐためには車体断面積を極小化する必要があり、茶筒形となった。その結果、窓側席の旅客は直立できず、頭を屈《かが》めなければならない、と乗客の評判も芳《かんば》しくなかった。このような欠点があったので、ＪＲ東海としてはより完成度の高い時速三〇〇キロ走行車両を早急に開発し、５００系を直通列車から置き換えられるように努力を重ね、平成一九年のＮ７００系の投入で実現したのである。

ＪＲ西日本が５００系を東海道に乗り入れたのが平成九年一一月からであるが、それに先立ち私は、ＪＲ西日本の井手社長と京都で打ち合わせを行い、東海道・山陽直通の車両は両社の共同開発とすることを提案した。それぞれが個々に新車の開発を続けることは開発コストのムダを招くうえに、車両運用の非効率化をもたらす。よって、以後投入される車両は両社で「共同開発」し、共通の「制式車両」とすることにしたのである。

当社では後述する試験車両３００Ｘの成果を活かして７００系の開発を進めており、これを初代の「共通制式」車両とすることを提案、合意に達した。この提案はＪＲ西日本にとって渡りに船だっただろう。ＪＲ東海が採用しないかぎり調達編成数が不十分で車両コストが高くつく。このことは５００系で明らかになったところだった。

技術の面でも資金の面でも、ＪＲ西日本は独自の新幹線車両開発はできない。７００系を共同開発とすることは３００Ｘの成果を自動的に共有できることを意味した。

三往復とはいえ５００系が東京まで乗り入れていれば、ＪＲ西日本の新幹線車両技術の存在感を示すには十分である。ＪＲ東海はその線路形状から考えて、時速三〇〇キロを出せる車両を開発する動機に乏しい。時速三〇〇キロは将来にわたって５００系の独壇場に違いない、このうえは共同開発、共通制式化に同調し、早期株式上場に専心するに如くはない、おそらく井手氏はそう考えたのであろう。

７００系が営業運転に投入されたのは平成一一年三月からである。車長、各車両の座席数、ドア位置など主要諸元はすべて３００系と同一とし、完全な互換性が確保された。そのうえで、セミアクティブ制振制御システムと車体間ダンパの採用により乗り心地を飛躍的に改善するとともに、車体形状の工夫や電力回生ブレーキの拡大などによって３００系よりも電力消費量を八％削減することができた。

また、山陽区間においては時速二八五キロ運転が可能となった。「共同開発」と銘打ってはいたが車両開発を主導したのはＪＲ東海であった。国鉄から引き継いだ０系車両の大半は３００系に置き換えられたが、なお残る０系と、主にＪＲ東海になってから投入された１００系のすべてを７００系に取り換えることで、全車両の二七〇キロ化が完成し、現行ダイヤを全面的に刷新する

「白紙ダイヤ改正」が実現できることになったのである。

八　東海道新幹線品川駅の開業と二七〇キロ化の完成

一方、平成九年五月に駅の本体工事に着手した東海道新幹線品川駅建設は、かぎられた用地を活用してプラットホーム二面四線と引き上げ線三線を建設するという至難の工事だった。そのうえ、日々の東海道新幹線の運行にまったく支障ないように、というきびしい条件の下での、前例のない工事であった。

たとえば一夜のうちに高架上の線路を地上に切り替え、東海道新幹線の初列車には影響をまったく与えない、という神業《かみわざ》的な切り替え工事が何度もあったが、当社の技術陣の創意と技術力を結集し、関係者が気持ちを一つにして乗り切った。また車両の時速二七〇キロ化についても、品川駅の開業と同時に全列車を時速二七〇キロ対応に置き換えて、白紙ダイヤ改正を行うべく700系の調達スケジュールを加速した。

平成一五年一〇月一日、品川駅開業と同時に白紙ダイヤ改正が行われ、最頻時一時間当たり「のぞみ」七本、「ひかり」二本、「こだま」三本の、いわゆる「七・二・三」ダイヤが実現した。首都圏において東京駅・新横浜駅に次ぐ第三の玄関口として品川駅ができたことにより、東京都南西部に発着する旅客にとって東海道新幹線へのアクセス時間が二〇〜三〇分短縮可能となった。

また、「のぞみ」化により、東京〜新大阪間の所要時間が三〇分短縮され、両方合わせて最大一時間の所要時間短縮が実現した。東京〜大阪の対航空競争力優位はこの時に確立した。また「のぞみ」の直通運転本数増は、東京〜岡山、東京〜広島、名古屋〜福岡間における対航空優位をもたらした。

「宮廷革命」グループの若手参謀は、その時点ではJR東日本の経営首脳の一角にあった。彼は終始品川駅建設に反対してきたが、その一環としてかJR東日本の「完全民営化記念」事業として、浜松町〜羽田空港間の東京モノレールを買収し航空輸送との提携強化を誇示し、それに呼応して航空会社の方は品川駅に「『のぞみへ。先に、行ってるね』」というポスターを貼り、女性キャビンアテンダントに品川駅でビラ配りをさせたりした。

そのうえで若手参謀は開業後の品川駅の利用度は計画値より低く、採算性は良くないと某紙記者に解説した。開業九日目に「東京〜大阪、空に軍配」という記事が掲載されたのはそんな流れの中であった。社長会見で品川駅の成績を聞かれて、「成功である。今年度末決算を見ればわかる」と一蹴し、現実にそのとおりになった。結果として東海道新幹線品川駅開業と全列車二七〇キロ運転化のもたらした飛躍は、圧倒的な世論の支持を受け定着した。経営的に見ると、品川駅開業前の東京駅の乗降者数は概ね二一万人であったが、開業後の東京駅・品川駅を合計した乗降者数は約二三万人、約二万人の純増となった。東海道新幹線の旅客一人一回乗車当たりの平均運賃・料金は約七〇〇〇円強であるから、概算で一日当たり約一・四億円程度の増収となる。年間ベースで見れば、およそ五〇〇億円、しかもそのほとんどは経常利益の増加に直結すると考えられるので、品川駅の建設費約一〇〇〇億円は二年で回収された計算となる。まれにみる好採算プロジェクトであった。

旅客の利便性向上という直接的効果の他に、東海道新幹線の品川駅は周辺地区の発展という大きな外部効果をもたらした。着工前までは荒涼《こうりょう》たる空閑地《くうかんち》であった品川駅港南地区には駅工事の進捗《しんちょく》とともに多数の高層ビルが着工され、駅開業時には巨大な市街地が出現していた。新たに建築されたビル群の延べ床面積は約一二〇万平方メートル（東京ドームのグラウンド約一〇〇個分）にのぼるといわれる。これほど大きな地域開発効果を短期間にもたらし、これほど多くの人々の利便を高めた新駅設置は国鉄、ＪＲの歴史を通じて他に例を見ない。

時速二七〇キロ化投資に着手したのが昭和六三年、その時から「のぞみ」体制完成までには一六年を要し、投資額の累計は約七〇〇〇億円であった。車両五〇〇〇億円に各種の地上設備対策費が二〇〇〇億円である。

「のぞみ」の誕生が平成四年三月、毎時一本運行開始は平成五年三月であったが、その時点では二七〇キロ走行の３００系は車両全体の二〇％程度であった。他方、地上設備の時速二七〇キロ化対応はすでに八〇％が投資済みであった。

平成一一年には７００系が投入され、時速二七〇キロで走行できる車両はさらに増加したが、「のぞみ」の列車本数はわずかな続行便以外には増加することなく、平成一三年一〇月、車両および地上設備双方の九〇％近くの改良が完了して、ようやく「のぞみ」を三〇分間隔で運行できるようになった。

時速二二〇キロの車両がわずかでも残っていると、高速車両は性能を殺して走らなければなら

全列車270km/h化への道のり

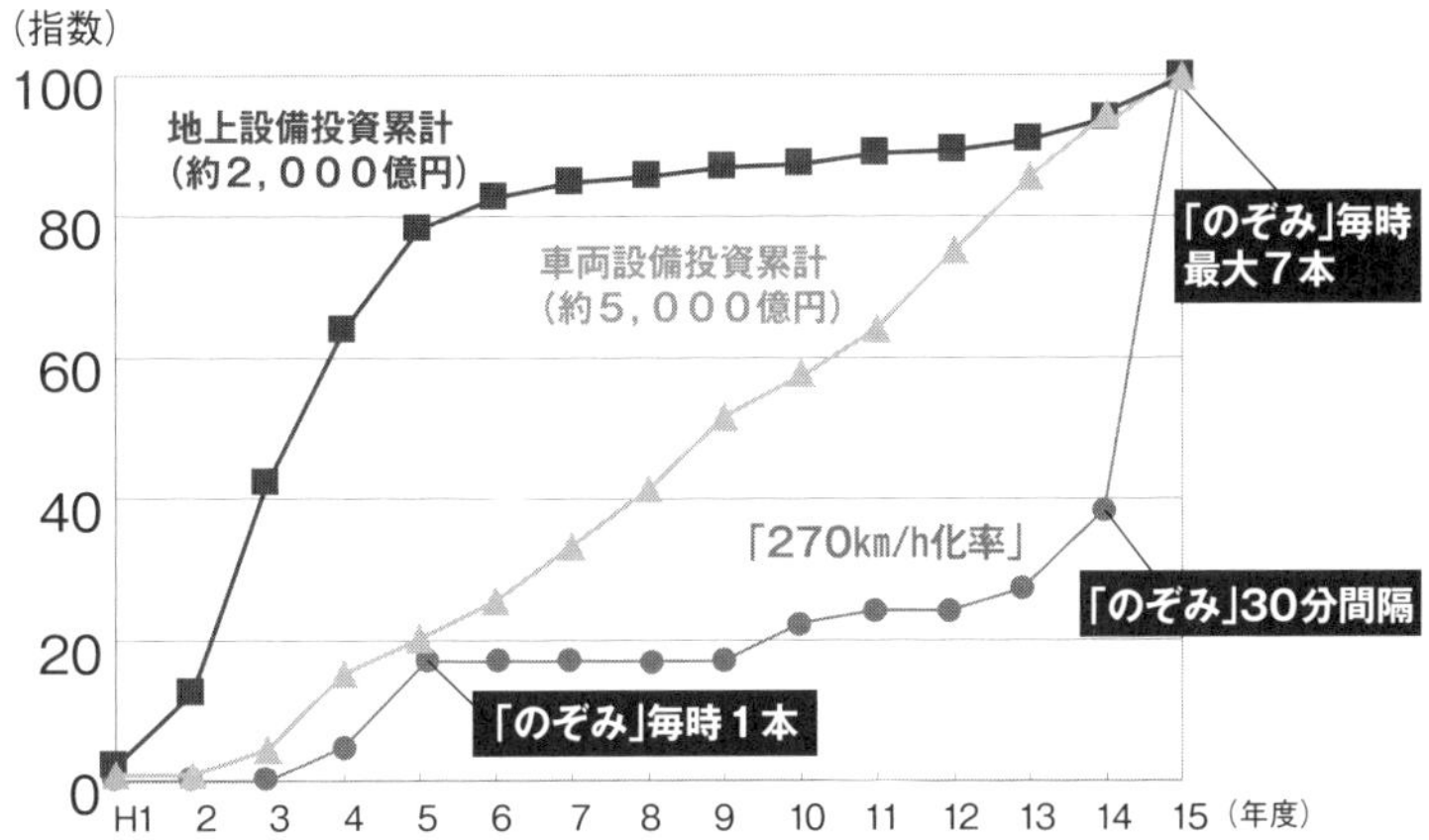

注）1．地上および車両設備投資累計は、H15年度末における累計を100とし、各年度までの累計を指数で表示。
2．「270km/h化率」は、「のぞみ」、「ひかり」のうち270km/h化された列車の比率を示す（各年度初時）。

ない。一部の列車だけが全速で走行すると他の大部分はそれをやり過ごすために余分な停車を強いられる。結果として停車パターンや列車間合いが複雑になり、列車群としてのサービスが低下してしまう。それればかりか、拙速な停車駅パターンの変更は既得権意識を生み、将来の最適ダイヤ改正の障害要因になる。だから功を焦らず忍耐強く待つ必要があったのだ。

平成一五年一〇月、全列車編成が時速二七〇キロ走行が可能な300系と700系になり、「白紙ダイヤ改正」が行われる運びとなった。このように鉄道輸送の場合、地上設備は先行投資型、車両は時系列追従投資型で、列車運行は最後に一気に花開く、という〝時間差特性〟を持っている。

このことは高速鉄道の場合、地上設備と車両を一元的に管理し、そのうえで総合的な経営判断に基づく設備投資と列車運行が行われる体制、すなわち「垂直統合体制」でなければ、戦略的なサービス改善は不可能だということを物語っている。三者を水平分割し、別々の会社とした英国型分割民営化では「のぞみ」化のような長期戦略に立った決定は不可能なのである。

国鉄分割民営化の場合においても、新幹線鉄道網についてだけは「新幹線保有機構」による水平分割が導入されていた。この機構は債務の返済と収益調整だけが目的とされていたが、底流にあったのは運輸官僚による東海道新幹線収益力の掌握であり、将来の最適化を阻害する禍根《かこん》を秘めていた。「新幹線保有機構」の解体は国鉄分割民営化を成功させる最後の必要条件であった。

九　進化し続ける新幹線システム

話はさかのぼるが、３００系車両一編成一六両を先行発注してから一年半あまり経った平成二年七月、「３００Ｘ新幹線プロジェクト」が発足した。鉄車輪・鉄レール方式の限界を見きわめるためであった。

これに先立つ平成元年は、山梨リニア実験線の予算要求の年であった。当社の技術陣が実験線の仕様と建設計画を具体的に詰めていくと、運輸省が鉄建公団および鉄道総研に依頼して作った予算案の二倍程度の建設コストがかかることが明らかになった。

宮崎の実験線で頻繁に発生するクエンチ現象、すなわち超電導状態が喪失して浮上走行ができなくなる現象の原因は、振動による超電導磁石の温度上昇である、というメカニズムがＪＲ東海と鉄道総研、メーカーの技術陣によって突き止められた。そこで、振動を少なくするため、超電導磁石の内部構造の耐振性を向上させ、また山梨実験線では地上コイルを一層に重ねて増やしたのである。これはＪＲ東海独自の開発として、原因究明と対策に資金と人材を集中的に投入した成果である。

まずは余裕を持った設計で予定どおりの性能を確保し、そのうえでコストダウンを図っていく、そういう手順で開発を進めることにしたのだ。このような開発は、ＪＲ各社の拠出金の範囲内で各社の合意のもとに細々と開発する、という鉄道総研のやり方では不可能であり、自らが運用する立場で人材と資金を集中投入できるＪＲ東海が全面的に主導する以外なかった。

しかし、それでも一〇〇％成功する保証はない。そこでリニア実験線の建設を進めるかたわら、万一実用化困難という結果に終わった場合に備えて、二つの対策を取ることにした。一つは、実験線の勾配を当初計画の六〇‰から四〇‰に緩めたのである。鉄車輪・鉄レールシステムの牽引力は摩擦により得られる。だから勾配が三〇～四〇‰を超えると車輪がスリップして牽引力が失われてしまう。

高速であるがゆえに急カーブは苦手だが、坂には強いのがリニアだということで、従来は六〇‰の勾配を目指していた。しかし、もしリニアの開発が思惑どおりにいかなかった場合は鉄車輪・鉄レール方式でいくことになる。その場合、四〇‰の勾配が掛け値なしの限界だ。そのため最悪の場合を考慮して、実験線の最大勾配を四〇‰としたのである。そしてもう一方で、予備的技術として鉄車輪・鉄レール方式の限界に挑戦するシステムを開発することにした。そのための試験車両が３００Ｘであった。

３００Ｘは平成七年一月に走行試験を開始した。米原～京都間で営業列車が運行を終えた深夜に高速走行を繰り返し、安全・安定性、乗り心地、騒音振動などを確認し、時速三五〇キロ運行を視野に入れてさまざまな技術データを蓄積した。３００Ｘは一年半後の平成八年七月に電車の世界記録である時速四四三キロを記録、平成一四年一月まで走行試験は続けられた。

この間、平成八年七月に山梨リニア実験センターが発足、平成九年四月三日から走行試験が開始された。宮崎実験線では日常茶飯事であったクエンチは、一度も起こることなく、一二月二四日には時速五五〇キロを達成、超電導リニアの実用化に自信を深めた。３００Ｘの成果は、東海道新幹線のさらなる進化に引き継がれることになった。

平成一五年一〇月に品川駅が開業し「のぞみ」体制が完成した後も、東海道新幹線はさらなる進歩を遂げた。７００系の投入でＪＲ西日本との「共同開発」、「共通制式化」を急ぐかたわら、「最速のハイテク車両」、「快適性の向上」、「さらなる環境への適合」をコンセプトに開発が進められ、平成一九年七月一日、Ｎ７００系車両が登場した。

Ｎ７００系は、７００系と同じ接客仕様を確保しつつ、新幹線として初めて車体傾斜システムを採用することで、曲線半径二五〇〇メートルの区間でも時速二七〇キロ走行が可能となるとともに、山陽区間で時速三〇〇キロ走行のできる新幹線システムの完成形であった。全車両にセミアクティブ制振制御装置を搭載し、あわせて新ＡＴＣシステムによる一段ブレーキを採用することなどにより、乗り心地や車内静粛性の向上と制動距離の短縮が実現された。

さらに、先頭形状の最適化や全周ホロの採用、電力回生ブレーキの拡大などにより、電力消費量は700系に比べさらに一九％低減された。N700系の登場によりJR西日本の500系は過去のものとなり、一線から退場した。それはJR西日本との新幹線車両「共同開発」が完了したことを意味していた。

高速鉄道システムの成果は安全・安定・正確・高速・高頻度・快適な列車の運行である。しかも省エネルギー性、環境親和性に優れていなければならない。要素技術の研究開発はその一つが商品化され、大量販売されるわけではない。直接収入に結びつかない地道な技術開発が組み合わされて列車の運行性能向上に帰結する。平成一四年七月に開設した小牧研究施設では、車両・施設・電気・運輸など鉄道に関わるあらゆる分野ごとの技術をさらに高め、それをシステムとして統合する形でユニークな技術開発が行われてきた。

こうした技術開発の蓄積により、N700Aが開発され、平成二五年二月から営業運転に投入された。N700系のデビューから六年後のことである。このN700Aは車体傾斜区間の拡大等により、東海道区間でも時速二八五キロで走行する。

また、ATCの改良により、地震等の災害の際に、より短距離での停止を可能にする「地震ブレーキ」が開発・搭載されている。地震ブレーキはATCが地震波による停電を感知すると、通常の非常ブレーキよりも一五％強いブレーキ力を出力し、停止距離がN700系より一〇％短縮される仕組みである。

N700Aシステムの特性は、最新のATCと車両が統合一体化されたシステムを形成し、走行中の自己診断機能により、安全で安定的で最適な走行が確保される点にある。

また技術そのものではないが、車両の仕様・性能の統一と、列車運行・停車パターンの単純化、運賃料金制度の自明化は鉄道の特性を活かす重要な要件である。

すべての「のぞみ」が東京・品川・新横浜・名古屋・京都・新大阪駅に停車し、「こだま」は全駅停車である。毎時二本運転される「ひかり」だけは「のぞみ」停車駅以外の主要駅停車パターンに変化をもたせ、各駅の利便の均衡化を図っている。

平成二六年三月には、ほぼすべての時間帯で毎時最大一〇本の「のぞみ」運転が可能となった。新大阪駅のプラットホーム増設（四面七線→五面八線）と引上げ線の増設（二線→四線）、加減速性能の高いN７００系・N７００Aの投入が進んだことの成果である。

従来は四分間隔、毎時片道一五本が限界とされていた。それが三分一五秒間隔、毎時片道一八本に増加する一方で、車両の性能・仕様が統一され互換運用が可能となったため、車庫に出入りする回送列車の数も一時間三本ですむようになり、「一〇・二・三」ダイヤが可能となったのである。

一日の列車運転本数は昭和六二年度の実績平均で二三一本から、平成二七年度には一・五倍の平均三五八本と大幅に増加し、平成二八年八月一〇日には過去最高の四三二本の運行を記録した。東海道新幹線は最終完成段階に到達したといえる。

「列車の時刻に合わせて駅に行く」のではなく「自分の都合の良い時間に駅に行き、至便な列車を選ぶ」という利用スタイルこそ東海道新幹線の強みなのである。

一〇　土木構造物の長寿命化

東海道新幹線はＪＲ東海発足時点で二三年が経過していたうえ、列車本数も開業当初とは比較にならないほど増加し、それにともなって土木構造物に与える負担も増加していた。

新幹線０系のように一編成一六両で一〇〇〇トン近くある車両が、高速・高頻度でコンクリート高架橋や鋼橋を通過するケースは日本の土木構造物の歴史の中でも経験がなく、東海道新幹線の構造物の取り換えがいつ発生するかは土木技術者の大きな懸念事項であった。そしてＪＲ東海発足当時、国鉄の土木技術者たちの見解は「あと一〇年は絶対大丈夫だが二〇年は保証できない」というものであった。

そこで昭和六二年七月に「リニア対策本部」を発足させるとともに、一〇月には「東海道新幹線土木構造物調査委員会」を立ち上げることになった。

ＪＲ東海、鉄道総研、そして学界の権威で構成されたこの委員会は、東海道新幹線の構造物設計にたずさわった松本嘉司東京大学工学部教授に委員長を委嘱し、東海道新幹線における土木構造物の長寿命化と取換え工事の平準化をいかにして図るか、その検討を始めたのである。

同委員会では平成五年三月にかけて、東海道新幹線の土木構造物の実態および長期的な健全性に関して詳細な調査・研究を行い、その結果、①今後一〇年程度では、運休をともなう取替えは発生しないが、構造物の老朽化は必ず進むので適切な予防措置をほどこすこと、②特に、列車走行によって最大の応力（物体が荷重を受けた時、物体の内部に生ずる抵抗力）が発生する短いスパンの鉄桁については列車走行時に発生している応力を測定し、問題を早期に把握し、対処することが求められた。

それを受けてJR東海では構造物検査センターを設置し、中・長期的な健全性を確認するとともに、対処法を研究することになった。一連の調査・研究の結果、平成九年三月には、「適切な保守管理を行えば、当分の間、大規模な取替えは発生しない」との結論になった。「当分の間」とは二〇年程度の意であった。

平成九年五月に、東海道新幹線品川駅の建設工事が始まり、これまで高架だった区間を地上に下ろす工事が行われた。その際に開業以来使用されてきた鋼橋桁と鉄筋コンクリート構造物の実物が入手された。その実物を小牧研究施設に持ち込み、多軸式列車荷重模擬載荷試験装置を使用した新幹線列車の繰り返し走行シミュレーションによって土木構造物の耐久テストが行われた。

その結果、第一にわかったことは東海道新幹線の鉄筋コンクリート構造物はほとんど劣化していないということである。これは建設当時の工事が実に丁寧だったということから来るもので、非常に密度の高いコンクリートで酸化はほとんど進行していなかった。したがって、劣化が進んでいない時点で、コンクリートの表面を樹脂系材料で被覆《ひふく》すること、あるいは鋼板により表面を被覆することにより酸化を防止すれば鉄筋コンクリート構造物の劣化進行を止めることができる、ということが明らかになったのである。

また、東海道新幹線の鋼橋についても品川駅建設の際に撤去された実物を使って、小牧研究施設で連続負荷実験を行った結果、縦桁と横桁の接合部や支点部を補強すれば亀裂《きれつ》の発生を防止することが可能で、構造物の全面的な取替えは不要であることがわかった。トンネルについてもコンクリート壁と山の地肌の接面に発生する空隙をモルタルで充填してしまえば、ひび割れ等の変状が発生しないことが明らかになった。

各構造物に対する劣化対策、予防保全の対策がこうして確立し、平成二五年四月から「東海道新幹線土木構造物の大規模改修」として工事に着手している。平成九年三月に東海道新幹線土木構造物調査委員会がとりまとめた「当分の間、すなわち二〇年程度は大規模な取替えが発生することはない」とする結論は、その後の研究・実験を経て確立された大規模改修工事により、「半永久的に心配ない」というほどのレベルに高められた、と技術者たちは自信を深めている。

時速二二〇キロから時速二七〇キロへと速度が向上する中で、主に振動対策の必要から、車両の軽量化が進められた。0系の編成重量は約一〇〇〇トンだったが、300系以降の車両ではすべて約七〇〇トンと大幅に軽量化されている。

この軽量化は、高速化だけでなく、土木構造物への負荷軽減という観点からもきわめて重要な意味を持つものであった。金属に対する繰り返し荷重は一定の強さを持つと金属疲労の原因になるが、それ以下の荷重ならば、いくら繰り返されても金属疲労は起こらない。高速化のための車両の軽量化は、加減速性能の向上により列車本数を増加させたこと、大幅な省エネルギー化を実現したことの他に、土木構造物の劣化防止にもきわめて効果的だったのである。

現在施工中の「大規模改修工事」は平成三五年三月に完了する。総額は約七〇〇〇億円と見込まれるが、これで予見できる期間の高架橋、鋼橋、トンネルの老朽取換えは当面心配がなくなり、毎年の保全工事も大幅に削減されるという。

一一 「ユレダス」の運用と脱線防止システムの導入

東海道新幹線は「東海地震」の震源域を通ることから、国鉄時代から土木構造物の耐震補強工事の実施や地震動の早期検知体制の整備が進められてきた。

特に、「のぞみ」の運転開始により、最高速度が従来の時速二二〇キロから時速二七〇キロに飛躍することから、地震の早期検知、すみやかな列車の減速が必要となった。そこで、平成四年三月、「のぞみ」デビューと同時に、「地震動早期検知警報システム（urgent earthquake detection and alarm system、通称ユレダス）」の導入運用が開始された。

これは、地震によって震源から放射される二種類の地震波（P波、S波）に着目したもので、初期微動で秒速七キロのP波を検知する観測点を新幹線の沿線に設置、P波を検知するや震源地とその規模を推定し、もしも秒速四キロの主要動（S波）が一定以上の強さだと予見される場合には、直ちに電源を遮断し列車を停止させる仕組みだ。この〝ユレダス〟を「のぞみ」デビューと同時に運用開始することで、時速二七〇キロ走行における対地震安全性は従来よりも向上させることができたのである。

また、新幹線・在来線の安全・安定輸送対策の一環としてヘリコプターの運航も開始された。

地上からは確認することが難しい鉄道施設や河川等を上空から点検し、環境の変化をいち早く察知する。と同時に、大規模災害によって道路や鉄道網が寸断された際には、被災地に空から人や物資を送り届けられる。ヘリの運航は昭和六三年四月にスタートした。

ＪＲ東海発足後、東海道新幹線に実際に被害を及ぼしたのは平成七年一月一七日に発生した阪神・淡路大震災である。地震発生は午前五時四六分、成人の日を含む三連休明けの火曜日の朝であった。

名古屋での会議出席に向け、東京駅を朝七時に出発する新幹線に乗るべく玄関を出ようとした瞬間、自宅の電話が鳴った。朝六時より少し前のことだった。すぐに戻って受話器をとったが電話は切れてしまった。このような早い時間帯に電話が鳴るのは、良くない知らせに決まっている。案の定、迎えの車に乗ってテレビをつけてみると、神戸方面で地震があったというニュースが飛び込んできた。

幸い名古屋までは列車が運行されていた。到着する頃には地震がかなり大規模であることが判明した。近畿地方の鉄道網も、大阪府高槻市から兵庫県明石市にいたる広範囲で被害を受けており、三二カ所の橋梁が落橋・倒壊し、四一〇両の車両が損壊したことなどが逐次わかってきた。当社の被害状況についても、ほどなく報告が上ってきた。高槻市を中心に新幹線高架橋が損傷、コンクリートが剥落《はくらく》して鉄筋が露出《ろしゅつ》しているものがある、ということだった。

地震災害直後は混乱状態であるが、しばらくすれば復旧のための資機材が不足するに違いない。東海道新幹線の運行を早期に再開するためには一刻も早く復旧の方針を立て、業者と契約を結んで施工態勢をかため、それに要する資機材を確保する必要がある。早速、その旨を指示した。

当社では地震発生直後、新幹線鉄道事業本部長を本部長とする対策本部を東京に、災害現場には保線所長を本部長とする復旧本部を設置した。それとともに、ヘリコプターを活用し、技術本部の副本部長と施設部長が現地に乗り込み、復旧の指揮に当たった。

鉄筋コンクリート構造物は、コンクリートが上下の重圧への耐力を、鉄筋が左右の横揺れへの耐力を有するのが特徴だが、今回の被害のようにコンクリートが剥落し、鉄筋が露出するような状況になると、時間の経過や余震により上下圧力に耐えかねた鉄筋が提灯型にふくらんできてしまう。

そうした事態になる前に、鋼製ベントと呼ばれる仮設備で下支えし、復旧させなければならない。現地では被災状況を早期に把握するとともに、応急復旧方針を立てていた。当日の昼過ぎには東海道新幹線土木構造物調査委員会の松本委員長以下、その道の権威がヘリコプターで現地入りし、現地の復旧方針を支持し、業者との契約が結ばれた。ここまでを被災当日に完了したのは、特筆すべき速さであった。

復旧方法は、高架橋に鋼板を巻き立て、柱と鋼板の間をモルタルで充填するのであるが、通常のモルタルでは所期の強度の発現に時間がかかるため、短時間で強度が発現する特殊な無収縮モルタルが使用された。各地で分散的に調達されたこの特殊セメントは一カ所に集約され、直ちにヘリコプターで工事現場に運ばれた。

また電気・軌道総合試験車（ドクターイエロー）を資材の輸送に充て、懸命に復旧作業を行った結果、被災から四日目の一月二〇日には、東京駅〜新大阪駅間の営業運転を再開することができた。

新幹線における初めての脱線事故の教訓

阪神・淡路大震災は、東海道新幹線が長期にわたり不通になれば、日本の経済社会に大きな影響を与える、ということを改めて認識させてくれた。そしてこのことが、構造物の耐震補強に加え、列車・設備指令系統を二重系化する契機となった。東海道新幹線と山陽新幹線は東京地区の指令所にすべての列車制御の機能が集約、集中しており、これを通じて各列車を把握し、各列車に運行の指令を行っている。

しかし、この指令系統が地震やテロ攻撃などによって大きな被害を受けると、復旧には土木構造物よりもはるかに多くの時間がかかってしまう。指令系統がダウンすると、手動で列車を動かすことになり、運転可能な本数が制限されるため、東海道新幹線の高頻度運転は長期にわたって不可能となる。

新幹線鉄道事業本部長からこの問題提起を受けた私は、JR西日本の井手社長に働きかけ、大規模災害などに対する抗堪性《こうたんせい》強化の観点から両社で第二指令所を建設することを決定した。この第二指令所は、新大阪駅付近に建設され平成一一年二月に稼働、現在でも年に一度、実際に運行管理を終日行い万一の事態に備えている。

地震対策のさらなる強化の契機となったのは、平成一六年一〇月二三日に発生した新潟県中越地震である。この直下型地震においては、上越新幹線の「とき325号」が脱線した。新幹線における初めての脱線だった。この事故後、国交大臣の指示もあり、脱線防止対策についてＪＲ東日本、西日本、東海各社がそれぞれ検討することになった。

当社は小牧研究施設に車両技術者、土木軌道技術者、電気技術者など、各分野の技術者が配置され安全対策や性能向上のために技術開発に取り組んでいる。本件についても、脱線のメカニズムを解明し、車両・土木構造物・軌道を統合した一つの脱線防止システムを構築すべく系統横断的検討が行われた。

まず早期検知を行ったうえで、脱線防止と逸脱防止の二面からの対策を検討する必要がある。さらに、従来のユレダス情報に気象庁の情報も加えて予知精度を高めるとともに、脱線そのものを防止するシステムが目標とされた。

小牧研究施設にある車両走行試験装置を使って実車振動テストを行い、さらにさまざまなシミュレーションを実施し、脱線のメカニズムを分析した結果、中越地震をはじめとする地震時の脱線は、両方の車輪が同時にレールから飛び上がるのではなく、片側の車輪はレールに接地したままでもう一方の車輪が浮き上がる、ちょうど相撲取りが左右の四股《しこ》を踏むような動きが繰り返される中で線路が動くことで脱線にいたる、という脱線のメカニズムが突きとめられた。

この対処策として、車輪の横方向への移動を拘束する脱線防止ガードをレール内側に取りつけるとともに、盛土や高架橋の変位を抑制する対策も併せ実施し、軌道面の地震動を極力抑制するシステムが開発された。

加えてＪＲ他社で採用している逸脱防止ストッパーも車両側に装備することにした。この脱線防止システムは、当時の森村勉総合技術本部長、関雅樹技術開発部長のもとで、当社の車両、土木の技術陣が小牧の研究施設を舞台に横断的なチームを編成し、車両・軌道構造物を統合したシステムとして作り上げたものだ。

平成二一年一〇月、工事が着手された。現在、東海道新幹線全線を対象として工事が進められており、平成三二年三月には、東海地震の際に強く長い地震動が想定される区間すべてと、分岐器・トンネル・橋梁の手前など、万一脱線した場合に大きな被害が出そうな区間すべての対策が完了する予定である。この脱線防止対策の開発に携わった森村・関の両名は平成二八年四月、科学技術分野で文部科学大臣表彰を受賞した。

一二　東海道新幹線の広報と営業宣伝

一世を風靡したエクスプレス・キャンペーン

繰り返しになるが、ＪＲ東海は一言で言い表すと「東海道新幹線会社」である。東海道新幹線の全区間、すなわち東京駅と新大阪駅、およびその間のすべてをＪＲ東海が保有し、運行・保守している。分割民営化から三〇年経った今日ではさすがにこの認識は定着したように思えるが、発足当初は在来東海道本線と同様に東海道新幹線の東京～熱海間はＪＲ東日本、米原～新大阪間はＪＲ西日本と思っている人も多かった。世の人々に東海道新幹線の全区間がＪＲ東海の路線であることを認識してもらう目的で、発足早々にスタートしたのがイメージCM「エクスプレス・キャンペーン」であった。

若い広報部員の着眼、構想で始まったその第一弾が「シンデレラ・エクスプレス」キャンペーンであり、日曜日の東京駅で夜九時に、若い男性が「ひかり」の最終列車で大阪に帰る。それを恋人が見送るというストーリーで、互いに別れを惜しむ気持ちを振り切るように列車が出発していく情緒が共感を呼んで大評判となった。

クリスマスに帰ってくる恋人を待つ若い女性の期待感と顔を合わせた時の喜びをテーマにした「クリスマス・エクスプレス」もこれまたヒットし、エクスプレス・キャンペーンは一世を風靡《ふうび》する人気CMシリーズとなった。

夏休みに祖父母の待つ田舎を訪ねる小学生、春に卒業式を終え新たな生活を始める若者を応援するシリーズなどいずれも成功し、JR東海は東海道新幹線の会社というイメージが定着していった。若い感性が若い共感を得て、それが全世代にまで広がり、会社のイメージを定着させた成功例だったと思う。

「そうだ 京都、行こう。」「うまし うるわし 奈良」

営業宣伝といえばJR九州の「ななつ星」のように豪華列車そのものの魅力を売るのが一つの典型で、他にもノスタルジックな鉄道の旅や車窓の風景などを楽しむ個室寝台列車などがいくつかある。いずれも列車に乗ることそのものが目的化している。

この点、東海道新幹線は鍛え抜かれ、磨き上げられた日本刀のようなもので、遊びはなく、目的地に移動する手段としての機能性に徹している。安全、安定、正確、高速、高頻度、快適なサービスが単純・自明な形で提供されるのである。したがってアピールするのは目的地の魅力以外にはない。

目的地の魅力には三つのカテゴリーがある。その一は比類のない自然の景観であり、東海道新幹線でいえば富士山がこれに当たる。その二は人間の想像力が作り出すエンターテイメントの世界であり東京ディズニーランドはまさにその雄である。これは常に新たな趣向によって目先を変え、持続性を維持しなければならないが、ディズニーランドはその点でみごとに成功している。

そして、その三は長い時間をかけた人の営みが作る風物、歴史である。幸いなことに東海道新幹線の沿線には東京方面から見れば京都・奈良があり、関西方面から見れば東京の市街がある。いずれも訪れるたびに新たな発見があり、リピーターがとれる世界屈指の観光地といえる。

「そうだ 京都、行こう。」のキャンペーンはこの点に着目して京都遷都一二〇〇年を期して始まった。世界の観光地の中で京都の持つユニークさは時代を超えた重畳性《ちようじようせい》にある。平安時代、鎌倉時代、室町時代、安土・桃山時代、江戸時代、明治維新以降の歴史がすべて重なり合って生きていて、単なる遺跡にとどまらない、という点が世界的に見てもユニークなところである。

しかもその中身は政争の歴史、文化の変遷、宗教、美術・工芸、食事・遊芸などの多様性に満ちている。この中で、「美しい」、「懐かしい」風景を切りとって提示したのが「そうだ 京都、行こう。」である。

ストーリーは不要、思い入れも不要、ただ見た人が「美しい」「行ってみよう」という気持ちになる「風景」さえあれば良い。JR東海の名前もあえて出さないでも良い。そんなコンセプトに徹したのである。そのためか地元や神社、寺院などの協力も得られやすくなり、このシリーズは大成功をおさめて今でも続いている。

同じコンセプトで奈良遷都一三〇〇年を期して「うましうるわし奈良」が始まり好評を得ている。奈良という古い都は京都のように絵画的な訴求力だけではその魅力を十分に伝えられない。物語性が必要なのである。それはある種の専門性と言っても良い。

古事記、万葉集の知識を踏まえて歩く奈良公園、西ノ京、斑鳩、飛鳥の風景、仏像、寺院建築などが古代日本への空想をかき立てる、そういう世界である。私が大学生の時代、旅に出るといえばそれはまず奈良そして京都と決まっていた。

白鳳時代・平安時代の仏像は美しい。親しい友人二〜三人を誘い、思い立ったら即、翌日なんの準備もなく電車に乗る。帰りには京都に泊まり各地を歩いてまわる。時代の重畳性と多様性にふれ、興味のつきることはなかった。

当社では発足間もないころから「奈良学文化講座」を開き、関心のある人々に対する講義、講演などを通じて奈良ファンを増やす努力をしてきた。その蓄積を踏まえ、京都キャンペーンの経験も生かして展開された「うましうるわし奈良」は満足すべき効果を上げている。

同じカテゴリーに入るが東京の街は京都にも勝る多様な魅力をそなえている。近世から発し今にいたり、さらに未来に向かって変化しつつあり、多くの観光客を引きつけている。移動手段としての東海道新幹線の機能をさらに磨き上げ、京都・奈良・東京の多様性を訴求していけば無限の可能性が開かれていく。

一三　複合立体都市〜名古屋セントラルタワーズ

名古屋駅の真上には世界最大級の駅ビルJRセントラルタワーズ（タワーズ）がそびえている。「JR東海の無謀な巨大投資の一つ」と、「宮廷革命」の参謀から揶揄《やゆ》されたこの超高層駅ビルは、東海道新幹線と在来線の高速化・高頻度化によってもたらされた外部経済効果を積極的に取り込んだ、という意味において、東海道新幹線と一体のものといえる。

旧名古屋駅は昭和一二年に東洋一の駅として完成したもので、名古屋鉄道管理局の庁舎と一体化した駅舎であった。分割民営化によってJR東海本社に看板を書き換えたものの、すでに老朽、劣化の様相を呈していた。

これをまず建て替える。そしてJR東海本社と名古屋駅舎だけでなく、オフィスや百貨店、ホテルなどが一体化した駅上の複合立体都市を造る──そんなコンセプトでJR東海発足と同時に検討が始まった。平成二年八月、「JR東海名古屋ビル（仮称）」の基本構想が固まった当初の案は、延床面積約四七万平方メートル、高さ約二五〇メートルの計画で、開業時期は平成一一年とされた。

着工に向け、施設計画や事業採算性の検討を深めるとともに、行政協議や環境アセスメントの調整も終えた。残るは建築確認申請という段階になったのが平成四年で、この時の規模は高さ約二七〇メートル、ホテル棟六〇階、オフィス棟五七階、延べ床面積が約四五万平方メートルという規模であった。

当時はバブル経済が崩壊したものの、金利や建設費は依然として高止まりした状況で、事業採算性に頭を悩ませているところだった。そんな中、施工会社側から建物の適正規模化に関する提案があった。

名古屋駅の地質は、堅固な支持地盤が地下四〇メートルのところにあり、現行計画では地下四〇メートルより深くまで掘削《くっさく》し、ビルの底面で建物を支えることになっていた。ところが、現行計画よりも三階分減らせば地下二三メートル付近にある中間的な支持地盤まで掘削し、あとは四〇メートルの支持地盤まで杭《くい》を打ち込めばすむ。延床面積の減少は一〇%以下で約四五万平方メートルが約四一万平方メートルとなるが、建設費は約一五%削減される。事業採算性をかなり改善できるという提案であった。

この提案にしたがって計画を修正しようとすると建築確認申請が二年延びる、ということで敬遠する向きもあったが、結局提案を受け入れることにした。基本構想を修正し、平成五年四月に実行計画として発表した時の高さは約二四〇メートル、地上はホテル棟五三階、オフィス棟五一階、延べ床面積は約四一万平方メートルであった。

百貨店、ホテルについてもふれておきたい。百貨店については、平成二年一月に松坂屋との共同出資を発表し準備を進めていたが、バブル崩壊とともに百貨店事業を取り巻く環境がきびしくなる中で、平成六年二月、松坂屋側から「共同出資を解消したい」との申し入れがあった。構造的不況業種とされる百貨店業界にあって、栄にある松坂屋本店の競合相手となるようなものを作りたくなかった、というのが本音だったようだ。これでＪＲ東海の百貨店事業は成立しなくなった。三越、丸栄、名鉄に松坂屋を加えたいわゆる名古屋の「四Ｍ体制」を守ることができる、と当時の松坂屋の幹部は胸を張ったということであった。

ところがそれは早計で、もう一つの強力な提携先があった。その新たな提携先となったのは髙島屋である。髙島屋は日本最大の百貨店であるが名古屋地区には出店がなく、タワーズでの共同事業を希望したのだが、すでに松坂屋からの強い懇請で提携話が決まっていたのでお断りした経緯があった。松坂屋との話が白紙になったので、こちらから改めて打診をしてみたのである。

髙島屋の社長から「私たちは名古屋の人々に歓迎されるでしょうか」と聞かれたので、「東京の一流の百貨店で、名古屋にない髙島屋が名古屋に進出すれば、必ず名古屋の人々は歓迎するでしょう。出資比率は七対三ですが、この店は御社の店だと思ってください。当社はデパート経営に口を出す気はありません。ＪＲ東海髙島屋の社長はお任せし、当社は会長として経営戦略を見るということで末永くおつき合いしましょう」と答え、提携の方向が決まった。

平成一二年三月の開業以来、毎年のように売上げを伸ばし、現在では名古屋・栄の松坂屋本店を抜き、地域一番店の地位を確立している。平成二七年度は髙島屋の全国の店舗の中でも、売上げで日本橋店、横浜店に続く三位に位置し、二位の横浜店には僅差《きんさ》にまで迫っている。

ホテルについても、当初は全日空の杉浦会長（元国鉄総裁）との縁で全日空エンタプライズ社と技術指導契約を結んでいたが、名古屋は熱田区金山に開設される名古屋ボストン美術館ビルに、ホテルが併設されることになり、その運営を全日空ホテルが担うことになったため、やむなく他の提携先を模索することになった。

バブル崩壊によりホテル業界を取り巻く経営環境もきびしさを増す中で、東京・大阪に進出した外資系ホテルは、洗練された施設やサービス、国際的な送客システム、ブランド力によるイメージの高さなどにより、比較的安定した業績を残していた。

そのような状況の中、ジェイアール東海ホテルズは、全世界で「マリオット」「ザ・リッツ・カールトン」などのブランドを展開しているものの、日本ではいまだ本格的な進出を果たしていないマリオット・インターナショナル社との業務提携を進めていった。

約八〇〇室という規模をとらえて、名古屋地区の都市ホテル市場が供給過剰に陥り、ルームチャージが値崩れするのでは、という意見を海外ＩＲ（投資家向け広報）などで尋ねられたりしたが、私は「最上のサービスを提供できる者が市場を先取りし、残りを他が競うことになる。名古屋駅の真上という利便性の高い立地と、マリオットブランドによるサービス提供があれば必ず地域一番店になる、心配する必要はない」と答えることにしていた。

開業後の経営成績はまさにそのことを証明しており、世界のマリオットブランドを紹介するパンフレットの表紙を名古屋マリオットアソシアホテルが飾るなど、この提携も大成功に終わっている。

また着工が平成六年となり、建設期間がバブル崩壊後の平成不況と重なったことが、皮肉にもタワーズにとって天佑となった。平成五年四月の実行計画発表時には、建設費約二五〇〇億円、単年度黒字が開業一六年後、累損解消が開業二八年後と想定されていたが、その後建設単価が大幅に下がり、借入金利も下がったことにより、実際には総事業費は二〇％も下がって約二〇〇〇億円ですみ、開業初年度に単年度黒字を達成し、累損も六年ほどで解消できた。

タワーズ成功の秘密は規模の大きさと複合機能性である。都市の中心が複眼構造になっている東京地区と異なり、名古屋では東海道新幹線、ＪＲ在来線、名鉄線、近鉄線、名古屋市営地下鉄東山・桜通線のすべてが名古屋駅に放射線状に結節している。

ＪＲ東海発足後、当社は東海道新幹線の速度向上と高頻度運転化を進めるとともに、在来線を東海道新幹線のアクセスネットワークと位置づけ、新型車両の投入によるスピードアップや列車頻度の大幅な増加といった改善を行ってきた。その交通至便性が複合立体都市としてのタワーズと結びついた時、予想を超える相乗効果を生んだように思う。

名古屋駅地区は三重、岐阜、長野、静岡県にまで広域化した商圏のハブとして飛躍を遂げた。また「のぞみ」の運行開始と高頻度運転は名古屋圏と東京・大阪圏の結びつきを強め、名古屋駅地区はオフィス立地の優位性を増してきた。

名古屋駅前にはトヨタ自動車のビルが建設されたほか、三菱地所や日本郵政のビルが次々と完成した。当社の第二の駅ビルである「ＪＲゲートタワー」も、リニア中央新幹線の名古屋駅空間を地下に抱いて、平成二八年一一月にオフィス入居を開始し、平成二九年四月には全面開業の予定である。

第六部

財務の改善と完全民営化

一　過大な債務負担・利子支払の克服

平成三年一〇月一日に「新幹線保有機構」が解体されたことにより、ＪＲ東海はようやく新幹線の車両だけでなく、基盤構造物、軌道、駅、信号・通信、運行管理システムなど、すべてを保有・統合して運行・保守する自律的鉄道会社となった。

「新幹線保有機構」の解体にあたって、当社はこの欠陥制度による本州三社間の収益力調整がもたらした過重な債務の修正・適正化を強く求めたが、既成事実をくつがえすことはできなかった。

新幹線保有機構解体直後の平成三年度、長期債務残高は五・五（新幹線五・一）兆円で、当時の年間営業収入一・一兆円の五年分にあたる。鉄道と同じ公共性の高い設備産業である電力会社でも長期債務は営業収入の一年分前後であり、ＪＲ東海の債務負担額は突出して高かった。

その結果、平成四年度の支払利息は三五〇〇億円で営業収入（単体）の三〇％を上回った。東海道新幹線の労働生産性の突出した高さを反映して、ＪＲ東海の営業収入に対する人件費比率は平成四年度で約一五％であるから、支払利子率と合算すると約四五％の負担となる。

ＪＲ東海は他二社に比べて人件費比率が約一五％低いので、利子は逆に一五％ほど多く負担する仕組みだったのである。しかし人件費は管理可能な経費であるが、利率というのは他動的なリスク要因であって、自助努力でどうにかなるという代物ではない。ＪＲ東海の経営リスクはＪＲ本州三社の中で最も深刻であった。

ＪＲ本州３社の営業収益に対する「支払利息＋人件費」の割合

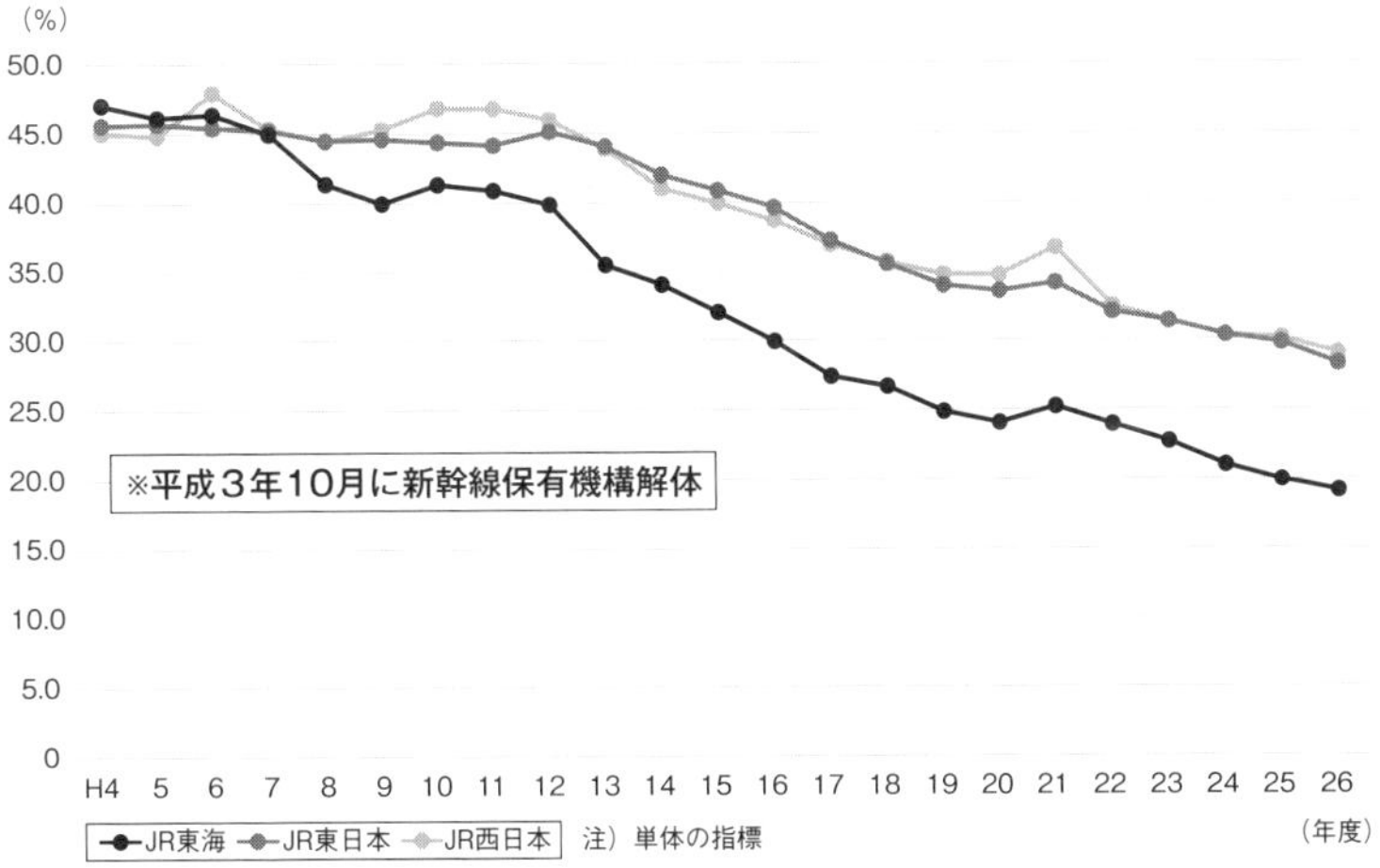

注）単体の指標

それが年々改善し、完全民営化が実現した平成一八年度には、長期債務残高は三・四兆円になり、直近の平成二七年度では一・九兆円にまで削減され、営業収入の一年分強となった。支払利息も大幅に削減され、平成一八年度では一五〇〇億円、平成二七年度は六五〇億円にまで下がっている。営業収入の約三〇%もあった利払いが、平成二七年には約五%にまで下がったのである。

本州三社の支払利息と人件費の合計額は、営業収入に対し、当初四五%で同一水準に調整されていたが、時の経過につれて市場金利が下がり、ＪＲ東海の場合は二五%、二〇%と大きく下がったのに対し、債務負担が少なく人件費負担率の高かった東日本、西日本はどちらも三〇%程度で推移し、東海との間に一〇%の差が生まれた。結果としてＪＲ東海の可処分資金は、平成一八年で四〇〇〇億円近く、二七年では約五〇〇〇億円と突出した規模になっている。

JR本州三社の中で最大の経営リスクをかかえ、「JR東海は新幹線債務の返済会社でしかない。それなのに過剰な設備投資をやっているから、早晩会社は崩壊するだろう」と「宮廷革命」の参謀をして言わしめた財務状況は、今では奇跡的に改善し、東海道新幹線の旅客から得た豊かなキャッシュフローを、将来の旅客に還元するべく、東京～名古屋間リニア中央新幹線の建設に着工するまでにいたった。これはまさに奇跡と言って良い。以下、その経緯をトレースしてみる。

まずふれるべきは鉄道収入の増加である。平成二七年度の当社の営業収入（単体）は一・三六兆円で、その九五％が鉄道収入、そしてまた鉄道収入の九二％が東海道新幹線（JR東海発足当初は八七％）であるから、「東海道新幹線会社」というのが当社の実体である。

平成四年度にはバブル経済が破裂し、顕著な伸びを示してきた東海道新幹線の輸送量は一時減少に転じ、それ以降平成一五年までは横這い基調で推移してきた。そして平成一五年一〇月一日、東海道新幹線品川駅が開業し、「のぞみ」の列車本数が大幅に増えて以降、輸送量は着実な増加傾向に転じている。結果として平成二七年度の東海道新幹線の運輸収入は昭和六二年度対比で六七％、平成四年度対比で三〇％の増となった。

次に挙げるべきは、積極的な設備投資による減価償却費の増加である。新幹線保有機構解体直後の平成四年度に一九〇〇億円だったJR東海の減価償却費は、全列車時速二七〇キロ化にともなう新車両投入、品川駅建設などにより着実に増加していった。またリニア実験線一八・四キロの建設、後述する四二・八キロへの延伸に投下された資金の減価償却期間が七年間と短いことも手伝って、平成二七年度では二三〇〇億円に増加しており、その結果内部留保も厚くなっている。

東海道新幹線の列車本数と運輸収入の推移

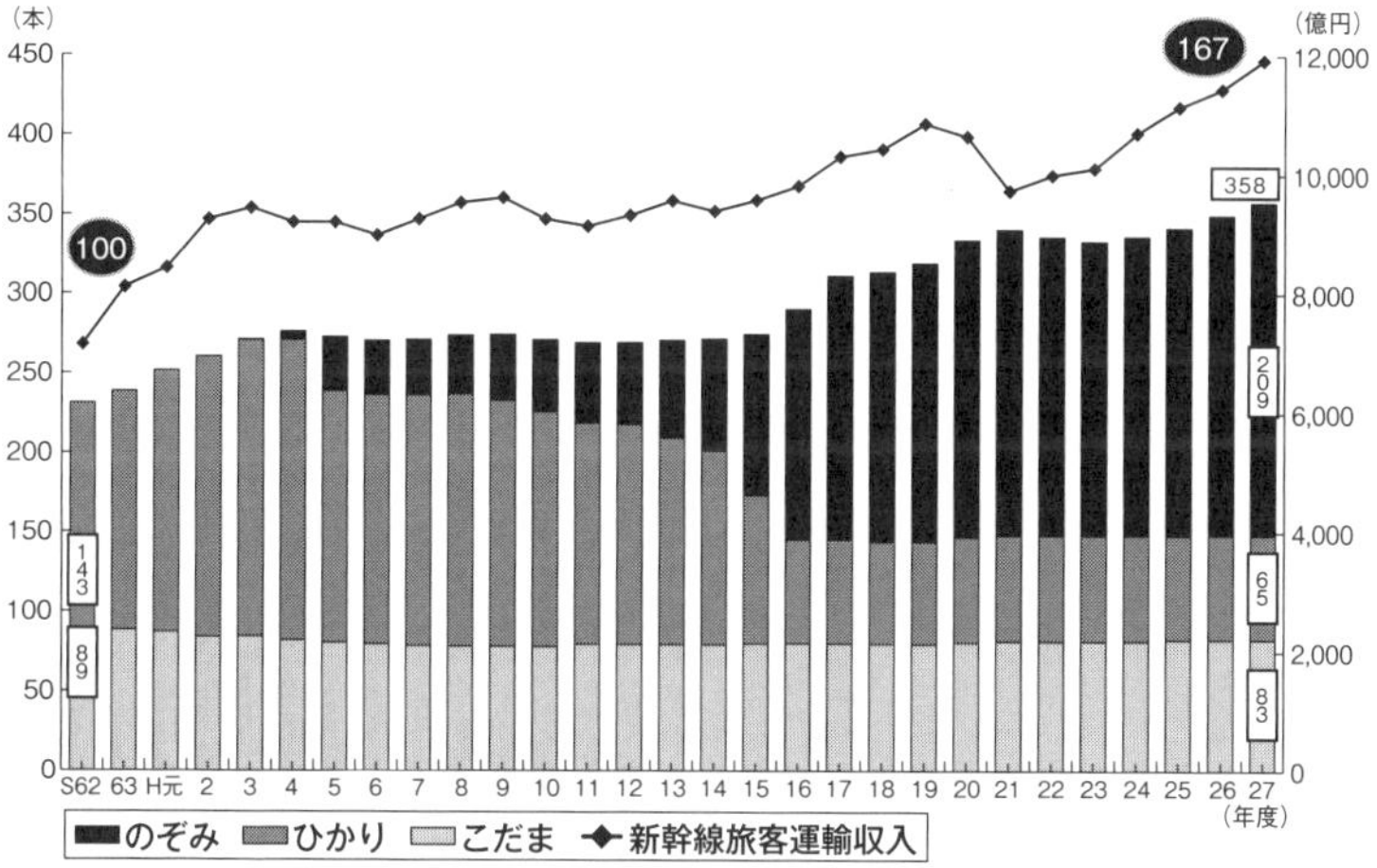

注）1.新幹線旅客運輸収入はS62年度を100とした時の指数　2.列車本数は各年度の実運転本数（一日平均）

減価償却費・設備投資額の推移

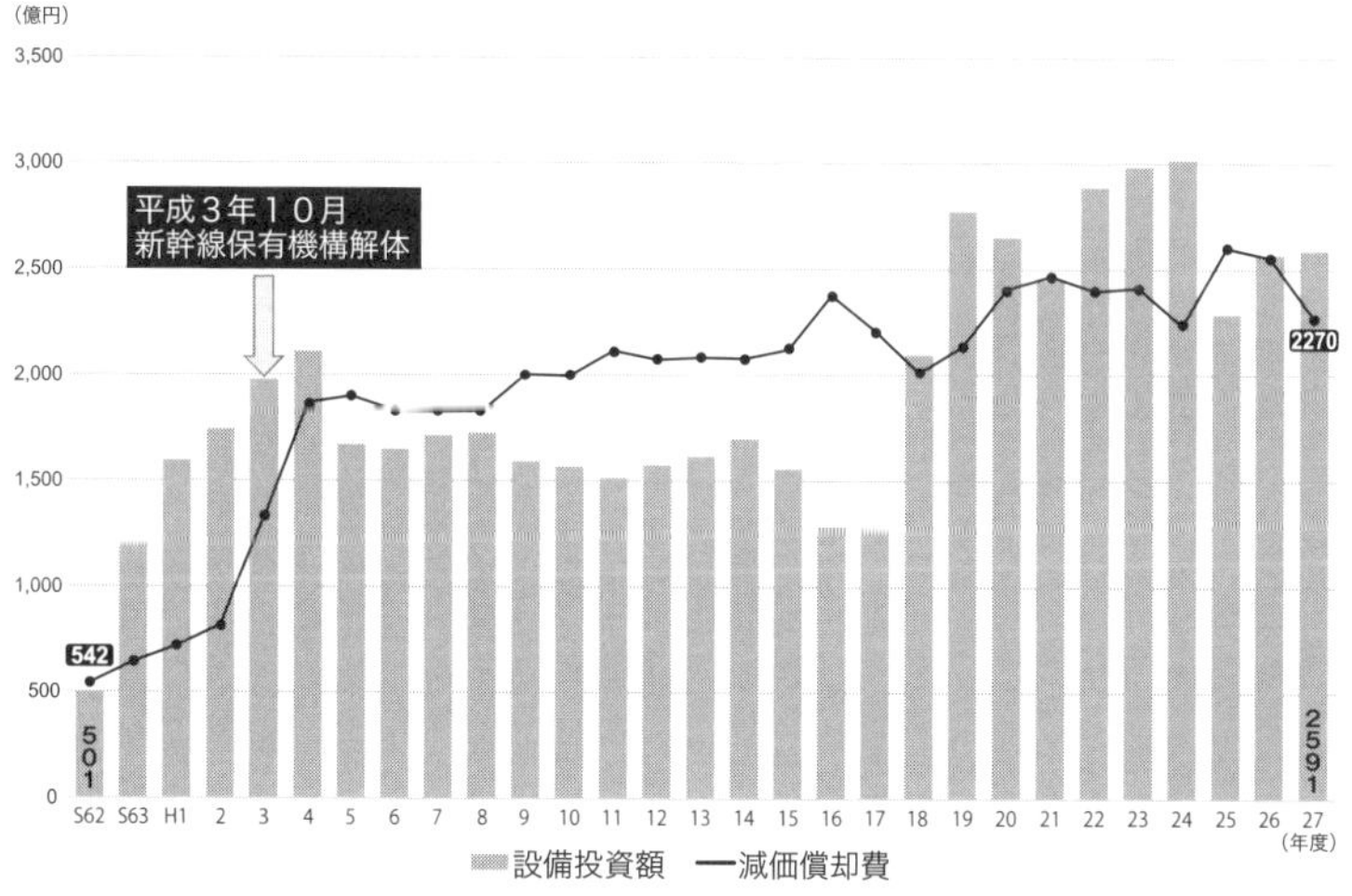

長期債務の残高と平均金利

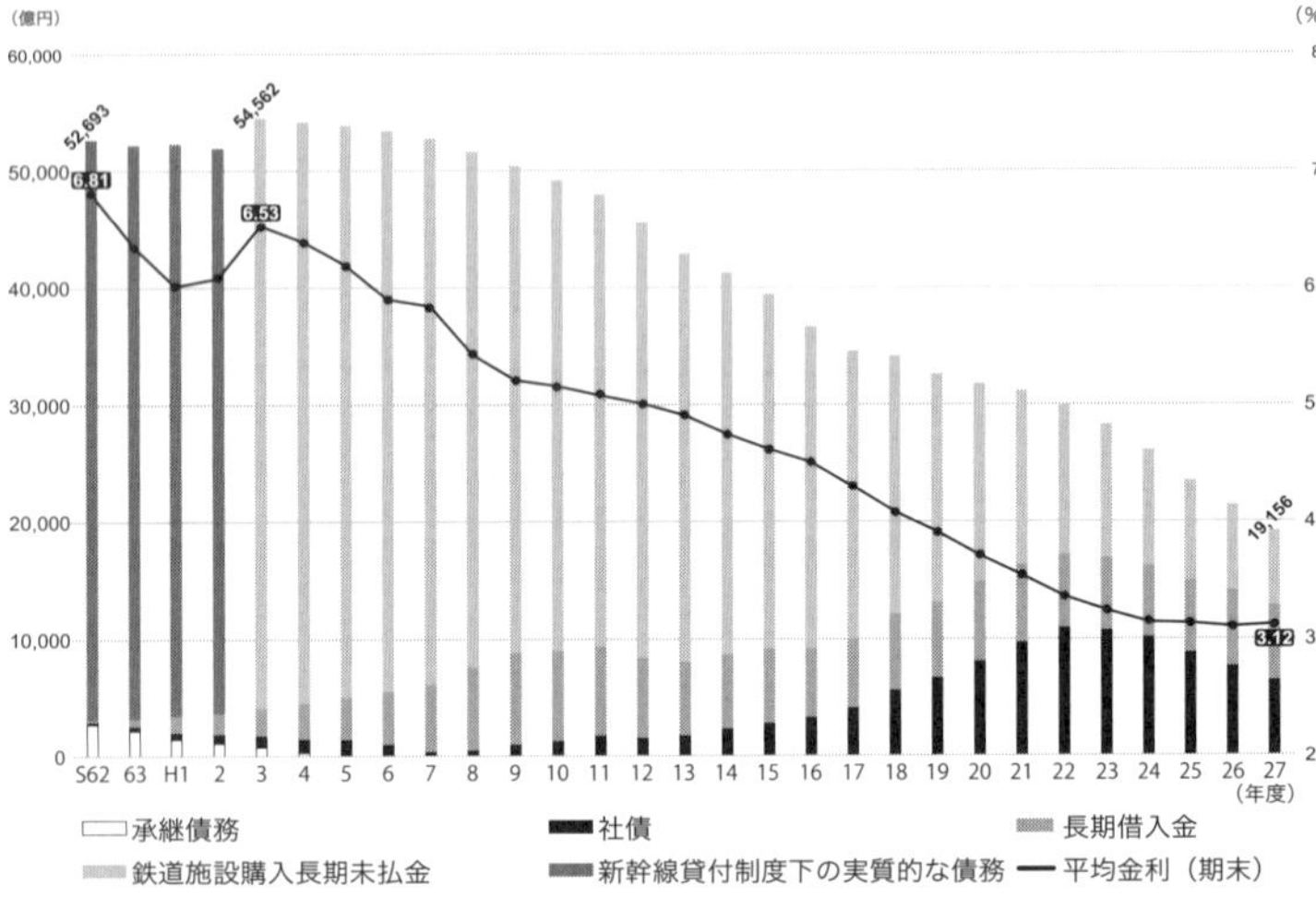

最大の経営改善要因はなんといっても金利の低下と、債務削減の進捗である。平成三年度末にバブルが崩壊し、日本経済は長期的なデフレ状態に陥った。その結果、新規借入れの金利が急速に下がり、過去債務の借換えが進むにつれて累積債務の平均金利が着実に低下していった。平成三年度には六・五三%であった長期債務の平均金利は、完全民営化を達成した平成一八年度では四・〇八%に下がり、平成二七年度では三・一二%にまで下がっている。

収入の増加や減価償却費の増加、支払利息の減少などによる可処分資金の増大は、新幹線債務の繰り上げ償還を促進し、支払利息をいっそう低下させた。当初は毎年度四〇〇億円前後で推移した債務の削減額は、平成八年度以降は一〇〇〇億円を、平成一二年度からは二〇〇〇億円を超えるようになった。

労働生産性の高い分だけ余分の国鉄債務を背

負わされたＪＲ東海にとって、デフレ経済・ゼロ金利はまさに天佑だった。ＪＲ東海発足以来の二九年間を通じて見ると、「借金の返済会社」だったはずのＪＲ東海は、約九兆円の可処分資金を生み出し、そのうち約三・五兆円が債務返済に、約五・五兆円が設備投資にあてられたことになる。

二　間一髪で間に合った清算事業団債務処理

平成一〇年に清算事業団債務の最終処理が行われた。それは一連の国鉄分割民営化作業の最後の難関であった。

振り返ってみると昭和六二年四月にＪＲ各社が発足、清算事業団による清算業務が始まった。余剰人員の特別雇用対策が平成二年四月に終了し、用地売却が平成九年にはぼ完了、ＪＲ東日本の株式は平成五年一〇月、ＪＲ西日本は平成八年一〇月、ＪＲ東海は平成九年一〇月にそれぞれ上場を果たした。完全売却まではまだ数年を要する見込みではあったが、出口は見えていた。最後に残ったのは清算事業団が承継した国鉄関連債務の国民負担、一般会計への移管であった。

その作業は平成八年秋から始まり平成一〇年秋に決着したのだが、一歩踏み間違えれば対策の遅延で約二六兆円にまでふくらんだ債務の処理は迷走し、ＪＲ本州三社の経営を長期にわたって阻害しかねなかったし、現にその瀬戸際までいった。まさに危機一髪の決着だった。以下、その経緯をたどってみることにする。

政府与党案に強硬な反対論

分割民営化時点で処理を要する国鉄関連債務は三七・一兆円であった。国鉄自体の債務が二五・四兆円、鉄建公団債務が五・二兆円、年金負担の積立不足が五兆円、残りがＪＲ北海道・九州・四国の収入不足を補う経営安定化基金など、国鉄改革の実施にともなう必要経費充当資金のための債務である。

その対処法は新幹線リース料、鉄建公団借料も含めて本州三社が負担する債務が一四・五兆円、清算事業団が承継した国鉄の遊休土地、ＪＲ本州三社の株式を売却して八・九兆円を充当し、なお残る一三・八兆円をおよそ一〇年以内に清算事業団から一般会計に移して国民負担とする、という計画になっていた。

国民負担額は、土地、株式の売却が完了するまでは確定できないということで、その間の利払いに財投資金を貸し付けたため残高が累増し、平成一〇年度はじめには一三・八兆円が約二六兆円にふくらんでしまったのである。分割民営化から一〇年目の平成八年一一月、自民党は「国鉄長期債務問題特別委員会」を設置、平成九年中に成案を得る旨を閣議決定した。

政府の処理案が定まったのは平成九年一二月上旬であり、「ＪＲ各社に採用された国鉄職員の国鉄勤務期間中の年金積立不足分約三六〇〇億円を、ＪＲ七社他、鉄道総研などの承継法人が追加負担することを条件に、土地・株式売却分を差し引いた国鉄債務約二四兆円を国民負担とする」というものであった。

清算事業団の債務の処理フレーム

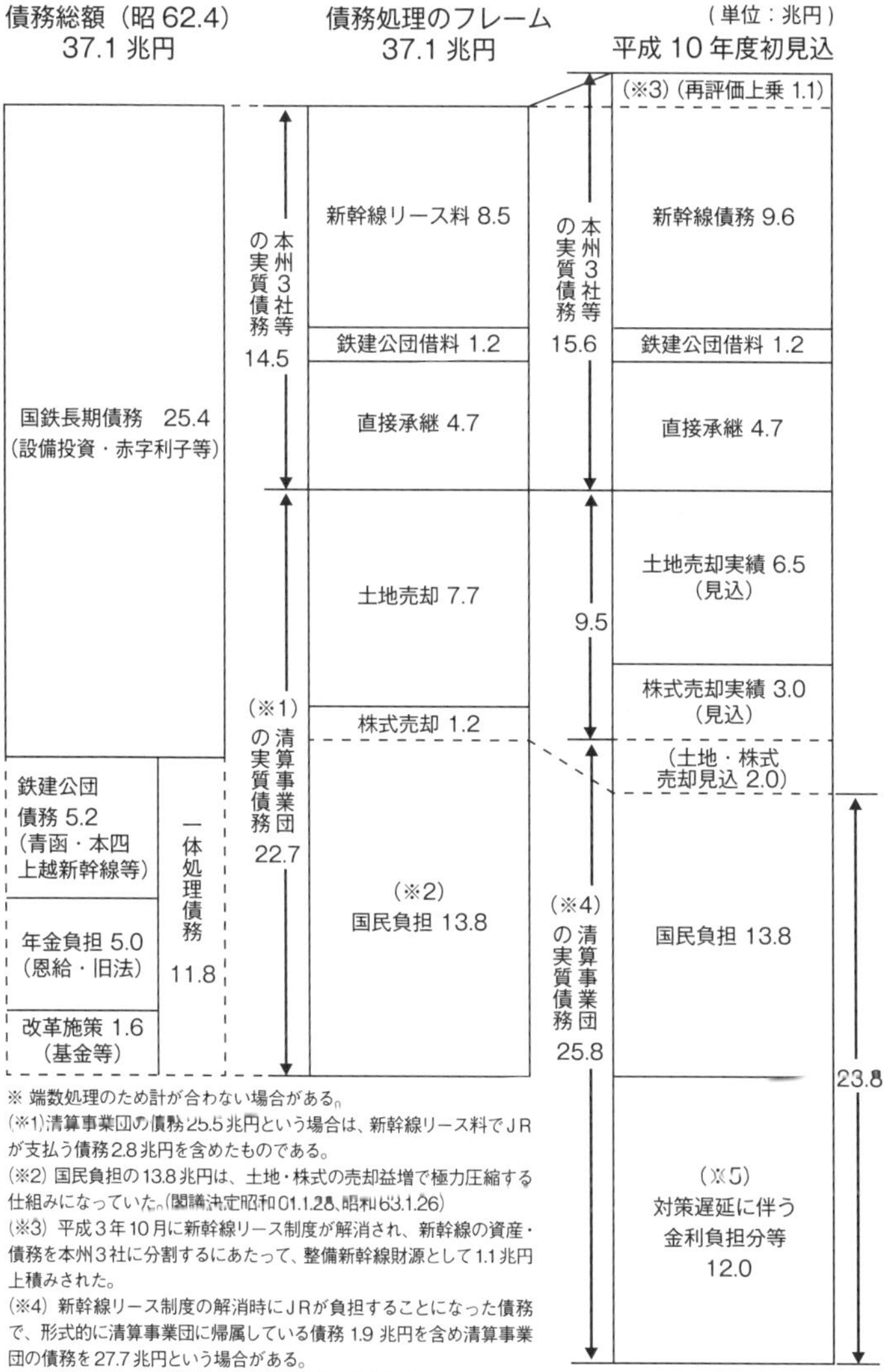

※ 端数処理のため計が合わない場合がある。
（※1）清算事業団の債務25.5兆円という場合は、新幹線リース料でＪＲが支払う債務2.8兆円を含めたものである。

（※2）国民負担の13.8兆円は、土地・株式の売却益増で極力圧縮する仕組みになっていた。（閣議決定昭和61.1.28、昭和63.1.26）

（※3）平成３年10月に新幹線リース制度が解消され、新幹線の資産・債務を本州３社に分割するにあたって、整備新幹線財源として1.1兆円上積みされた。

（※4）新幹線リース制度の解消時にＪＲが負担することになった債務で、形式的に清算事業団に帰属している債務 1.9 兆円を含め清算事業団の債務を27.7兆円という場合がある。

（※5）昭和62年10月「緊急土地対策要綱」が閣議決定され、清算事業団の土地売却が抑制された。

平成九年一〇月に政府・与党はこの案をJR七社に説明し、了解を求めた。JR本州三社は既定の国鉄関連債務処理フレームに定められた一四・五兆円の債務を返済中であり、国鉄共済年金は平成九年四月一日にすでに法律により厚生年金に統合されていた。その際にJR各社は約一七〇〇億円の移管金を支払っていたので、今さら追加負担を求められる謂《いわ》れはなかった。

政府・与党の説明は、「国民に国鉄債務の負担をお願いするにあたり、大幅な黒字を計上しているJR本州三社が負担ゼロというのでは国民の理解が得られない、三六〇〇億円はわずかな額ではあるが、気は心という意味である」ということで、説得力はなかった。したがって各社は一様に政府案に反対し、再考を求めたのである。

しかし一年以上にわたる与党・政府の検討結果を、この予算の大詰めの段階で変更することは事実上不可能であり、政府は藤井孝男運輸大臣から再度の要請を行ったうえで、一二月末に既定方針どおり閣議決定し、運輸省は平成一〇年度予算の関連法案として法案提出準備作業に入った。

この一連の動きに最も強硬に反対したのがJR東日本の松田社長、JR西日本の井手会長であった。二人の背後にいてシナリオを描いたのが、当時はJR東日本の常務取締役となっていた「宮廷革命」の若手参謀である。

「法律に基づく移管金を支払って厚生年金と統合したのが平成九年四月、まだ一年も経っていないにもかかわらず、同じ年金問題で追加負担を求めるのは私有財産権の侵害であり、憲法違反だ」という主張で、松田社長は外国人株主から抗議の声を挙げさせ、日本外国特派員協会で講演を行って反対を表明した。もし政府が法律を成立させて強行するのなら国を憲法違反で訴える、と宣言するなど、自らの退路を断ったような反対の仕方であった。

当時はバブル経済崩壊後の不安と混迷の中で、日本政府の問題処理全般に対して批判的な空気がよどんでいた。そんな背景もあって代表的経済紙や大手通信社が政府・与党対ＪＲグループの対立を書きたて、歯切れの良いＪＲ東日本の松田氏にエールを送ったので、松田氏の論調はますますエスカレートしていった。

年金移管金の追加負担ということになれば、その負担率は職員数比例である。三六〇〇億円の内訳を見ると、大まかに言ってＪＲ東日本一四〇〇億円、ＪＲ西日本九〇〇億円、ＪＲ東海四〇〇億円、その他のＪＲ四社や承継法人合わせて一三社が残る九〇〇億円を負担することになる。

松田氏が強硬に反対を展開したのは、このやり方だと社員数の多いＪＲ東日本の負担が最も大きくなる、一方ＪＲ東海は東日本の三分の一以下しか負担しない、という点にあったのではないかと思われる。

当社もこの移管金追加は筋が通らぬと考え、反対ではあったが、政府・与党が平成一〇年度予算の内容として決定し、今や予算関連法案として国会に提出する直前であることを考えれば、これを変更させることも、撤回させることも不可能と判断していた。

しかもバブル崩壊後のきびしい経済・財政状況の中で、約二六兆円もの国鉄債務に政府が決着をつけようとしているのは逃すべからざるチャンスであり、大局的には政府案を成立させることがＪＲ全体の利益になると考えていた。しかしその真意を表明すれば、それは自分の負担が少ないからだろう、ということで反対の火に油を注ぐことになる。

当社がすでに肩代わりしている二兆円を超える東北・上越、山陽新幹線建設費に比べれば、わずかな金額のことで本州JR他社と対立することは得策ではないという判断で黙っていた。

政府・与党との全面対決論を主導したのはJR東日本でも「宮廷革命」グループ周辺の少数だけで、社内の大勢は形勢観望だったように思う。

ところが年末の挨拶で自民党の野中広務幹事長代理を訪れたところ、「これは松田、葛西対自民党のケンカだとみな言っているぞ」と言う。この風説を流した者の顔が目に浮かんだ。「確かに私は反対ですが、しかし法律が国会審議になったら、あとは静かに国民の判断を待ちますよ」と応えて辞去したのであった。

平成一〇年一月二一日、JR東日本が突然に政府案への対案を提示し、JR東海、西日本に賛同を求めてきた。それは新幹線債務九・二兆円のうち最も返済期間の長い三号債務（平成三年九月末の新幹線買取り時に上乗せされた債務）一・一兆円を、バブル崩壊後の低金利で借り換えて繰り上げ償還し、その利差分をJRの追加負担に代えるという対案で、立案者は松田氏の腹心の参謀であった。

具体的に言えば三号債務は期間六〇年、利率六・五五％という超長期のもので、これを繰り上げ償還し、借換えの調達金利五％との利差約一・五％分を、追加負担に代えるというものである。

政府案撤回の要請に訪れたJR東日本に対し、梶山静六官房長官から「年金積立金の追加負担反対はわかるが、何も負担しないというのでは政府与党を説得できない。何か対案を作れ」という示唆があったのだと聞こえてきた。

三社の事務打ち合わせにおいてJR東日本側から「この案は政府の飲めない案だと思う。しかし政府にしても政治問題化させたくないという思惑があるだろうから、ぶつけてみる価値はある」、「正直に言って、この案に成算はほとんどないが反対してくれている先生方からも対案がほしいと言われている。案がない中で反対をお願いするよりも、具体案を出してお願いした方が、たとえその案がつぶされても、良い効果が出ると判断している」と説明された。

予算の手続きを考えれば、今この段階に来て対案を出しても、遅きに失しており、差替えができるはずもない。原案で通すか、すべてをいったん廃案にして来年度以降に案を作り直すかのいずれしかないはず。松田チームはそのことをよくわかったうえで、法案を廃案に追い込もうとしているのだと考えられた。

二六兆円もの債務の大部分を国民負担として処理する法案はただでさえ難しい法案である。二年前の平成八年には、経営破綻した住宅金融専門会社に六八五〇億円の公的資金を注入する法案に世論挙げての批判が集まり、政府が倒れんばかりの大騒ぎになった。加えて平成九年一一月には三洋証券、北海道拓殖銀行、山一證券が相次いで経営破綻し、経済・財政の状況はさらに悪化している。一部マスコミの過熱的報道は人気下降気味の橋本内閣を倒すだけではなく自民党政権を転換させようという意図があるようにも思えた。

ここでJR本州三社が一枚岩になって徹底抗戦すれば、あるいは今回の法案は廃案にできるかもしれない。しかしそうなれば政治の混迷は深まり、橋本内閣は倒れるだろう。松田氏がやろうとしていることはメディアの倒閣運動に利用されるだけではないのか。

そんなことをしてこの機を逃せば、清算事業団債務の処理は無期限に迷走するだろう。そのあげくは今回案とは比較にならないほど多額の負担をJR本州三社が求められる可能性が大きい。ここはなんとしても平成一〇年度で決着をつけてもらうに如《し》くはない。それが大局から見た私の結論であった。事務方を通じて三号債務の繰り上げ償還案には不同意であることを伝えて一件落着としたつもりであった。

山崎政調会長室での会合

ところが山崎拓自民党政調会長からJR本州三社の社長に呼び出しがかかり、一月二九日の夕刻、確か午後五時頃だったと思うが、政調会長室に集まることになった。政府案に対する山崎私案の相談だという。三号債務借換え案の蒸し返しだと直感した。事務レベルの打ち合わせで拒絶した案を、社長である私を飛び越えていきなり政調会長に上げて上から押しつけてくるのは信義違反である。しかも井手氏とは調整済みに違いなかった。

要は山崎私案をJR三社が一致して押しているという形を作り、政府案と相討ちにして法案を廃案にするつもりなのであろう。直ちにJR西日本の南谷社長に電話で確認すると南谷氏はしきりに詫《わ》びていたが、井手会長の強硬な政府案反対のもとで舵を取る彼の立場では「全社が賛同するならば」としか言いようがなかったのだと思う。

当日、二九日の午後二時過ぎに与謝野馨官房副長官に電話を入れ、山崎政調会長のJR本州三社招集に関して、官邸と自民党執行部はどう見ているのか状況を尋ねた。彼とは親の世代、自分の世代、子供の世代を合わせて三世代の家族づき合いであり、めんどうな話も尋ねやすかったのである。

調べてみるから少し時間をくれと言って電話を切った与謝野氏からは一時間もしないうちに電話があり、「山崎私案は確かにJR東日本が持ち込んだものだ。しかしあれは梶山官房長官が容認している。山崎政調会長だけでなく森喜朗総務会長も了解している。これに反対すると君の立場が悪くなるから黙っていた方が良い」というアドバイスであった。

党議決定、閣議決定に基づいて作成された法案、総理大臣、運輸大臣、党幹事長が了承した予算関連法案に官房長官と自民党の総務会長と政調会長が反対している。一体政府・自民党はどうなっているのか、信じがたい思いだった。私は、国鉄債務の処理という大局を守るためには議論の土俵に乗ることなしに山崎私案を断る決意で政調会長室に出向いた。政調会長室には細田博之交通部会長が同席していた。その時のやりとりは概ね以下のようなものであった。

まず政調会長が口を開いた。

「突然の呼びかけに応えていただいてありがたい。国鉄債務約二六兆円を処理するにあたり、政府案はJRに採用された国鉄職員の年金積立金不足の一部をJR各社に追加負担してもらうことになっているが、JR側はこれに強く反対している。国民負担を求める以上、JR側もある程度の負担をするのはやむを得ないと私は思う。しかしすでに統合されてしまっている国鉄年金の積立不足を追加負担するという案は理屈が通らない、というJRの主張も理解できる。そこで両者の顔が立つ私なりの私案を考えてみたので聞いてほしい」

と言って予想したとおり三号債務の借換え案が提示されたのであった。

「私はそれで異存ありません」と松田社長が直ちに賛同、西日本の南谷社長が、「JR東海も同意ならけっこうです」と受けた。予想したとおりの展開に対して、私は予め心に据えていた拒否回答で答えた。

「ご存じのとおり三号債務は期間六〇年、金利は六・五五%固定という条件の約定債務です。これを現今の利率で繰上償還すれば一・五%程度の利差が得られる。その利差の一部をJRの追加負担分に充当するという提案ですが、私はそれに賛同できません。

六〇年の超長期、金利六・五五%という条件は当社にとって有利だと考えるからです。なぜか。JRが自分で調達できるのは最長で二〇年債です。二〇年後、四〇年後に二度目、三度目の借換えが必要になる。その時の金利がどのようになっているか予測がつきませんが、つい数年前の平成二年時点では約八%の利率でした。

二〇年前、四〇年前の金利は調べればわかりますが、三号債務の六・五五%よりはずっと高かった。悪性インフレなどにより将来の金利が過去と同じレベル以上になることは十分あり得るわけですし、私はその可能性が高いと考えています。つまり、六〇年、六・五五%という三号債務の条件は膨大な新幹線債務を背負っている当社にとってありがたい債務なのです。

できれば一〇〇年に延ばしてもらいたいくらい、二〇年債で繰り上げるなど話が逆さまです。三号債務は約定債務ですから私の署名がなければ条件変更はできません。株主にとって有利な債務と考えている以上私は署名しません。したがってJR東海に関するかぎり政調会長の案が成立する余地はありません」

超長期の三号債が低利の二〇年債よりも有利だという返答は想定問答に入っていなかった模様で、政調会長はしばらく絶句し、天を仰いでいたが、その後で、「私も君も金融には素人だから、専門家に検討させるということにしてはいかがでしょうか」と問題の先送りを提案した。「その必要はありません。本件は専門家の検討を要しないくらい自明のことです」と答え、何の後味も残らぬ形で話を打ち切った。話の接ぎ穂《つほ》を失った打ち合わせはそのまま白けた空気のうちに終わりとなった。

その直後に政調会長に呼ばれた鉄道局長は「三号債務の利差はすでに整備新幹線の建設財源として使われています。ゆえに松田案どおりにやれば九州新幹線の建設が止まります、それで良いのですか」と答えたという。「そんな話は聞いていなかった」と言って政調会長は憤慨し、以後繰り上げ案には言及しなくなったという。

この政調会長室での会合以降、私は松田、井手両氏とは袂別し、法案の成立を期待しつつ国会審議を静観する立場を貫くことにした。橋本総理とJR七社の社長の会談で最後まで説得する努力をつくす形をとったうえで、「旧国鉄長期債務処理法案」は二月下旬に国会に提出された。

JR東海は審議静観に徹したが、松田氏は与野党の衆参両院議員に働きかけ、法案成立を力ずくで阻止する動きを強めた。そのための旗印として「この法律は憲法違反である。法案が成立しても支払いを拒否し国を相手に訴訟する」という論陣を張ったのである。

この違憲論については当社としても複数の高名な弁護士からの意見を求めたが、全員が「本法の規定が違憲であるとする余地はない」とし、その根拠は憲法二九条二項の「財産権の内容は、公共の福祉に適合するように、法律でこれを定める」という定めであるとしていた。松田氏の狙いは違憲論を背景に国会議員に呼びかけ、法案の成立を力ずくで阻止することにあったと思われる。

間一髪で金融崩壊の混迷に巻き込まれず

平成一〇年は前年に続いて経済的にも政治的にも激動の年であり、七月の参議院選挙で自民党は大敗し、橋本内閣が倒れて小渕恵三内閣が誕生した。経営陣と労組が両輪となって与・野党議員への働きかけを行うJR東日本の政治力が最高潮に達していた時期、松田氏はマスコミの寵児《ちょうじ》となった観があり意気軒昂であった。

通常国会で継続審議となった「旧国鉄長期債務処理法案」は平成一〇年一〇月の臨時国会でようやく成立をみるのだが、その最大の推進力となったのは野中幹事長代理だった。一方で追加支払額を二分の一に削減する修正案によって党内反対論の顔を立て、もう一方で独特の説得力をもって反対する与党国会議員を個別に説得した。

成立の直後、日本長期信用銀行が経営破綻した。その数カ月後には日本債券信用銀行が経営破綻し、膨大な公的資金が銀行システムの維持に投入されることになる。もしも松田氏が反対した結果、「債務処理法案」が廃案になり、二六兆円の処理が次年度予算に先送りとなった場合、この金融危機と混迷の中では、政府も二度と同じ決断はできなかっただろう。そう思うと背筋が寒くなる。幸い間一髪のところで二六兆円の国鉄債務問題は決着し、ＪＲ各社が金融崩壊の混迷に巻き込まれることはなかった。

政府・与党と松田氏の対立をセンセーショナルにはやし立てていた経済マスコミの論調は、小渕総理が誕生し金融システム崩壊が進行する中で完全に方向転換した。「旧国鉄長期債務処理法」が成立した時、もはや松田氏が憲法違反で国を訴えるようにはやし立てる空気はなかった。ＪＲ東日本首脳部も一枚岩ではないことが法案成立とともに見え始め、孤立が松田氏を取り巻き始めた。その中で松田氏は唐突に方向転換し、負担金は支払う、憲法訴訟は起こさない、という当たり前の結論に収斂《しゅうれん》していった。

三　ついに完全民営化を達成

清算事業団債務の処理を終えて半年後の平成一一年八月、ＪＲ東日本株式の二次売却が行われた。ＪＲ東日本も西日本も清算事業団債務の処理が終わった後は、一刻も早い完全民営化を達成し政府のコントロールの外に出ることを急いでいた。

政府も財政状態の改善に資するためにＪＲ本州三社の株式処分に前向きで、ＪＲ本州三社をＪＲ会社法から適用除外にする法案を平成一三年の通常国会に提出すべく準備を進めていた。ＪＲ東海は一貫して完全民営化の前提条件整備として、新幹線保有機構のもたらした〝ねじれ〟と〝ひずみ〟の修正を求めていた。
平成一二年一二月、この点について小幡政人鉄道局長との間で最終調整を試みることになった。私も早晩完全民営化は必然であるとの認識に立っていたので、必要最小限の三点を提起し善処を求めた。

①本州三社は新幹線保有機構による収益調整という欠陥制度のもとで発足した。その結果当社は東北・上越新幹線と山陽新幹線の工事費の約半額分の債務を肩代わりし、リース料という形で毎年二〇〇〇億円を超える内部補助を負わされることになった。

新幹線保有機構解体に際し、在来線の収益力も含めた、民営化後の実績を反映して債務負担額を見直すことを求めたが実現しなかった。その結果当社の債務負担と利払いは鉄道会社の常識的なレベルを超えており、金利変動に対する管理不能なリスクは、逐次改善はしているものの、いまだに年間利子負担二五〇〇億円、営業収入の二三%と危険水域にある。

同じ法律の、一つの収益調整システムの中で、連担して新幹線債務を負担する本州三社の扱いが、それぞれ法的に異なるのは不適切である。株式売却は順次行わざるを得ないことはわかるが、法的な整合性は維持してもらいたい。

選択肢は二つある。一つは先行する会社も遅行する会社もそれぞれ一株を残して売却し、そのうえで最後の一株を同時に売却し、三社一斉にJR会社法の適用を解消する案。もう一つは一社が完全売却を終えた時、すでに上場を果しているJR本州他二社も一斉にJR会社法の規制を脱し、私鉄と同じ鉄道事業法の適用のみとする案である。そのどちらかにしてもらえば良い。どちらを選択するかは鉄道局におまかせする。

②東京駅などの資産境界は使用の実体を正確に反映したものになっておらずその権利関係も不安定である。たとえば東海道新幹線の一四、一五番ホームはＪＲ東日本が保有する用地上の空間を、ＪＲ東海が使用貸借する、という不安定な権利関係になっている。このようにＪＲ東海の基幹的な営業拠点であるにもかかわらず、その安定的使用権が法的に整理されていない。その是正を法案提出の前提条件として運輸省主導で決着してもらいたいこと。

③新幹線債務五・一兆円のうち、二・一兆円は東海道新幹線による東北・上越、山陽新幹線への内部補助相当分であり、本来であれば「のれん代」として償却されるべき性質のもの。しかし、のれん代の償却期間は五年以内と法定されていた。二・一兆円を五年で償却したのではＪＲ東海の健全経営を損なうことになる、だから適用できないというのが省の見解だった。

当社としては国鉄改革関連の法律により賦課《ふか》された特別の「のれん代」だから、特別の償却期間、たとえば二〇年を特別に法定してもらいたい、と主張したが採用されるところとならず、政府はこの二・一兆円は二・三兆円の用地価格相当分に含まれる、という説明ぶりで切り抜けたのである。

二・一兆円は結局減価償却対象にはならず、債務返済財源のないままで来ている。それが当社経営の不安定要素となっているので、債務の早期償還のための何らかの処置を講じてほしいこと。

この三点であった。

小幡鉄道局長は①②は法案提出の前提として善処するが、③は制度改正を必要とするので次年度の税制改正の中で対処すると答え、それで了解した。

結果としてＪＲ東日本が完全売却を終えた時点で、本州三社はそろってＪＲ会社法の適用を外れることとなり、東京駅の財産境界については政府・与党の指導のもとに株式売却前に地上権設定などの整理を行うことで決着した。また債務の早期償還対策は次年度予算の処理となり、平成一四年度から一五年間にわたって総計五〇〇〇億円を積み立て、その後一〇年でこれを取り崩す「新幹線大規模改修引当金制度」が創設された。

かくしてＪＲ東日本は平成一四年、西日本は平成一六年に株式の完全売却が終了した。ＪＲ東海も平成一七年に二次売却、一八年四月に残余の二七万株を自己株取得し完全民営化が達成された。

平成一八年度は分割民営化から二〇年目の年であったが、この年の債務残高はピーク時より二兆円減少した三・四兆円、利払いは二〇〇〇億円減少した一五〇〇億円となっており、営業収入は一・二兆円、可処分資金四〇〇〇億円弱であった。発足時から見れば大幅な改善である。しかし、営業収入の三年分にあたる新幹線債務はまだ安全圏とはいえなかった。

第七部

末来への布石

一　超電導磁気浮上リニア技術の完成まで

東京～大阪間一時間を目標に超電導磁気浮上リニアモーターカーの研究開発が始まったのは一九六二年（昭和三七年）、東海道新幹線開業の二年前であった。しかし、その開発が具体化・本格化したのは、分割民営化後、東京～大阪間の旅客流動を創業の使命として与えられたＪＲ東海が発足してからである。

それ以降、研究開発はＪＲ東海の手で急速に進むことになった。山梨県都留市付近にリニア実験線の先行区間一八・四キロメートルが完成し、「山梨リニア実験センター」が開設されたのが平成八年七月、諸設備の機能確認と車両搬入を終えて、実験走行が開始されたのが平成九年四月からである。

国鉄から鉄道総研が引き継いだ宮崎実験線での走行試験は、平成八年一月で走行試験が終了しており、山梨実験線システムは宮崎で得られた知見をもとにシステムを一新し、実用線の一部を先行建設して実証・完成に資するというコンセプトで建設された。

実験走行は順調に進み、平成九年一二月には無人走行で時速五五〇キロを、平成一一年四月には有人で時速五五二キロを記録した。そして実験走行開始から三年を経た平成一二年三月には運輸省の諮問機関である「超電導磁気浮上式鉄道実用技術評価委員会（実用技術評価委員会）」から「超高速大量輸送システムとして、実用化に向けた技術上の目処は立った」という評価を受けた。

確認実証されたリニアの実用性

この間、時速五〇〇キロという超高速運転を繰り返す中で、交通システムとしての安定性・実用性が証明された。

①列車が高速走行するのは市街地の地下、山岳のトンネル、地表の場合はフードの中という閉ざされた空間なので、障害物が運行空間に侵入する心配はない。

②列車は、強い磁力によりガイドウェイの中心に保持され、高速になるほど磁力による保持力は強くなるため、鉄道の脱線に相当するリスクはない。

③停電した場合は地上コイルの推進力は失われ惰行状態となるが、車上の超電導磁石は機能し続けるので、浮上力もガイドウェイの中心に車体を保持する力も失われない。速度が減ずるにしたがって磁力が弱くなり、少しずつ浮上の高さ（一〇〇ミリメートル）を減じつつスムーズに着地する。

④宮崎実験線での教訓を生かし、山梨では余裕を持った設計になっているので超電導磁石のクエンチ現象（超電導状態が失われること）は起こらない。

⑤しかし万一、何らかの理由で一部の超電導磁石機能が失われた場合でも、空力ブレーキで減速し、ディスクブレーキで停止させるというバックアップの仕組みが備わっており、地上走行用のタイヤは時速五〇〇キロという超高速での着地に耐える性能を持っているので安全な着地・停止が保証される。またガイドウェイ側壁と車体の緩衝は車体側面の車輪によって確保される。

⑥超高速走行の場合、従来のパンタグラフによる集電は不可能であり、車上用の電源は非接触集電によらなければならない。そのための誘導集電システムが開発され、実験線で実証済みである。当面は車上発電と電池で対応しているが、実用線での採用が決定している。

⑦運転は地上制御であるがその運行精度は誤差二、三センチときわめて高く自動運転はまったく問題がない。

⑧車上や沿線の磁界は世界保健機関（ＷＨＯ）が推奨する国際ガイドラインをはるかに下回り、日常の生活空間に存在する磁場と変わらない、等々である。

その後、平成一五年一一月には一八・四キロメートルの往復運転を繰り返して一日走行距離二八七六キロメートルという記録を打ち立てた。東海道新幹線の一日の平均走行距離は一四〇〇キロメートルであり、その二倍を連続走行して実用に耐え得ることを証明したのである。またその一カ月後の一二月には有人で時速五八一キロという世界新記録（当時）により、自らの持つ記録、時速五五二キロを更新した。そして平成一六年一一月には、対向列車とのすれ違い走行で、相対時速一〇二六キロを出し、実用運転におけるすれ違いの安全性を証明した。この間、超電導磁石の性能が失われるクエンチ現象は一回も起こっていない。

これらの実績に基づいて平成一七年三月、実用技術評価委員会から「実用化の基盤技術が確立した」という評価を受けた。超高速鉄道システムとしての超電導リニアは実用システムとして完成はみたが、要素技術の進歩を取り入れ今後も絶えざる改良を加えるとともに、いかにコストダウンを果たすかが残る課題となった。

山梨リニア実験線

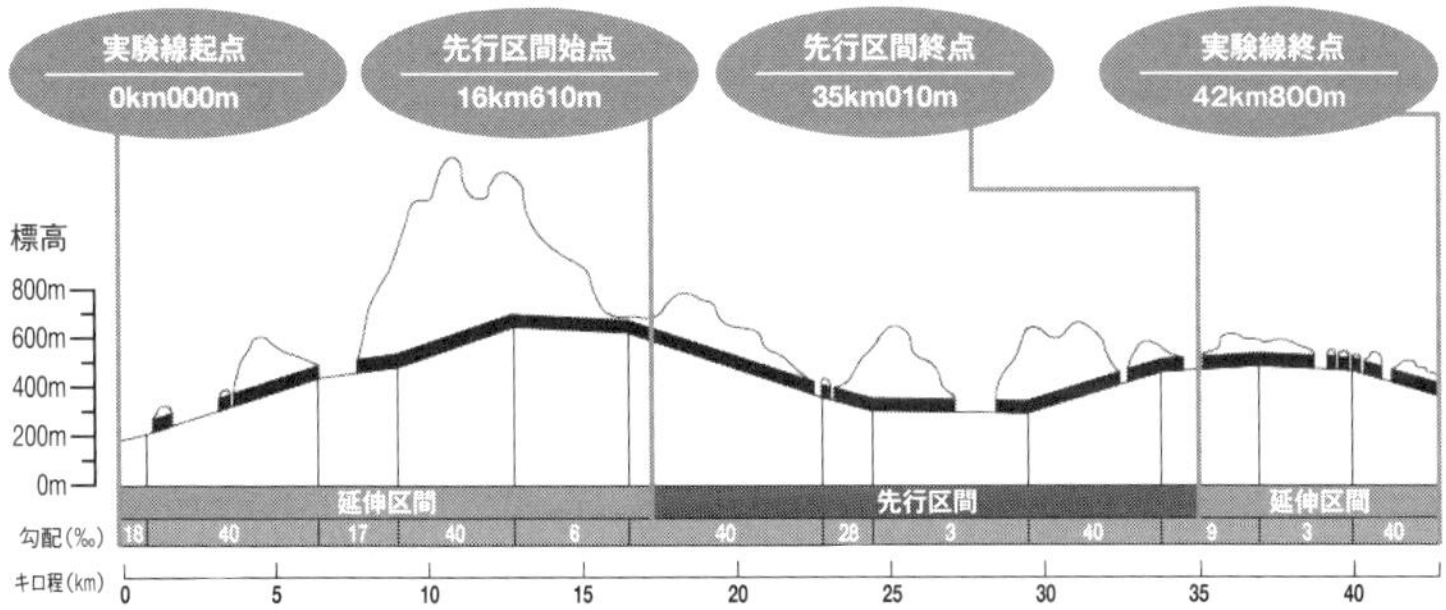

区間：山梨県笛吹市境川町～山梨県上野原市秋山　　経過地：笛吹市・大月市・都留市・上野原市

	先行区間	全線
総延長	18.4km	42.8km
トンネル区間	16.0km	35.1km
最急勾配	40‰	
最小曲線半径	8,000m	

この評価を契機に、平成一七年度以降、鉄道総研に対する国の助成は一段落し、新しい局面展開が求められる段階となった。

実験線の延伸を決定

超電導リニア技術を必要とするのは東海道新幹線バイパス、すなわち中央新幹線だけであるが、全幹法に基づき国のプロジェクトとして中央新幹線が着工される見通しは立たない状況だった。したがって平成一七年度以降の超電導リニアの開発は足踏み状態になるか、それともJR東海の負担のみで進めるかの決断が求められることになった。

平成一七年三月から九月にかけての半年間、愛知万博が開催された。当社の「JR東海超電導リニア館」は国内外から約六九〇万人の来訪者を迎えたが、それはすべての企業パビリオンの中で最多来館者数であった。これを契機に政府が次なるステップとして実験線四二・八キロメートルのうち未着工の二四・四キロメートルの着工に踏み切ることを期待したいところであったが、政府の財政が悪化の一途をたどる中、北海道・北陸・九州新幹線の工事促進の圧力がますます強まっている現状の下ではそれは不可能であった。

先端技術はある意味では生鮮食料品のようなものである。すでに確立された「実用化の基盤技術」にしても、そのまま放置すればすぐに劣化し始め、やがて朽ちてしまう。休むことなく開発を続け、「実用システム」として完成させなければならないのだ。しかもこの技術を活かせるのは唯一、旅客流動量の多い東海道回廊だけで、その旅客流動を創業の使命とするのは当社である。

だからこそこれまで多くの自己資金と技術者を投入して技術開発を主導してきた。その間に蓄積された独自のノウハウの活用は当社の使命である。そう考えて平成一九年度からは鉄道総研のリニアチームのコアメンバーを当社に移籍させることにしたのである。

平成一八年四月、JR東海は当社株式の残株約二七万株を自社株購入して完全民営化を達成した。必要資金は約三一〇〇億円であったが、平成一二年度以来毎年平均二〇〇〇億円程度の新幹線債務を削減してきており、その資金を平成一八年度において自社株購入に充てたのである。

平成一八年度の当社の財務状況を見ると、平成四年度当時に最大のリスク要因であった長期債務は、ピーク時の約五・五兆円から約三・四兆円に削減され、利子負担は三五〇〇億円弱から一五〇〇億円弱にまで改善されていた。

一方で、東海道新幹線の時速二七〇キロ化と品川駅建設工事など開業以来取り組んできた東海道新幹線の増強策が完了し、設備投資が一段落を迎えると同時に収入も着実な増加に転じていた。

このような状況を総合的に判断し、当社の自己負担で山梨実験線を四二・八キロメートルに延伸すること、一〇年間の走行実験と開発により獲得された技術とノウハウのすべてを投入し、品川～名古屋間の七分の一に当たる四二・八キロメートルを実用線仕様で建設することを決断したのである。

この考え方を最初に公表したのは平成一八年四月、平成一七年度決算発表に際してであった。

山梨リニア実験線の延伸および超電導リニアシステムの実用仕様への更新を正式に決定したのは平成一八年九月である。土木構造物、超電導リニアシステム、車両一四両、合わせて約三五〇〇億円をJR東海が負担し建設する計画であった。

延伸工事が始まったのは平成二〇年五月からである。工事の進む間にも試験走行は続けられ、平成二一年七月に実用技術評価委員会から「営業線に必要となる技術が網羅的・体系的に整備され、今後詳細な営業線仕様および技術基準等の策定を具体的に進めることが可能になった」という最終的な評価が下された。

昭和六二年七月に「リニア対策本部」を発足させ着手した超電導磁気浮上リニアシステムの技術開発は、二〇年あまりを経たここに成功裏に終了し、以降は中央新幹線計画の一環として進められることになったのである。

二　自己負担によるリニア中央新幹線建設を決断

平成一八年六月に山田佳臣副社長のもとに「東海道新幹線二一世紀対策本部」が設置された。これまでJR東海は、山梨リニア実験線一般区間二四・四キロメートルは中央新幹線全線の建設方式と同じ財源フレームで建設することを求めてきた。そのJR東海が、自己負担での建設に転換したことは、全線を自己負担で建設する決断への第一歩だった。二一世紀対策本部の発足は、全線の建設を視野に入れて工事の概要、必要資金の規模、収支の予想などについて研究を始めるべき時期に来たことを意味していた。

平成一九年四月二六日、平成一八年度決算発表に際して、東海道新幹線の輸送能力がフル稼働に近いこと、サービスの面でも完成状態にあること、そのため第二の東海道新幹線としてのリニア中央新幹線を、自らのイニシアティブのもとに推進・実現していくこと、そしてその第一局面として、まずは平成三七（二〇二五）年に、首都圏～中京圏での営業運転を開始することを目標とすると発表したのである。

当社がこの決断に踏み切った結果、全幹法の基本計画路線である中央新幹線は初めて現実的課題として国交省鉄道局と当社の間で検討の俎上に乗ることになり、堰《せき》を切った水流のように急速に事が進んだ。

まず平成一九年一二月に、JR東海は中央新幹線の東京～名古屋間を全幹法に基づき自己負担で建設することを取締役会決定した。それまで伊那谷、木曽谷、南アルプスの三通りあったルート選択肢を南アルプスに絞り、平成二〇年一〇月には地形・地質等に関する調査報告書を国交大臣に提出した。続いて平成二一年一二月には輸送需要量に対応する供給輸送力、施設および車両の技術開発、建設に要する費用などの四項目に関する調査の報告書を提出した。

平成二二年二月、国交大臣が中央新幹線の建設を交通政策審議会に諮問、平成二三年四月にはJR東海が東京～大阪間を自己負担で建設することを決定した。平成二三年五月に交通政策審議会の答申が出ると、それを受けて国交大臣はJR東海を建設主体、営業主体に指名、中央新幹線の建設指示を当社に下した。また、同月の整備計画で走行方式は超電導磁気浮上方式で建設すると決定され、続いて平成二三年一二月には超電導リニアに関する技術基準が国交大臣により制定された。

工事費は第一期の東京～名古屋間が約五・五兆円、第二期の名古屋～大阪間が約三・五兆円と試算される。平成二二年四月、東京～名古屋間の完成が平成三九（二〇二七）年、東海道新幹線との一元経営を前提に、東海道新幹線の稼ぎ出す資金で建設され、初年度から黒字経営が可能との試算を交通政策審議会に示した。

建設指示を受けて以降、工事実施計画認可の前提となる環境影響評価を足掛け四年で終了し、平成二六年八月に国交大臣など関係者に送付、一〇月には品川～名古屋間の工事実施計画が認可され、一二月に品川駅、名古屋駅の工事が着手された。

この間、平成二三年以降は延伸・更新工事のため中断となっていた山梨での走行試験が、平成二五年八月、四二・八キロメートルの完成とともに再開され、平成二七年四月、安倍晋三総理大臣訪米の直前に時速六〇三キロを記録、自己の世界記録を更新した。

山梨の実験線は当初は実験用構造物でしかなかったが、国交大臣の指示により中央新幹線が整備計画路線に格上げされ、当社がリニア方式で建設することになって以降は、実験線は実用線の先行建設区間という位置づけとなったのである。

JR東海発足から今日までの三〇年を振り返る時、大局俯瞰《ふかん》、長期展望に立った大戦略の展開、すなわち「新幹線保有機構」をすみやかに解体し自律的経営能力を確保したこと、東海道新幹線の時速二七〇キロ運転化と品川駅建設を進めたこと、超電導磁気浮上リニア技術の完成に当社独自の資金で取り組み、東海道新幹線との一元経営を政府決定としたこと、などすべてはJR東海が長期にわたって創業の使命を全うし、健全経営を確立するための唯一の道だったことを改めて実感する。

しかし、それらは五・五兆円という膨大な国鉄承継債務のリスクの下では、社運を賭する覚悟なしには取り組めない、捨て身の選択でもあった。すべてが成功裏に終わった今振り返って見ても、数々の天佑、すなわち時の運・人の運に助けられつつ、会社が一体となって不動の意思を貫いた結果だと思う。

これから当社が取り組もうとしている課題は、規模においてはこれまで三〇年間当社がくぐり抜けたリスクに勝るとも劣らぬものである。五・五兆円の新たなインフラ投資は一民間企業にとって前例のないものだ。二一世紀日本の飛躍を支える革新的基幹インフラを、民間企業の自律的なプロジェクトとして達成することは、国鉄分割民営化の究極的目的であり、当社創業の使命を完遂させることを意味している。

過去三〇年の間に当社が克服したリスクは、すでに累積した過去債務による既発のものであった。当社は発足の時点で大きなリスクを背負っていたのである。これから先の三〇年に背負うであろうリスクは未然のリスク、管理可能なリスクである点に大きな違いがある。

当社としては民間企業としての健全経営を守り、株主への安定配当を維持できる範囲で、リスクをマネージしつつこの大プロジェクトをやり遂げなければならないし、それが可能である。金利、物価、人件費、建設工事の難易度などすべてが未知なる変数であり、完成時期もまた変数である。

それらのすべてを勘案しつつ、東海道新幹線の収益力を常に維持改善することを第一の課題とし、そこから生まれる余裕資金を投入して、金利状況と債務規模を注視しながら建設を進めることが基本方針となる。大東亜戦争中に着工した「弾丸列車」の建設が戦局の悪化と敗戦により中断し、再開まで一六年かかった歴史をひも解くまでもなく、中央新幹線工事は、予定どおり完成すれば、二〇〇点満点、中断することがあっても一〇〇点満点と考えて進めるべきであり、それができるのが民営化したことによる自律的経営だと考えている。

三　経済活性化新戦略とリニア中央新幹線

平成二八年八月、政府による経済活性化の新戦略の一環として、リニア中央新幹線の大阪開業を繰り上げるため、超長期・超低金利の財政投融資三兆円を投入する政策が打ち出され、その第一回分五〇〇〇億円が一一月二九日に、続いて二回目の五〇〇〇億円が平成二九年一月一六日に実行され、平成二八年度中に計一・五兆円、平成二九年度にさらに一・五兆円の融資が実行される計画となっている。

この政策が実施されれば、これまで工事を進めるうえで最大の不透明要素であった部外資金三兆円の調達問題が解消し、支払利息も固定化する。それはすなわちリニア中央新幹線建設にあたってマネージすべきリスクが大幅に圧縮され、展望が明確化されることを意味する。

これまでの試算によるリニア中央新幹線建設のイメージは、品川～名古屋間の工事費は約五・五兆円で、そのうち二・五兆円は自己資金を充当、残余の三兆円は将来のキャッシュフローを市場からの前借りという形で調達することとなっていた。その結果、平成三九（二〇二七）年に名古屋まで完成した時点での累積債務は約五兆円となる。外部調達資金の金利水準を三％と仮定しても名古屋開業初年度において、経常利益六〇〇億円程度が確保できると試算された。

健全経営を維持しながら工事を進めるには、ここで工事をいったん中断し、五兆円の借金を二・五兆円程度まで削減する必要がある。そのため品川～名古屋間の開業から八年間は工事を中断して債務削減につとめ、平成四七（二〇三五）年から大阪への延伸工事に着手し、平成五七（二〇四五）年に完成させる、というのが試算によるイメージであった。もちろん、年々すべての要件が変動する中での一試算ではあるが、計画全体の流れはこうなっていた。

新機軸の財政投融資では、平成二八、二九年度の二年間に三兆円の超長期・超低金利の財政投融資が投入されることになる。それにより、品川〜名古屋間完成までに市場から自己調達しなければならない資金が政府から融資されるだけでなく、八年間の債務削減期間を待たずに継ぎ目のない工事が進められる。つまり、その分だけ大阪開業を繰り上げられるという着想であるが、これはこれまでのコンセプトを超えた、新機軸の政府融資である。

すべてはリニア中央新幹線が確実な採算プロジェクトであることに端を発している。

分割民営化後の三〇年間に、東海道新幹線は国鉄時代と比べ面目を一新した。時速二七〇キロ運転による東京〜新大阪間二時間半時代の実現、品川駅開設による利便性の飛躍的向上、片道一時間一五列車運転による輸送力増強、車両の軽量化による省エネ化と基盤構造物の長寿命化、対災害・耐震抗堪力の強化など、サービスの質・量並びに安全性、安定性、環境親和性の改善によって、今や東海道新幹線は究極にまで磨き上げられ、その収益力は史上最高の水準にある。

この状況に安住していても、今後二〇〜三〇年間の安定的な利益は約束されるだろう。しかし、この間を無為に過ごすことは次なる時代における停滞の種をまくことになる。国家百年の計に立ち、日本の大動脈機能を磨き続けることを創業の使命とする当社は、次なる飛躍を目指さなければならない。この使命感に立ったたゆまぬ技術開発力こそが、超電導磁気浮上リニアモーターカーシステムの完成を達成したのである。

分割民営化により国鉄から引き継いだ東北・上越・山陽新幹線の工事債務二一・一兆円を含む五・五兆円の債務も、平成二七年度末には一・九兆円まで削減され、かつては三五〇〇億円にも及んだ年間の支払利息は七〇〇億円を切るまで削減された。そして毎年五〇〇〇億円の可処分資金を生むまでになっている。

東海道新幹線の旅客から収受した資金をもってリニア中央新幹線を建設することは、これまで国鉄の過去債務返済に充てられていた東海道新幹線の収益を次世代の旅客の利便性向上に活用することであり、まさに当社創業の使命そのものである。

今をさかのぼること半世紀あまり前、東海道本線の生み出す資金と財政投融資をもって東海道本線のバイパス、すなわち東海道新幹線を建設し、開業初年度から東海道線と一体のものとして黒字計上したのと同一の図式である。

しかもこの財政投融資三兆円は、民間企業としての採算性を維持しつつ、東海道新幹線の輸送力増強と飛躍的サービス改善を達成するプロジェクトに対するもので、政府の資金調達コストを支払ったうえで返済も確実である。

東海道新幹線のバイパスであるリニア中央新幹線は、確実な採算性に加え巨大な外部経済効果をもたらす国家戦略プロジェクトである。

首都圏・中京圏・近畿圏を結ぶ東海道回廊地域には、日本の政治・経済・文化の中枢が集積している。人体にたとえれば「頭脳・体幹部」にあたる。そして東海道新幹線はその頭脳・体幹部を貫く「大動脈」と言って良い。

分割民営化により、「東海道新幹線会社」として発足したＪＲ東海は、この大動脈機能を長期持続・発展的に機能させるという国家・公共の要請を創業の使命とし、それを民間企業の自律的・機動的経営により達成することを期待されてきた。そして発足後三〇年間の当社の歴史は、その期待に応えて国鉄時代には停滞、加齢気味だった東海道新幹線を再活性化させ、最新の技術で装備し、極限まで磨いた歴史であった。

東海道新幹線のリニアバイパスはこの完成された大動脈に、二一世紀にふさわしい飛躍を与えることを意味する。東京〜大阪間を一時間で結ぶリニアバイパスの完成は、日本の「頭脳・体幹部」に弾力性と活力を与え、二一世紀を通じて日本の発展を支えるインフラになるだろう。

直線距離にして、首都圏〜中京圏間三〇〇キロを四〇分、首都圏〜近畿圏四〇〇キロを一時間の高頻度輸送で統合・一体化するということは、この地域を世界でも類例を見ない広域メガロポリスに変容させることを意味する。それは回廊内の人々のライフスタイルを刷新するだけでなく、その効果を広く周辺地域、遠隔地域にまで及ぼすことになる。

現在は東京・大阪から時間距離の遠い、いわば秘境的な地域、たとえば伊那盆地なども三〇分〜一時間以内でアクセス可能なメガロポリスの一部となる。そこには多様な開発可能性を持つ地域や、国立公園として新たな観光名所となりそうなスポットが多数含まれている。また超電導リニアがもたらす新技術は交通の面にとどまらず、成熟段階に入りつつある日本の経済と産業に、新たな活力を注入する一大契機ともなるだろう。

一部に、人口の高齢化と少子化が進む日本において超電導リニアバイパスのような巨大投資が必要か否かをあげつらう向きもある。しかし、人口が減少する傾向にあっても、日本の頭脳・体幹部である首都圏〜中京圏〜近畿圏への人口集中は続くであろうし、成熟しつつある日本を活性化し、停滞気味なトレンドに非連続な転換をもたらしてくれる新技術への投資は不可欠であろう。

加えて、アジアや太平洋地域、さらには世界の潮流の中に日本の将来を位置づけることも、二一世紀を考えるうえでは大切なことだ。

アジアの人口は急増しつつあり、経済成長も着実に進むものと思われる。そしてこの延長線上には旅行者として、労働人口として、さらには定住人口として、日本を目指す人々の存在がある。住居、交通、医療、教育などの生活インフラが整い、治安が安定し、気候が温暖な日本に対する人口流入圧力は、今後ますます高まっていく。

日本自身の二一世紀における活性化と飛躍も、この世界的潮流との相関において考える必要がある。

第八部

東海道新幹線システムの海外展開

一　車両と軌道が垂直統合された東海道新幹線システム

東海道新幹線が拓いた高速鉄道時代は、国内ではまず山陽新幹線に延伸され、その後は全幹法の制定により、東北・上越、北陸、九州、北海道と建設が進み、今も延伸されつつある。それらはいずれも東海道新幹線システムと言って良い共通の基本的な特徴を備えている。

すなわち①高速旅客列車専用の複線軌道の上を、②ＡＴＣで列車が運行されるので、踏切事故も列車相互の衝突事故も決して起こらない、③それゆえに軽量の電車列車による高速・高頻度の運行が可能となり、④エネルギー消費も軌道への負担も少なくてすむ、という点である。

また新幹線は広軌、在来線は狭軌のため、ヨーロッパのような相互の直通運転は行われない。しかしだからこそ、二〇世紀の技術が一九世紀の技術と混用され、足を引っぱられるという弊害もない。在来線とのネットワークは良好な接続によって確保される。当社ではそれを衝突回避原則(Crash Avoidance Principle)と名づけ、このトータルシステムの海外展開を試みている。

一方、東海道新幹線の成功から半世紀を経る中で、高速鉄道網はヨーロッパ諸国を中心に広がりをみせてきた。そしてそれぞれの国の人口分布、地理・地形的条件、既存の鉄道網などに適応した発展を示している。

ヨーロッパのように平坦な地域に点在する中規模な都市を結んだ鉄道ネットワークの場合は、輸送密度が低いため高速旅客列車の専用軌道方式は採算的にも公共経済的にも成立しない。また二〇世紀初頭までに建設された広軌在来鉄道のネットワークを生かして使わない手はない。つまり欧州の鉄道は客貨共用、ローカル・急行共用、新線・在来線の直通運転を前提としなければ成り立たないのだ。

その結果、踏切などで、自動車との衝突や列車相互の衝突があり得る、という前提でシステムが設計されている。結果、先頭と最後尾に重い機関車を配し、その間に連結された客車をしっかりガードするという仕組みができあがった。高速旅客列車専用軌道を電車列車が走行する場合に比べてエネルギー効率は低く、軌道への負担は大きくなるが、総合的に見ればそれがヨーロッパでは合理的なのである。

日本の東海道新幹線システムは車両と軌道が〝垂直統合〟された上下一体の運行システムであり、この特徴は国鉄時代の０系・１００系から、民営化後の３００系・７００系・Ｎ７００系・Ｎ７００Ａシステムへと進化する過程において、ますますその度合いを強めてきた。

一方、ヨーロッパでは各国、各種の列車が相互乗り入れできるように上下が〝水平分離〟された仕組みを志向している。海外展開に当たっては、この特性を踏まえ、高速旅客列車と専用軌道をセットにした、トータルシステムの採用が可能な地域へ展開していかなくてはならない。

二　台湾高速鉄道から得た教訓

台湾高速鉄道のケースは、この視点からして大局的には成功体験といえるが、その反面いくつかの貴重な教訓を含んだものとなった。その大筋を振り返ってみる。

台北〜高雄間の距離は約三四五キロメートル、東京〜名古屋間とほぼ同じで、二〇〇〇万人あまりの人口が西側平野部に張りついている。つまり、高速鉄道が機能する条件を備えている。台湾のトップ企業グループと日本連合(商社・メーカーの企業連合)が組み、仏独連合と組んだ地元の中堅企業グループと入札を競ったが、仏独連合に敗れ、土木構造物の基本設計は彼らの手で進められることになった。

日本政府と財界主流は同時期に推進していた北京〜上海間の新幹線プロジェクトの方に熱心で、中国の感情に配慮したのか、台湾には抑制的であった。それに対し仏独連合はミラージュ戦闘機と高速鉄道をパッケージにし、政財一体となってトップセールスを展開した。結局、この熱意の差が勝敗を決めてしまった。

ところが基本設計の段階で台湾で大地震が起こり、状況が一変した。日本連合は直ちに応援の技術者団を送り、復旧を手助けした。と同時に、JR東海も参加して地震対策のセミナーなどを行い、トータルシステムとしての耐震設計の重要性をアピールした。

JR東海の田中宏昌副社長は当社土木技術者のトップの座にあったが、長い国際機関での経験を活かして日本連合をリードした。私自身も同行して李登輝総統を公邸に訪ね、日本の高速鉄道システムの耐震抗堪力について強調したことを記憶している。

この地震を契機にして李総統は決断した。軌道、車両、電力・信号、運行管理などのコアシステムを日本方式に転換し、当時最新の700系システムを導入することにしたのである。

しかしすでにヨーロッパ系コンサルの技術者が台湾高速鉄道株式会社（台湾高鉄）の内にあって発注業務にたずさわっていた。またインフラの基本設計が仏独方式だったことなどから、いくつかの重要な点で日本側は妥協を強いられたのである。

たとえば仏独のシステムは、トンネル突入時の車内気圧変化を抑える車両側の技術がないため、トンネルの断面積を広く取って気圧変化を緩和する設計となっていた。そのため建設費の無用の拡大がもたらされた。また駅などでの分岐には日本側の反対を押し切ってドイツ式の長大な分岐器が採用されたが、その作動不良がいまだに安定運行の阻害要因になっているのである。

台湾高鉄内のヨーロッパ系アドバイザーは日欧の長所を合わせたベストミックスを目指すのだ、という理屈で発注に介入し、不要なコスト高をもたらしただけでなく、安定運行をも阻害したのである。台湾高速鉄道はそれらの欠点を持ちながらも、総体としては大きな成功を収め、今や台湾の経済活動や日常生活にとって不可欠な交通手段となっている。

ところで、700系システムはすでに陳腐化しつつあり、日本はN700Aシステムへと進んでいる。現在、JR東海と台湾高鉄の間で、技術支援契約が結ばれており、東海道新幹線の技術的進歩を台湾にも供与する態勢が整いつつあるが、基本構造物の持つ欠陥点は修正不可能である。

台湾高鉄は日本型高速鉄道システムを成功させた実証例といえるが、海外展開の難しさを同時に教えてくれた教材でもある。何より大事なのは、基本設計の段階から整合性を保つことで、早い時期に発注側内部に十分な知見を持った人材を得ることが必要であることを痛感させられた案件であった。

台湾のケースでは日本連合が主体となり、当社は日本連合から実費を収受して必要な技術支援を行うことに徹していた。「ノーリターン・ノーリスク」と称し、一切の法的なトラブルに巻き込まれない代わりに、実費以上の報酬は求めないという姿勢で臨んだのである。

台湾高鉄はまったく初対面の顔ぶれであり、海外プロジェクト支援も初めての経験であったために、当社側も過剰に用心深くふるまったきらいはある。そのためか、当社が交渉の前面に出なかった結果、一部ではあるが、台湾高鉄と日本連合との間で不要の妥協が行われてもそれを十分に阻止できなかったことも反省点である。

三　米国への新幹線とリニアの展開

高速旅客列車専用軌道と自動列車制御・列車集中制御を特色とする東海道新幹線型の高速鉄道は、一定の条件下では比類ないサービス優位を発揮するが、それはどこでも、どんな条件下でも万能の輸送機関というわけではない。

第一に巨額の初期投資を必要とするインフラの特性として、その便益は利用者だけにではなく、沿線地域全体にもたらされる。したがって民間事業というよりは本来的に公共事業の性格を持つ。

第二に高速旅客列車専用であるから、高速道路、在来鉄道、航空輸送など汎用の輸送手段がすでに存在している都市間にバイパスとして付加されるべきものである。

第三に高速鉄道は高コスト、高サービス価値、高運賃の旅客輸送手段であり、高密度に利用されて初めて一人当たりのコストと利用料金が経済性を持つ。そのため、単に沿線人口が多いだけでなく、時間価値の高い、すなわち収入レベルの高い利用者が多く存在する回廊でなくてはならない。

第四に出発地と到着地間の時間距離が三時間以内、区間平均速度を時速二五〇キロとすれば、主たる利用者の移動距離は八〇〇キロメートル程度以内が望まれる。

第五に航空便が出発地と到着地を直行で結ぶ性格があるのに対し、高速鉄道は出発地の周辺、到着地周辺、さらに途上駅での乗降によって、回廊内の地域を統合一体化する強みがある。そのため海越え、山越えは基本的に航空の分野、面状のネットワーク輸送は道路網の分野で、沿線人口の多い陸上の回廊が日本型高速鉄道に最も適すると考えられる。

近年、インド、シンガポール・マレーシア、タイ、インドネシアなどへの高速鉄道展開が注目を集めている。利用者が受ける便益に比べて、沿線地域の開発潜在力向上という外部経済効果が大きいインフラは、相手国政府が公共事業として建設・運営するのが本来の姿であり、商売として売り込むという性格のものではない。

これらの国に対するインフラ展開の場合は、相手国政府の資金が十分でない中で、戦略的関係強化のための政府開発援助（ＯＤＡ）が大きな役割を担う。その場合、安全保障と表裏一体のパッケージにする、といった工夫が受注のためには必要だろう。

海外展開という視点で見て、上記の条件を最もよく満たすのは米国である。当社がＮ７００-Ｉ（ＩはInternationalの意）新幹線システムと、超電導磁気浮上リニアシステムを米国でも活かせるよう、具体的に取り組み始めたのは平成二一年からである。

これら大規模なインフラプロジェクトを米国で展開するには、大局的かつ長期的な国益の視点に立ち、有力で良質の人的ネットワークを持つ米国人との協働が必要である。当社の場合は、元米国国防省アジア太平洋担当国防次官補のリチャード・ローレス氏、元米大統領特別補佐官のトーケル・パターソン氏の二氏を得たことからプロジェクトが始まった。

平成二一年、ワシントンDCにNMV社（New Magellan Ventures）が設立され、当社側も対応窓口として総合技術本部にC&C（Consulting and Coordination）事業室を設け、米国での目標選定作業を開始したのである。そしてN700-Iシステムは対象をテキサス州のダラス～ヒューストン間に絞り、超電導磁気浮上式リニアシステムは北東回廊のワシントンDC～ニューヨーク間に絞り今日にいたっている。

ダラス～ヒューストン間のN700-Iシステムの特徴は民間事業として進められている点にある。距離は約三八五キロ、両市とも周辺部を合わせると人口はそれぞれ約七〇〇万人規模となる。テキサス州は現在でも全米でカリフォルニアに次ぐ二八〇〇万人の人口を擁しているが、主要都市部は毎年七%を超える人口増を示しており、早晩米国最大の人口を擁する成長センターになる、と予想される。

ダラスの空港もヒューストンの空港も国内、国際便のハブ空港であり、航空便の発着枠は貴重である。テキサス州は今後の成長により航空便の需要が増すことになるが、それに対応して空港を拡張することは容易ではない。

ダラス～ヒューストン間のコミューター航空旅客輸送はサウスウェスト航空の原点であったが、今日大きく成長した同社は、より長距離の便に関心を移してきている。だから高速鉄道による代替をむしろ歓迎しているといわれる。また両市間を結ぶ高速道路も渋滞が深刻化しており、高速鉄道への期待値は高まっているとされる。

両市がＮ７００-Ｉシステムにより所要時間九〇分以内の高頻度運行で結ばれ、東京～品川～新横浜のような近郊駅を配置すれば市域はさらに拡大し、経済成長力は一段と強化される。米国の成長センターであるテキサス州、その中軸を担うダラス～ヒューストン回廊という図式が形成されるだろう。この計画に賛同してシーファー元駐日大使をはじめ地元有力者の、このプロジェクトに対する支持と期待が集まっている。

インフラプロジェクトは、立ち上げ、具体計画策定、実施の三段階を経て実現するが、ダラス～ヒューストン間にＮ７００-Ｉシステムを展開する計画は今や立上げ段階を過ぎ、第二段階の具体計画策定に入っている。

計画策定会社が設立され、そのための地元資本も着実に集まってきている。日本の官民ファンドである海外交通・都市開発支援機構（ＪＯＩＮ）が四〇〇〇万ドルの出資を実行したことも大きなインパクトとなり、これまでに約一億二〇〇〇万ドル程度が調達され、計画策定が本格化している。当社は必要十分な技術支援体制をとるために平成二八年五月に現地コンサル会社ＨＴｅＣ(High-Speed-Railway Technology Consulting Corporation) 社を設立した。

ダラス～ヒューストン間の高速鉄道計画が克服すべき最大のポイントは、米国にとってまったく前例のない高速旅客鉄道システムの安全性を、米国規制当局に説明し理解を得ることにある。この面でも当社技術陣と現地チームの協力が功を奏し、理解が深まりつつある。

本プロジェクトが地域経済に有益であることは確実だが、完全な民間プロジェクトとして進めるうえでは採算性の有無が最終的なカギとなる。計画策定会社は総工事費を概ね一二〇億ドル程度と予想しており、日本に比べて用地取得費が小さいので、採算性はあると見られている。ただ着工に先立つ本格的な出資金募集や、資金借入に向けて工事計画と収支計画の精査を行う必要がある。これからが本格的な取り組みになる。

四　米国北東回廊MAGLEV計画

ワシントンDC～ニューヨーク間を超電導リニアで結ぶプロジェクトは、六州にまたがる巨大なインフラ投資という性格から見て、その実現には連邦政府の決断が不可欠となる。しかしその実行にあたっては、PPP（Public-Private Partnership〝公民連携〟）方式による民間企業の自律性、機動性の導入が不可欠だろう。

さて、米国の北東回廊は政治・経済のまさに頭脳、心臓、背骨、大動脈をなすベルト地帯であり、日本の東海道ベルト地帯と同様、高度に都市化された地域である。現在の人口は五〇〇〇万人、この地域の生み出すGDPは英国のGDPを上回るが、二一世紀前半中にはそれが倍増するといわれている。

その基幹部分であるワシントンDC〜ニューヨーク間三六〇キロメートルは距離的にも人口分布的にも東京〜名古屋間に近似する。しかし旅客交通の現状という切り口で比較すると、両者の差はあまりにも大きい。

東京〜名古屋間の旅客輸送の主力を担う公共輸送機関は東海道新幹線である。この区間には毎日往復で三五八本の列車が運行され、東京〜名古屋間を約九〇分で結んでいる。沿線地域は随時・随意に利用できる高速旅客サービスにより一体化している。東名高速道路には高速バスも運行されているが、利用客数は比較にならず、客層も競合関係にはない。航空便は皆無である。

一方、ワシントンDC〜ニューヨーク間の旅客移動の過半は自ら運転する乗用車によっている。残りをアムトラックの準高速列車（アセラ）とコミューター航空便、路線バスが担当する。アセラの運行本数は一日往復三〇本程度で、同じ軌道上をローカル列車、貨物列車が共用するため、さらなる高速化の余地も、増発余力も乏しい。しばしば大幅に遅れ、事故も発生する。

三六〇キロメートルという距離は、航空便には短距離過ぎるがそこに毎日一〇〇便程度は飛んでいる。しかし空港とのアクセス道路が渋滞を極めるため、ワシントンDC〜ニューヨーク間の市街中心部から中心部までの所要時間は三時間程度で準高速列車（アセラ）と変わらない。空港での発着は気象条件に影響されるだけでなく、各方面からの便が錯綜しているため、しばしば遅れたり運行をとりやめたりする。全米の航空便遅延の六〇％は北東回廊での遅れに起因する、と言われている。

ワシントンDC〜ニューヨーク間の回廊はワシントンDC〜メリーランド〜デラウェア〜ペン

シルバニア～ニュージャージー～ニューヨークの六州にまたがり、この間にはボルチモアやフィラデルフィアなどの大都市が連なっている。この回廊を超電導リニアで結べば、およそ一時間程度で始終着駅を結ぶことができる。

それは米国の最も重要な回廊が、一つのメガロポリスとして統合されることを意味し、回廊内地域の成長力が飛躍的に高まると同時に、全米に外部経済効果が及ぶ。まさに二一世紀米国のトランスフォーメーション（大変革）につながると思われる。

安倍総理は日米同盟を象徴するショーケースとして、超電導リニアによりワシントンDC～ニューヨーク間を一時間で結ぶことをトランプ大統領との首脳会談で提起した。当社は超電導磁気浮上リニアシステムの技術をもって総理提案を支える考えである。

そのための第一歩としてワシントンDC～ボルチモア間六五キロメートルの建設を視野にTNEM（The Northeast Maglev）社が設立されている。未知の技術である超電導磁気浮上リニアの飛躍的な利便性をこの区間で実現し、多くの人々が体感すれば自ずからニューヨーク延伸につながるという考えからである。

メリーランド州政府がマグレブ開発のための連邦予算二八〇〇万ドルを獲得し、調査を実施する一方、議会・政府にアピールするための人的ネットワークとして、平成二五年にはTNEM社によりアドバイザリーボードが創設されている。元民主党の上院院内総務トーマス・ダシュル氏、元ニューヨーク州知事のジョージ・パタキ氏、元ニュージャージー州知事クリスティーン・トッド・ウィットマン氏、元ペンシルバニア州知事のエド・レンデル氏、加えて二人の元運輸長官、二人のビジネスリーダーからなるメンバーは、議会や政府内での認識を高めるのに有力な顔ぶれである。

山梨県都留市には四二・八キロメートルの実用仕様の先行建設区間が完成しており、そこでは営業運転と同一の実証運転が行われている。したがって当面は多くの人々にその完成度と飛躍的な性能を体感してもらい関心を高めることが肝要である。

すでにアドバイザリーボードの一行が体験乗車し、試乗後の記者会見でそれぞれが強い印象を語った。その中で、

「超電導リニアの乗り心地はすばらしかった。時速五〇〇キロという高速であるにもかかわらず、私はシートベルトも着けず、立ったままで手紙を書いた。ニューヨークの歴史は交通インフラの革新とともに発展してきた歴史である。一九世紀はイリー運河や大陸横断鉄道である。そして二〇世紀は一九五〇年代のインターステート・ハイウェイ（州間高速道路網）である。ところがそれ以降、米国の交通インフラには進歩がない。今日私は超電導リニアに体験乗車して、次にやるべきことは何かを知った。それは北東回廊リニアである」というパタキ元ニューヨーク州知事の感想は説得力があった。

広大な国土を持つ米国では長距離の都市間旅客輸送は航空機、中・近距離は自動車輸送が基本である。それは二一世紀においても変わることはない。その一方で人口の急増と都市化は急速に進んでいる。その典型が北東回廊地域である。

北東回廊では在来鉄道、市街道路、高速道路、空港すべてが整備され、よく機能してきたが、

今やそのすべてが渋滞に陥っている。ここに超電導リニアでバイパスを作れば回廊内交通の機能回復に有効なだけでなく、米国全体の旅客流動の流れをスムーズにし、経済を活性化させる。それを実現するには一九五〇年代にインターステート・ハイウェイを建設したのと同種のリーダーシップが必要である。

五　東海道新幹線五〇周年と国際高速鉄道協会（ＩＨＲＡ）の発足

平成二六年一〇月一日、東海道新幹線は開業から数えて満五〇年を迎えた。この間、列車事故による旅客の死傷ゼロという比類のない安全記録を打ち立ててきた秘密は、高速旅客列車専用軌道とＡＴＣが作り出す衝突防止システムにある。当社はこれをCrash Avoidance Principleと称しているが、同じ高速運転の鉄道とは言いつつも、客・貨共用、ローカル・急行共用、新線・在来線直通を前提とする欧州方式とは対極をなしている。

東海道新幹線の五〇周年を記念して、このシステムを「究極の高速旅客鉄道モデル」として世界に発信することを着想したのが平成二四年はじめの頃であった。その具体化として「国際高速鉄道協会（ＩＨＲＡ）」が構想された。

本来、鉄道は軌道の幅員や断面形状が車軸の幅員や車輪の断面形状と一対をなしている。特に高速鉄道の場合、この上下の相性は安全を守るという点でクリティカルである。すなわち高速鉄道は本来的に垂直統合システムであり、上下一体で専用的に運用され、多様な乗客が共通して求める最大公約数的サービスを提供する時に最大の機能を発揮する。

一方、高速道路や航空輸送は本来的に水平分割システムであり、原則として多様な運送事業者に対して開放的である。公共の財産である高速道路上をさまざまな公有・民有の車両が走行するのが道路システムであり、国が保有管理する空港・空路を利用して複数の事業者が多様の機種を運航するのが航空システムである。

欧州では高速鉄道を道路型・航空輸送型の水平分割に近づけ、開放化することを志向してきた。客・貨共用、ローカル・急行共用、新線・在来線直通運転に加えて、各国間の相互乗り入れが鉄道の効率的利用につながる欧州ではそれが最善の策であった。しかしそのためには、高速鉄道の本来的な強みである安全性、安定性、軽量性、高頻度性などで妥協しなければならない。一方、輸送密度が高い日本の高速鉄道は垂直統合を強め、専用化を進めることによって比類ない安全・安定・高頻度・効率的な輸送を実現してきた。

両者が交錯したのが台湾高速鉄道のケースであった。仏独連合は日本型の新幹線システムは衝突に対して脆弱であるというネガティブ・キャンペーンを展開した。「衝突あり得べし」という設計思想と、「衝突させない」という設計思想の相剋であった。客観的に見れば台湾高鉄は高速旅客列車専用軌道であり、日本型のCrash Avoidance Principleシステムがベストであることは明らかである。そのため、いったんは仏独連合が成約したが、結局は日本型に落着した。しかしながらインフラの概念設計が仏独式だったために一部に後遺症を残す格好となった。

ＩＨＲＡ構想の出発点はこの台湾高速鉄道支援の原体験であり、米国でのテキサス高速鉄道計画や北東回廊ＭＡＧＬＥＶ（Magnetic Levitation）計画の推進であった。

ＪＲ東海は発足直後から３００系、７００系、Ｎ７００系、Ｎ７００Ａ車両を矢継ぎ早に開発投入してきた。同時に地上側のデジタルＡＴＣ開発・設置と組み合わさって、東海道新幹線のトータルシステムは飛躍的に進歩してきた。そしてその効果は国内の他の新幹線にも及んできた。東海道新幹線開業五〇周年は、民営化後に堰を切った技術的飛躍の流れが完成段階に達したタイミングであり、その祝賀に合わせて、ＩＨＲＡを発足させることにしたのである。

平成二六年になるとＩＨＲＡの準備は本格化し、日本側の会員にはＪＲ各社、関連メーカー、商社が加わり、ボードの理事長には国交事務次官を退官したばかりの宿利正利氏、理事長代理には米国のパターソン氏が就任、理事はＪＲ各社の代表、事務局は当社のＣ＆Ｃ事業室が担当する仕組みが出来上がった。

上席顧問委員会と技術検討委員会の二つが設けられ、同年四月一〇日に第一回全体会議が行われた。そして一〇月二二日、「東海道新幹線開業五〇周年記念レセプション」が開催され、第一回ＩＨＲＡ国際フォーラムが開かれた。

日本型高速鉄道システムが成功を収めている台湾、北東回廊ＭＡＧＬＥＶとダラス〜ヒューストン間のＮ７００-Ⅰシステムの二つが進行中の米国を中心に、インド、マレーシア、シンガポール、イギリス、カナダ、オーストラリアなどが加わり、情報交換と相互協力推進の場という性格を帯びた会議となった。

ＩＨＲＡは半年ごとに全体会議を、二年に一回国際フォーラムを行うこととなり、平成二八年五月に五回目の全体会議が台湾高鉄の協力により台北で行われた。平成二八年一一月には二回目の国際フォーラムが京都で開催された。今後、いっそうの協力緊密化が期待される。

おわりに

ＪＲ東海は国鉄分割で誕生した六旅客鉄道会社の中でもユニークな会社である。

本州三社をはじめとするＪＲ各社はいずれも広域鉄道ネットワーク会社であり、基本的には都市圏の採算路線と関連事業開発が生む利益で不採算路線の赤字を内部補助し、国鉄から承継した鉄道網を安定的に維持するように設計されている。

その中でＪＲ東海は、鉄道事業収入の八五％以上（民営化当時）が東海道新幹線からあがる大動脈輸送会社であり、不採算路線の相対的規模は小さい。そこで、他の新幹線建設に関わる国鉄の累積債務をできるかぎり多額に肩代わりする設計となった。

不採算路線の赤字は効率化などによりある程度制御可能で、最終的には廃線により免れることもできる。しかし、借金の利払いは制御不能で、免れる術はない。その意味で発足当初、ＪＲ東海は最も経営リスクが高く自由度の少ない国鉄債務返済会社と見られていた。

ところが国鉄改革から三〇年を経た今、債務はピーク時の三分の一レベルまで返済され、金利負担は五分の一以下に圧縮されている。そしてそれにより生み出された資金で東海道新幹線のリニアバイパス建設が進行中である。

誰も予想しなかったこの間の流れをたどり直してみることが本稿の目的であり、それは改革の起承転結を一貫して生きてきた者の役割であるというワックの鈴木隆一社長からのお奨めが今回の執筆の契機となった。

たまたま平成二四年五月から平成二五年八月まで都合一四回にわたって、国鉄改革についての「昔語りの会」を行った。関係者が現役のうちに資料の散逸を防ぎ、記憶を整理しておこうということで始まったこの会合は、毎月一回土曜日の昼から夕刻まで、ＪＲ東海、ＪＲ西日本、運輸省・国鉄再建監理委員会、官邸経験者の計五名からなる固定メンバーに、テーマごとのゲストスピーカーを加えて行われた。その際に整理された公開、非公開の資料、メモ類や日記が貴重な材料となった。

鉄道経営を便宜的に上部構造と下部構造に分けて見るとすれば、上部構造は経営戦略の選択、すなわち設備投資、技術開発、債務返済、配当などに対する経営資源の配分と執行であると言えよう。一方、下部構造は交通機関としての不易・普遍の課題、すなわち安全・安定的な輸送を守り続けることであり、会社組織の実に九九％はそのために存在していると言っても過言ではない。そしてこの安全安定輸送なしには、いかなる経営戦略も無価値となる。しかし、一％の上部構造が進歩と飛躍をもたらすことも確かである。そのことを踏まえたうえで、本稿では上部構造すなわち経営戦略の展開に焦点を当てた。

その結果再認識したのは、この間に取り組んだ一連の経営戦略に代わる選択肢はなかったということ、しかもあのタイミングで着手しなければ今日の成果を収められなかったということだった。というわけで、創業期の経営の取り組み姿勢について思いつくままに披露してまとめに代えたいと思う。

第一には、「すべての制度は変更可能」だという信念である。国鉄を分割民営化した時、ほとんどの人々は、「条件は与えられた。あとはこの枠の中で最善を尽くすのみ」と受け止めたように思う。しかし、当社の場合、国鉄改革法と矛盾する「新幹線保有機構」のくびきにつながれていたので、その欠陥を正すことから着手したのであった。

第二には、「合理性と正当性」を指針に「登るべき山頂」を見定めたことである。開業早々に東海道新幹線と中央新幹線の一元経営を目指したこと、東海道新幹線の速度向上と品川駅建設を進めたことはその具体例である。

第三には、足下の現実を直視することである。足下から目指す山頂までをつなぐ間の地図はなかった。だから完全民営化達成まではいつも「捨て身の覚悟」でことに当たってきた。

第四には、着想は自由でリラックスした意見交換の化合物として浮かび上がるものであり、「着想即着手」が最善の道であると信じてやってきたことである。

第五には、人との信頼関係が何よりも大切だということである。分割民営化の実行過程、JR東海発足後の三〇年間、多くの困難を乗り切ってこれたのは、要衝にあった人々との信頼関係の賜物だった。「人の為に謀りては忠」「朋友と交わりては信」「習わざるを伝えず」こそが信頼関係の原点だったと思う。

創業期を終え安定期に入ったこれからは、リスクを避けつつ前進する慎重さが必要となる。しかしそのうえで国の大動脈輸送という創業の使命を思うとき、大局観・長期展望に立った一貫性・継続性を堅持しなければならない。すでに会社発足から三〇年、社長は五代目に移っているが、リニア中央新幹線の品川～名古屋間開業までには一〇年あまりの年月を要するであろう。その間に世情が移り、顔ぶれは変わっても、ポリシーは一貫していることが大切なのだと思う。
最後に、資料の整理、事実関係の検証、文章の推敲などでワック書籍部やJR東海秘書部、広報部の担当者に大変お世話になったことに感謝を表する次第である。また、できるだけ読みやすく、活写するために会話体の体裁をとった部分もあるが、これは一言一句の記録ではなく、メモに記された会話の内容や雰囲気から復元したものであることを言い添えておきたい。

平成二九年三月

執筆のもとになった資料

年表

年	月	国鉄・JR東海に関する主な出来事
昭和24年	6	日本国有鉄道発足、下山定則総裁就任
昭和30年	5	十河信二総裁就任
昭和31年	11	米原~京都間電化、東海道本線全線電化完成
昭和32年	5	鉄道技術研究所創立五〇周年記念講演会「超特急列車、東京~大阪三時間への可能性」
昭和33年	4	国鉄本社に新幹線建設基準調査委員会を設置
昭和34年	4	東海道新幹線起工式を熱海の新丹那トンネル入り口で挙行
昭和37年	5	三河島事故（死者一六〇名、負傷者二九六名）
		リニアモーター推進浮上式鉄道の研究始まる
昭和38年	3	新幹線試作電車が時速二五六kmを記録
	5	石田礼助総裁就任
	11	鶴見事故（死者一六一名、負傷者一二〇名）
昭和39年	10	東海道新幹線（東京~新大阪）開業
		「ひかり号」東京~新大阪間四時間運転（一日総列車本数六〇本）
昭和40年	8	昭和三九年度決算、経常赤字に転落
	11	「ひかり号」東京~新大阪間三時間一〇分運転（一日総列車本数一一〇本）
昭和42年	7	東海道新幹線開業以来輸送人員通算一億人を突破
	8	昭和四一年度決算、累積赤字に転落

昭和44年	5	「国鉄財政再建促進特別措置法」成立
		第一次再建計画始まる
		磯崎叡総裁就任
昭和45年	5	全国新幹線鉄道整備法（全幹法）成立
昭和46年	11	東北・上越新幹線起工式を東京など八都県で挙行
昭和47年	3	山陽新幹線（新大阪〜岡山）開業
	8	昭和四六年度決算、償却前赤字に転落
昭和48年	9	「国鉄運賃法及び国鉄財政再建促進特別措置法の一部を改正する法案」成立
		藤井松太郎総裁就任
昭和49年	10	計画から二年半遅れで運賃改定を実施
昭和50年	3	山陽新幹線（岡山〜博多）開業
	11	国労・動労が「スト権スト」に突入（八日間）
昭和51年	2	国鉄、国労・動労に対し約二〇二億円の損害賠償を求め東京地裁に提訴
	3	高木文雄総裁就任
	5	昭和五一年度予算、地方交通線助成金が初めて計上（一七二億円）、二兆五〇〇〇億円の過去債務棚上げ実施
	11	「国鉄運賃法一部改正法」成立、約五割の運賃値上げを実施
昭和52年	7	宮崎浮上式鉄道実験センターで走行試験開始
	12	国鉄運賃値上げを一部弾力化する法案が成立
昭和53年	10	全国的な白紙ダイヤ改正実施（五三・一〇ダイヤ改正）

昭和54年	12	宮崎実験線でリニアモーターカーML・500が無人走行による五一七km／hの世界記録を樹立
昭和55年	4	昭和五五年度予算、二兆八〇〇〇億円を追加棚上げ
	11	「日本国有鉄道再建促進特別措置法」成立
昭和56年	3	臨時行政調査会（土光臨調）発足
	5	経営改善計画（「後のない計画」）運輸大臣認可
昭和57年	6	東北新幹線（大宮~盛岡）開業
	11	上越新幹線（大宮~新潟）開業
昭和58年	4	国鉄、高卒新規採用を全面停止
	6	国鉄再建監理委員会発足
	12	仁杉巌総裁就任
昭和59年	6	仁杉総裁、国鉄「分割・民営化」に賛成を表明
昭和60年	6	総裁を本部長とする「余剰人員対策推進本部」設置
		杉浦喬也総裁就任
	7	総裁を本部長とする「再建実施推進本部」設置
	8	職員局に「雇用対策室・職業訓練室」新設
昭和61年	3	政府、国鉄改革関連の「日本国有鉄道改革法案」など八法案すべて国会へ提出
	6	国鉄、希望退職募集開始
	7	国鉄、人材活用センター設置

	8	二〇二億円裁判、動労部分を取り下げ
	10	国労、第五〇回臨時全国大会開催（修善寺）、分割民営化容認の緊急対策方針否決
	11	国鉄最後のダイヤ改正
		「ひかり号」東京～新大阪間二時間五二分運転になる
		参議院本会議で「国鉄改革関連八法案」可決、成立
	12	「国鉄改革関連八法案」公布
		希望退職応募者が目標の二万人突破
		国鉄、新会社への配属希望調査開始
昭和62年	2	国労から分裂の分割民営化推進派が鉄産総連を結成
	4	東海旅客鉄道株式会社（ＪＲ東海）発足
	6	「シンデレラ・エクスプレスキャンペーン」開始
	7	「リニア対策本部」設置
	10	「東海道新幹線土木構造物調査委員会」の設置
昭和63年	1	「新幹線速度向上プロジェクト」が始動
	3	東海道新幹線新富士駅、掛川駅、三河安城駅が開業
	5	初の決算発表。営業収益八七四六億円、経常利益六〇七億円
	6	第一回定時株主総会
平成元年	6	「東海道新幹線輸送力増強委員会」設置
平成2年	2	運輸大臣より当社と鉄建公団に中央新幹線全線にわたる地形・地質等に関する調査指示

	5	「品川新駅」構想を発表
	6	運輸省および当社で東海道新幹線と中央新幹線の「一元経営」を確認
	7	「300X新幹線プロジェクト」を設置
	11	山梨リニア実験線建設工事着手
平成3年	2	300系走行試験で国内最高速度（当時）三二五・七km／hを達成
	4	9年ぶりに高卒新規採用者が入社
		アドバイザリー制度開始
	10	新幹線保有機構解体
	11	JR東海労組がJR総連から脱退
平成4年	3	「のぞみ（300系）」の営業運転開始、最高速度二七〇km／hを実現
		東海道新幹線地震動早期警報システム（ユレダス）導入
	5	JR連合結成
平成5年	3	「のぞみ」の毎時一本運転を開始
	9	「そうだ 京都、行こう。」キャンペーン開始
	10	JR東日本、株式上場
平成6年	10	東海道新幹線開業三〇周年
平成7年	1	阪神・淡路大震災発生、東海道新幹線の京都～新大阪駅間が被災
	2	300X走行試験開始
平成8年	7	山梨リニア実験センター発足

		300Xが国内最高速度四四三・〇km／hを達成
	10	JR西日本、株式上場
平成9年	4	山梨リニア実験線で走行試験を開始
	5	東海道新幹線品川駅新設工事に着手
	10	JR東海、株式上場
平成10年	10	日本国有鉄道清算事業団解散
平成11年	2	東海道・山陽新幹線第二総合指令所開設
	3	700系の営業運転を開始
	9	東海道新幹線から0系が引退
	12	JRセントラルタワーズ竣工　オフィス入居開始
平成12年	3	実用技術評価委員会「超高速大量輸送システムとして、実用化に向けた技術上のめどがたったものと考えられる」との評価
		タワーズプラザ、ジェイアール名古屋高島屋全面開業
	5	名古屋マリオットアソシアホテル開業
平成13年	10	「のぞみ」の三〇分間隔運転を開始
平成14年	7	小牧研究施設開設
平成15年	9	東海道新幹線から100系が引退
	10	東海道新幹線品川駅開業
		東海道新幹線の全列車の最高速度を二七〇km／h化、「のぞみ」中心ダイヤへ（一時間当たり

		最大で「のぞみ」七本）
	12	山梨リニア実験線　有人走行で五八一km／hを記録
平成16年	10	東海道新幹線開業四〇周年
		新潟県中越地震、上越新幹線「とき三二五号」が脱線（地震による新幹線の脱線は初）
平成17年	3	実用技術評価委員会「実用化の基盤技術が確立した」との評価
		愛知万博に「ＪＲ東海 超電導リニア館」出展
	8	東海道新幹線早期地震警報システム（テラス）導入
	10	「うましうるわし 奈良」キャンペーン開始
平成18年	3	新ＡＴＣ使用開始
	4	山梨リニア実験線の延伸・設備更新の検討について表明
	6	「東海道新幹線二一世紀対策本部」設置
	9	山梨リニア実験線の更新延伸計画を決定
平成19年	7	Ｎ７００系の営業運転を開始
	12	東海道新幹線バイパス（中央新幹線）の自己負担を前提とした建設を決定
平成20年	5	山梨リニア実験線の延伸・設備投資工事に着手
	10	中央新幹線（東京都・大阪市間）地形・地質等調査報告書を国土交通大臣へ提出
平成21年	7	実用技術評価委員会「営業線に必要となる技術が網羅的・体系的に整備され（た）」との評価
平成22年	2	東海道新幹線から５００系が引退
平成23年	3	東日本大震災発生

		「リニア・鉄道館」オープン
	5	国交省、中央新幹線の営業主体・建設主体についてＪＲ東海を指名、建設の指示
平成24年	3	東海道・山陽新幹線から３００系が引退
平成25年	2	Ｎ７００Ａの営業運転を開始
	4	東海道新幹線大規模改修工事を開始
	8	山梨リニア実験線の延伸工事が完了、走行試験を再開
平成26年	3	「のぞみ一〇本ダイヤ」を開始
	4	一般社団法人国際高速鉄道協会（ＩＨＲＡ）を設立
	8	中央新幹線（東京都・名古屋市間）の最終的な環境影響評価書を作成、国土交通大臣等に送付
		中央新幹線品川・名古屋間の工事実施計画（その１）の認可申請
	10	東海道新幹線開業五〇周年
		中央新幹線品川・名古屋間の工事実施計画（その１）について、国土交通大臣より認可
		「高速鉄道国際会議～飛躍する高速鉄道～」開催
	12	中央新幹線（品川・名古屋間）工事の両端となる品川駅・名古屋駅で工事安全祈願式を実施
平成27年	3	東海道新幹線の最高速度を二八五㎞／ｈに速度向上
	4	山梨リニア実験線の走行試験で、最高速度六〇三㎞／ｈを達成（世界記録更新）
平成28年	5	米国テキサス州に現地子会社「ＨＴｅＣ」設立を発表
	6	次期新幹線車両Ｎ７００Ｓ確認試験車の製作を発表
	11	「中央新幹線の建設に係る貸付金借入申請書」を鉄道・運輸機構に提出

葛西敬之（かさい・よしゆき）

東海旅客鉄道株式会社代表取締役名誉会長
昭和15年（1940年）生まれ。昭和38年3月東京大学法学部卒業後、日本国有鉄道入社。昭和44年6月米国ウィスコンシン大学経済学修士号取得。昭和61年2月職員局次長。昭和62年4月東海旅客鉄道株式会社発足と同時に、取締役総合企画本部長に就任。平成7年（1995年）6月、代表取締役社長。平成16年6月代表取締役会長。平成26年4月 代表取締役名誉会長（現職）
宇宙政策委員会委員長（平成24年7月～現職）。財政制度等審議会財政制度分科会臨時委員（平成24年10月～現職）。学校法人海陽学園理事長（平成28年4月～現職）。
著書に『未完の「国鉄改革」』（東洋経済新報社）、『国鉄改革の真実「宮廷革命」と「啓蒙運動」』（中央公論新社）、『明日のリーダーのために』（文藝春秋）がある。

飛躍《ひやく》への挑戦《ちょうせん》

東海道新幹線《とうかいどうしんかんせん》から超電導《ちょうでんどう》リニアへ

2017年3月30日　初版発行
2017年4月11日　第2刷

著　者　葛西　敬之

発行者　鈴木　隆一

発行所　ワック株式会社

東京都千代田区五番町4-5　五番町コスモビル　〒102-0076
電話　03-5226-7622
http://web-wac.co.jp/

印刷人　北島　義俊

印刷製本　大日本印刷株式会社

ISBN978-4-89831-454-8